国家社会科学基金一般项目
"以诠释学为视域的中国哲学文献学研究"（项目号：15BZX056）结项成果

礼义诠释学

王宝峰 著

西北大学出版社
·西安·

图书在版编目（CIP）数据

礼义诠释学 / 王宝峰著. -- 西安：西北大学出版社, 2024.10. -- ISBN 978-7-5604-5525-9

Ⅰ．B222-03

中国国家版本馆 CIP 数据核字第 20243PE742 号

礼义诠释学
LIYI QUANSHIXUE

王宝峰　著

西北大学出版社出版发行

（西北大学校内　邮编：710069　电话：029-88302621　88303593）

http://press.nwu.edu.cn　　E-mail:xdpress@nwu.edu.cn

新华书店经销　西安奇良海德印刷有限公司

开本：787 毫米×1092 毫米　1/16　印张：20.25

2024 年 10 月第 1 版　2024 年 10 月第 1 次印刷

字数：272 千字

ISBN 978-7-5604-5525-9　　定价：65.00 元

如有印装质量问题，请与本社联系调换，电话 029-88302966。

致 春 雪

并纪念我们结婚 20 周年

目 录

导 论 /1
  一、中国哲学文献学研究述评 /1
  二、"中国哲学合法性问题"与中国哲学的学理本质 /6
    （一）"中国哲学合法性问题"的内容及挑战 /6
    （二）重思中国哲学之"法"，消解"中国哲学合法性问题" /15
  三、中国哲学研究的范式转换 /24
    （一）"选出而叙述之"范式 /26
    （二）"高-谢范式" /30
  四、创建学理"合法"的新中国哲学 /35
    （一）"中国效度"：中国哲学研究之经学路径 /36
    （二）"哲学效度"：建构"中国哲学诠释学" /42
  五、范式转换中的中国哲学 /49

第一章　述古：中国哲学研究的诠释学态度 /52
  一、"疑古"平议 /56
  二、"述古"态度 /65
    （一）孔子之"述古"态度 /65
    （二）"二重证据法"之"述古"内涵 /74
    （三）"述古"乃诠释学之态度 /77
  三、中国哲学研究的"态度转换" /82

第二章 "周文轴心":中国哲学的经学基因　　　/ 87
一、中国"轴心时期"辨析　　　/ 88
(一)"轴心时期"与"哲学突破"　　　/ 88
(二)海外学者中国"轴心时期"研究　　　/ 91
(三)中国"轴心时期"论说评议　　　/ 97
二、"周文轴心"　　　/ 100
(一)经学中的"周文"与"文德"　　　/ 102
(二)周公与"周文"　　　/ 107
(三)子学的"周文"根柢　　　/ 111
(四)"周文轴心"　　　/ 115

第三章 中国诠释学的理论建构　　　/ 119
一、以诠释层次、本体论为主的中国诠释学研究　　　/ 121
(一)傅伟勋"创造的诠释学"　　　/ 121
(二)刘笑敢"定向诠释学"　　　/ 124
(三)林安梧"造乎其道的诠释学"　　　/ 126
(四)成中英"本体诠释学"　　　/ 128
二、中国诠释学本质的讨论　　　/ 130
(一)汤一介创建"中国解释学"的构想　　　/ 131
(二)黄俊杰中国诠释学类型的"三个面相"与"两种活动"说　　　/ 133

三、中国经典诠释学的研究　　　　　　　　　　/ 136
　（一）张隆溪对"经典"之诠释学意义的梳理　　　/ 138
　（二）景海峰的儒家经典诠释研究　　　　　　　/ 139
　（三）潘德荣创建经典诠释学的构想　　　　　　/ 140
　（四）洪汉鼎"一种普遍性的经典诠释学构想"　　/ 145
　（五）以经典诠释学开辟中国哲学研究方法论的新道路　/ 151

第四章　文献与作为"意识形态文本"的经学文献　/ 154
一、文本：重建哲学诠释学的基础　　　　　　　　/ 154
二、"文献"：记载中国传统文化的文本　　　　　　/ 157
　（一）"文献"本原　　　　　　　　　　　　　　/ 158
　（二）"文献"的诠释学实质　　　　　　　　　　/ 161
三、作为"意识形态文本"的经学文献　　　　　　/ 164
　（一）中国传统经学的意识形态化特点　　　　　/ 164
　（二）"意识形态"观念与经学文献　　　　　　　/ 173

第五章　"礼义诠释学"纲要　　　　　　　　　/ 179
一、"诠释学"与作为哲学方法论的诠释学　　　　/ 179
　（一）"诠释学"名辨　　　　　　　　　　　　　/ 179
　（二）作为方法论的诠释学　　　　　　　　　　/ 183
　（三）创建中国哲学研究的方法与方法论体系　　/ 184
二、中国哲学诠释学之层次性　　　　　　　　　　/ 186
　（一）以注释学为核心、汉学宋学为层级的经学文献学　/ 186

（二）方法论诠释学的层级性　　　　　　　　　　　　　　/ 188
　三、"礼义诠释学"的五个层次及其相互关系　　　　　　　　/ 189

第六章　整理层次　　　　　　　　　　　　　　　　　　　/ 191
　一、方法简述　　　　　　　　　　　　　　　　　　　　　/ 191
　　（一）浅层目录学　　　　　　　　　　　　　　　　　　/ 191
　　（二）版本学　　　　　　　　　　　　　　　　　　　　/ 192
　　（三）校勘学　　　　　　　　　　　　　　　　　　　　/ 192
　二、诠释学方法论相关　　　　　　　　　　　　　　　　　/ 193
　　（一）中国哲学文献的"作者"及其复杂性　　　　　　　/ 193
　　（二）文献载体的诠释学意义：以《大学》版本问题为中心　/ 195
　　（三）电子文献对中国哲学文献学研究的重大学术意义　　/ 197
　　（四）作为诠释者的整理者　　　　　　　　　　　　　　/ 200

第七章　解读层次　　　　　　　　　　　　　　　　　　　/ 202
　一、方法简述　　　　　　　　　　　　　　　　　　　　　/ 202
　　（一）经部"小学"　　　　　　　　　　　　　　　　　/ 202
　　（二）文字学　　　　　　　　　　　　　　　　　　　　/ 203
　　（三）音韵学　　　　　　　　　　　　　　　　　　　　/ 205
　　（四）训诂学　　　　　　　　　　　　　　　　　　　　/ 206
　　（五）考据学　　　　　　　　　　　　　　　　　　　　/ 207
　二、诠释学方法论相关　　　　　　　　　　　　　　　　　/ 210
　　（一）克服诠释学"间距"的"解读四学"　　　　　　　/ 210

（二）"解读四学"与"语法解释"　　／213
　　（三）"小学"与语言哲学、诠释学　　／215

第八章　理解层次　　／218
一、方法简述　　／218
　　（一）深层目录学　　／218
　　（二）历史学　　／221
　　（三）考古学、文物学、金石学　　／222
　　（四）图谱学　　／225
二、诠释学方法论相关　　／227
　　（一）回归"大文献"　　／227
　　（二）"述而不作"地确立文本的客观意义　　／230
　　（三）唤醒作者　　／231

第九章　解释层次　　／233
一、方法简述　　／233
　　（一）汉学路径与宋学路径　　／233
　　（二）汉、宋解经方法举例　　／235
二、诠释学方法论相关　　／238
　　（一）基于"视域融合"的"创造性解释"　　／238
　　（二）学有根柢的创造性解释：以《大学章句》为例　　／241
　　（三）过度解释问题　　／243

第十章　实践层次 /247
一、方法简述 /247
（一）"推天道以明人事"：中国哲学的实践性特点 /247
（二）经以载道，通经致用 /250
（三）经义的"《大学》范式" /251
二、诠释学方法论相关 /254
（一）教化 /254
（二）经学教育、教化本质溯源 /260
（三）礼义：中国哲学的教化概念 /262

第十一章　"礼义诠释学"视域下的诠释学循环 /266
一、诠释学循环 /266
（一）内循环 /267
（二）外循环 /268
二、诠释学循环的意义 /269
（一）主观与客观相互统一的问题 /269
（二）方法论诠释学与哲学诠释学的统一问题 /270

第十二章　经学礼义：未来中国哲学的发展方向 /274

主要参考资料 /281

后　记 /307

导　论

本著作是国家社会科学基金一般项目"以诠释学为视域的中国哲学文献学研究"（项目号：15BZX056）的结项成果。该项目立足于中国传统文献学，借鉴西方诠释学（hermeneutics）等相关学科理论及方法，"以中化西"探索以经学为主体内容的中国哲学文献学（诠释学）之方法及方法论（methodology），力图为适应时代要求的中国哲学学科创新，探索中国哲学文献学（诠释学）方法论基础。

一、中国哲学文献学研究述评

既往中国哲学文献学研究，主要以"中国哲学史史料学"为名目展开。早期中国哲学文献学研究，尚无自觉的方法论及学科意识。其中，谢无量编辑高濑武次郎（Takejiro Takase）著作而成之《中国哲学史》（1916年，以下简称"高-谢著"），虽然没有专题研究中国哲学史史料学问题，但实际上已讨论并实践了"伪中求真"的中国哲学史史料辨伪方法。从胡适《中国哲学史大纲（卷上）》（1919年，以下简称"胡著"）开始，中国哲学研究者开始自觉讨论中国哲学史史料学的方法论问题。该书导言以"述学"为名，具体讨论了中国哲学史料的搜集、审定、校勘、训诂等整理工作，并以"明变""求因""评判"作为运用中国哲学史史料的方法和原则，以期重写中国哲学史。胡适将西方实证主义与中国传统考据学结合，实际上奠定了"中国哲学史料学"方法论的基础。之后，梁启超在《中国历史研究法》（1922

年)、《清代学者整理旧学之总成绩》(1924年)、《古书真伪及其年代》(1927年)等著述中,也讨论了中国哲学史史料之分类、搜集、辨伪、辑佚、校勘等问题。

朱谦之《中国哲学史史料学》(1957年)以专著研讨中国哲学史料问题,是中国哲学史史料学学科发轫之作。该书以马克思主义历史研究方法论为指导,简要介绍了中国哲学史史料学之考订、校勘、分类、训诂、辑佚等一般文献研究方法[1],又专题讨论了《易经》《老子》《庄子》《列子》《弘明集》《宋元学案》《明儒学案》《学案小识》等传统哲学史史料的文献学相关问题。该书附录"古典哲学著作要目",分"古代哲学""中古哲学""近古哲学""近代思想"等四个部分,比较完备而简明地梳理了中国哲学文献要籍书目。值得关注的是,此附录以"群经哲学"启目,并以"十三经注疏"及"四书"类文献为主体,肯定了中国哲学的经学内容。第六讲"《弘明集》之研究"及附录"六朝隋唐哲学",专题研究了佛教哲学,开列了六朝隋唐重要的佛教典籍,对佛教哲学史料尤为关注。

1962年,冯友兰《中国哲学史史料学初稿》(以下简称《初稿》)出版。在这部著作中,冯友兰首先非常简要地提出了中国哲学史料工作的四个"科学"要求:收集史料之"全",审查史料之"真",了解史料之"透",选择史料之"精"。此"全、真、透、精"之"冯氏四言",高度概括了中国哲学史史料学的核心要义和主要工作。《初稿》内容总体上分为两大部分。其一,史料学通论。其简要提及了史料学的范围和内容;专列"论目录"一章,尤其关注《汉书·艺文志》等目录学著作在中国哲学史史料研究中的重要作用。其二,分期讲述了

---

[1] 朱谦之关于一般文献研究方法的论述,见于他编写《中国哲学史史料学》讲义之前,在一次史料学专题讲座中的内容。现被编入《中国哲学史史料学》(北京:中华书局,2012年,第14—26页)。

历代中国哲学史料。冯友兰以奴隶社会、封建社会、近代时期等三大阶段为经,以哲学人物及其著作为纬,分期简介了中国哲学史上的重要哲学家和重要哲学著作之目录、提要。《初稿》首创的这种"通论"加"分期"的"冯氏体例",虽显疏略,但成为之后中国哲学史史料学同类著作之学科范式。

《初稿》之后至今,在"冯氏体例"影响下,张岱年、刘建国、萧萐父、刘文英、商聚德、韩进军、李申等学者,先后著有中国哲学史史料学类著作。张岱年《中国哲学史史料学》(1982年)、《中国哲学史方法论发凡》(1983年),依据马克思主义普遍真理,整理了自先秦以至于近代的中国哲学史史料,探索了中国哲学的发展过程及基本规律。值得关注的是,其《中国哲学史史料学》的"附录",以几乎占全书三分之一的内容,罗列了《汉书·艺文志》的"六艺略""诸子略"等目录学著作,堪为中国哲学史史料学习入道之门。刘建国《中国哲学史史料学概要(上、下)》(1983年)分为六编,是目前为止篇幅最多的中国哲学史史料学著作。刘建国认为,掌握中国哲学史史料的途径和方法,主要是运用马克思主义的观点和方法,从目录学入手,以考据方法搜集史料。该书第六编"附录",以"中国哲学史概论方法论论文"和先秦至现代"哲学史论文"为主体内容,详尽地编制了1901年至1980年"中国哲学史论文资料索引",是研究中国哲学发展史的重要研究论著目录。萧萐父《中国哲学史史料源流举要》(1998年)强调根据考古新发现,扬弃封建史学"泥古派"及古史辨"疑古派"两种思潮的弊端,运用马克思主义的方法,重新科学考释传世古代文献和阐释古史,以期恢复中华民族文明史的原貌和全貌。萧萐父指出,中国哲学史史料学是综合目录学、校雠学、文献学、史源学的学科。该书第三讲"朴学简介",发扬朴学重实际、重实证、重实践的新学风,详细讨论了以文献考据为根基的清代"朴学"具体内容。刘文英《中国哲学史史料学》(2002年)全面涉及了史料学整理与研究方法,尤其是第十一章"中国少数民族哲学思想史料",专题讨论了中国少数民族哲学思想史料问题。商聚德、韩进军《中国哲学史史料学论稿》(2004年)以"中国哲学史史料的注解"为名,专章讨论了中国哲学史料注解的意义、体例、原则等问题。李申《中国哲学史文献学》(2012年)则简要通论了儒释道"三教"经书、史书、子书。

上述冯友兰《初稿》之后的中国哲学史史料学著述,虽各具特点,且与《初稿》具体内容不尽相同,但从写作框架和研究范式来看,总体上还是在《初稿》"冯氏体例"之内因革损益。[1]

国外有着悠久的中国哲学经典原著翻译及研究历史,但尚未有中国哲学文献学方法论专题研究著作。狄百瑞(Wm. Theodore de Bary,又译"狄培理")主编的《中国传统思想史料》(*Sources of Chinese Tradition*,1960年),分上下两卷,以人物专题研究加原著节选的形式,选编了自"六经"至毛泽东的中国思想史料,是西方关于中国思想研究重要的史料参考书。陈荣捷(Wing-tsit Chan)编有《中国哲学史料选编》(*A Source Book in Chinese Philosophy*,1963年)。此书与狄百瑞《中国传统思想史料》的体例类似,是以人物思想简介加原著节选的形式,选编了自孔子至艾思奇的哲学史料,详列了中国哲学的重要概念。狄百瑞、陈荣捷的这两种著作对海外中国哲学研究影响甚巨,但均未论及中国哲学文献学方法论的研究内容。到目前为止,除原典翻译、资料汇编外,国外尚无以中国哲学文献的整理与研究方法为内容的中国哲学文献学研究。

总而言之,较之早期谢无量、胡适、梁启超等人的对中国哲学史料问题的思考,冯友兰的"冯氏体例"及其影响之下的中国哲学史史料学研究,无疑更加系统、完整。但是,"冯氏体例"也有不足,主

---

[1] 关于中国哲学史史料学研究史的详细梳理和研究,参见曹树明《中国哲学史史料学史论》(北京:社会科学文献出版社,2014年)。

要表现在：

其一，通论部分。中国哲学史料研究方法，倚重于目录学书目方面的内容，仅浅及版本、校勘、考据、辨伪等内容，总体上未能深入理解、吸收中国文献学研究业已成熟的理论、方法。

其二，分期史论部分。由于受"选出而叙述之"范式"以西解中"研究进路的影响，哲学史料的筛选，往往简单地以西方哲学观念、范式为标准，选取若干符合西方哲学观念之中国传统子学文献及"哲学"人物，加以书目、提要式简介，疏离于中国传统思想学术固有脉络，显得简略不经。

其三，由于历史及学理原因，既往中国哲学史史料总体内容背离了"经学"这一中国传统思想文献主体，未能充分呈现中国传统哲学文献的经学之主体内容，所以缺失中国哲学研究之"中国效度"（说见后）。

其四，由于没有认识到中国哲学"哲学效度"等学理（说见后），既往中国哲学史史料学未能自觉地随着时代及学术研究的发展，"以中化西"地理解和借鉴西方诠释学、古典学（classical scholarship）、语文学（philology）、解经学（exegesis）等西方哲学及文献研究之理论、方法，所以显得理论高度和深度不足。

深究既往中国哲学史史料学存在的诸多不足，其最深层次的原因，是过去百年占据中国哲学研究主导地位的"选出而叙述之"范式使然。21世纪以来，随着"中国哲学合法性问题"的颠覆性挑战，越来越多的学者开始认识到：由胡适、冯友兰所确立的"选出而叙述之"范式，是造成既往中国哲学研究学理"不合法"的总根源。在此范式左右下，以"冯氏体例"为代表的中国哲学史史料学研究，自然也就存在着学理"不合法"的问题了。因此，重建学理合法的中国哲学文献学的理论出发点，应当从消解"中国哲学合法性问题"，重思中国哲学之法开始。

二、"中国哲学合法性问题"与中国哲学的学理本质[1]

回应并化解"中国哲学合法性问题",是时代交给中国哲学研究者的学术使命。深入研究后不难发现:中国哲学学科合法性危机,一方面固然是中国哲学学科的生存危机和重大挑战,另一方面,此危机同时也提供了重建学理合法的中国哲学学科之重大历史机遇,孕育着开创"大放光彩"(冯友兰语)的未来中国哲学之无限可能性。

(一)"中国哲学合法性问题"的内容及挑战

2001年,在《书写与差异》卷首"访谈代序"中,德里达批判性地反思了中国哲学学理。同一年,郑家栋在《"中国哲学"的"合法性问题"》一文中,对20世纪百年中国哲学之"法"("法"即"学理")提出了根本性的挑战。二位学者关于中国哲学学理之思大同小异,其诘问亦属同调,可通谓之曰"中国哲学合法性问题"(the problem of legitimacy of Chinese philosophy)。此问题提出后,一石激起千层浪,引发了海内外中国哲学界广泛、持久、激烈的讨论,至今不绝。[2] 学

---

[1] 本部分内容系在笔者"以诠释学为视域的中国哲学文献学研究"项目之阶段性成果论文《重思中国哲学之"法"——以"中国哲学合法性问题"为中心》(《宝鸡文理学院学报(社会科学版)》2017年第6期,第5—17页;《新华文摘》2018年第8期"论点摘编")基础上,大幅补充、修订而成。

[2] 21世纪初,《中国社会科学》《新华文摘》《中国社会科学文摘》《中国哲学史》《中国人民大学学报》《江汉论坛》等刊物,相继刊发、转载了讨论"中国哲学合法性问题"的文章,使该问题成为21世纪初中国哲学最为重要的问题之一。2003年前的"中国哲学合法性问题"讨论情况综述,参见赵景来《中国哲学的合法性问题研究述要》(《中国社会科学》2003年第6期)。《拾薪集——"中国哲学"建构的当代反思与未来前瞻》(景海峰编,北京:北京大学出版社,2007年)、《"自己讲"、"讲自己":中国哲学的重建与传统现代的度越》(张立文,北京:北京师范大学出版社,2007年)、《省思中国哲学研究的危机——从中国哲学的"正当性问题"谈起》(李明辉,载《思想》编辑委员会编《中国哲学:危机与出路》,台北:联经出版事业股份有限公司,2008年)、《论中国哲学学科合

者或斥之为"伪问题""假问题""自取其辱的问题""虚无主义的问题",称其可以休矣,必须"刹住";或称道"此问题干系甚大",是一个挑战中国哲学学理根基的问题,不可不认真回应并加以解决。毁誉悬若云泥,问题则如鲠在喉。学者痛言:"'中国哲学'的合法性危机已是一道抹之不去的阴影,喧哗几度,欲罢还休,它成了现代中国人心中长久的伤痛。"[1]经过十数年反复辩诘,学界终于开始认识到,"中国哲学合法性问题"对中国哲学的学理反思和挑战,已经导致"选出而叙述之"范式深陷于学理危机之中。为适应当下时代的新要求,今后中国哲学研究方法和内容,将经历一场范式转换。

1. "德里达问题"

2001年9月,德里达与王元化在上海谈话时说:"中国没有哲学,只有思想。"德里达当时特别强调:哲学和思想无高低之分,说中国没有哲学只有思想,不含褒贬之意,且"丝毫没有文化霸权主义的意

法性危机》(彭永捷主编,保定:河北大学出版社,2012年)、《重写哲学史与中国哲学学科范式创新》(彭永捷主编,第3版,保定:河北大学出版社,2011年)、《问道中国哲学:中国哲学史研究的现状与前瞻》(郭齐勇、欧阳祯人主编,北京:九州出版社,2013年)、《中国古代哲学研究方法新探》(宋志明,北京:中国人民大学出版社,2015年)等书,比较全面、充分地展现了学界试图解决"中国哲学合法性问题",从而促进中国哲学学科建设的努力。外国学者中,比利时鲁汶大学戴卡琳(Carine Defoort)持续关注并深入讨论了"中国哲学合法性问题"。参见Carine Defoort, "Is There Such a Thing as Chinese Philosophy: Arguments of an Implicit Debate," *Philosophy East and West*, vol. 51, no. 3 (Jul. 2001), pp. 393-413; Carine Defoort, "Is 'Chinese Philosophy' a Proper Name?," *Philosophy East and West*, vol. 56, no. 4 (Oct. 2006), pp. 625-660. 此外,由戴卡琳主编的 *Contemporary Chinese Thought*(《当代中国思想》)第37卷(2005—2006年)连续三期翻译、介绍了"中国哲学合法性问题"的代表性论文。她还与葛兆光一道发"编者按"(Carine Defoort and Ge Zhaoguang, "Editor's Introduction," *Contemporary Chinese Thought*, vol. 37, no. 1 < Fall 2005 >, pp. 3-10),述评了"中国哲学合法性问题"的讨论情况。

[1] 景海峰:《中国哲学的现代诠释(修订本)》,北京:人民出版社,2018年,第220页。

味"[1]。在同一年出版的《书写与差异》"访谈代序"中,德里达更是进一步明确地表述了关于哲学及中国哲学学理的看法。他说:

> 哲学本质上不是一般的思想,哲学与一种有限的历史相联,与一种语言、一种古希腊的发明相联:它首先是一种古希腊的发明,其次经历了拉丁语与德语"翻译"的转化等等,它是一种欧洲形态的东西,在西欧文化之外存在着同样具有尊严的各种思想与知识,但将它们叫做哲学是不合理的。因此,说中国的思想、中国的历史、中国的科学等等没有问题,但显然去谈这些中国思想、中国文化穿越欧洲模式之前的中国"哲学",对我来说则是一个问题。而当它引进了欧洲模式之后,它也就变成欧洲式的了,至少部分如此。……我想要说的是我对这种非欧洲的思想决不缺乏敬意,它们可以是十分强有力的、十分必不可少的思想,但我们不能将之称为严格意义上的"哲学"。[2]

德里达所言,卑之无甚高论,不过是对哲学史史实的认定而已。首先,从史实来看,哲学起源于古希腊,经过了欧洲中世纪哲学(德氏所谓"拉丁语'翻译'"的"转化")、欧洲古典哲学(德氏所谓"德语'翻译'"的"转化")等发展历程。基于此史实,"哲学"毫无疑问是"欧洲形态的东西",而非其他大洲文明的产物。其次,同样从史实(而非见仁见智的关于"哲学"的概念)来看,近代以前,中国固有学术史上从来没有过"哲学"的历史性存在。中国哲学是中国人

---

[1] 参见王元化、钱文忠:《是哲学,还是思想——王元化谈与德里达对话》,《中国图书商报》2001年12月13日第14版。又见杜小真、张宁主编《德里达中国讲演录》,北京:中央编译出版社,2003年,第139页。

[2] 德里达:《书写与差异》上册,张宁译,北京:生活·读书·新知三联书店,2001年,"访谈代序",第9—10页。

引入哲学这种"欧洲模式"之后才有的学问,就其学理根源来讲,中国哲学是"欧洲式的"东西。

既往讨论"中国哲学合法性问题"时,颇有学者批判德里达对待中国哲学的"西方中心主义",不满于他的"傲慢与偏见"。事实上,德里达本人一再说,非欧洲的思想和文化同样具有尊严、必要性和重要性,因而值得尊敬。平情而观,德氏上述论说,的确只是在讨论关于哲学及中国哲学的"学理和严肃问题"(王元化语)。德里达态度上并无"傲慢与偏见",将他归入"西方中心主义者",似乎有失公允。不得不遗憾地指出,由于"学战"(葛兆光语)心态[1],学界鲜有学者能够以客观持平的学术态度对待德里达所提出的问题,更遑论真正回应他的挑战了。

史实不容假设,更无从质疑。从中国思想学术史来看,用"哲学"方法研究中国传统思想,以及中国哲学学科的产生,确实是在"穿越欧洲模式"之后。德里达的看法,不过道出了这个史实而已。而这一史实的揭示,却足以对以往学界习焉而不察的中国哲学研究学理构成严重挑战。其一,"穿越欧洲模式之前"(引入西方哲学之前)的中国传统思想中,到底有没有"哲学"及其发展的"史实"?如果没有,"穿越欧洲模式之前"的"中国哲学"及其发展史,其历史依据和学理基础何在?其二,近代以来"欧洲式"了的所谓"中国哲学",能否成为严格意义上"中国的哲学"?德里达如上关于中国哲学学理之

---

[1] 按:葛兆光认为,借用"哲学"概念来叙述中国历史中的存在现象,"有着凸显民族传统,表示不输与任何文明的意思"(参见葛兆光:《穿一件尺寸不合的衣衫——关于中国哲学和儒教定义的争论》,《开放时代》2001年第11期,第54页);又说,拿西方哲学方法整理中国传统思想,以之与西方哲学对抗这种"学战",是中国哲学史编撰者潜在的心情(参见葛兆光:《为什么是思想史——"中国哲学"问题再思》,《江汉论坛》2003年第7期,第25页)。葛氏的说法,无疑道出了在中西文化激烈对抗的年代,中国哲学研究者的真实心情。在当今中国哲学研究中,这种"学战"情绪仍然隐约可见。

诘问和挑战，姑名之曰"德里达问题"（the Derrida's problem），图示如下：

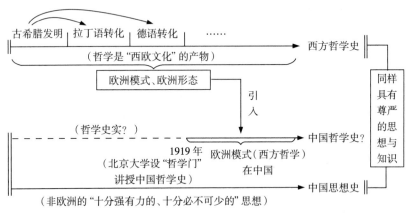

图导-1 "德里达问题"图示

2. 郑家栋的"中国哲学之合法性问题"

2001年年底，郑家栋在《中国哲学年鉴2001》上发表"专文"《"中国哲学"的"合法性"问题》，正式提出了"中国哲学之合法性问题"。郑氏说，"在西方特别是欧洲，'中国哲学'的合法性始终受到质疑，'中国哲学'在很大程度上被视为一个来历不明的怪物"[1]。具体来讲，所谓"'中国哲学之合法性'问题的真实涵义在于：中国历史上存在着某种独立于欧洲传统之外的'中国哲学'吗？或者说，'哲学'是我们诠释中国传统思想之一种恰当的方式吗？又究竟在什么意义上'中国哲学'概念及其所表述的内涵能够得到恰当的说明，并取得充分的理据呢？"[2] 郑家栋进一步指出：

> 由于作为近现代意义上的知识系统和学科门类的"中国哲

---

[1] 郑家栋：《"中国哲学"的"合法性"问题》，载中国社会科学院哲学研究所编《中国哲学年鉴2001》，北京：哲学研究杂志社出版发行，2001年，第1页。

[2] 同上书，第1—2页。

学"是中西文化交流后的产物,确切地说,是引进西方哲学的概念系统诠释中国思想的结果,这就出现一个问题:对于"中国哲学"来说,西方哲学概念及方法的引进是建立了某种不同于中国传统哲学的话语系统和表述方式,还是建立了"中国哲学"本身?换句话说,抑或中国历史上本不存在"哲学"这种东西,今天所谓"中国哲学",乃是人们以某种取自欧美的"哲学的方式"解读中国历史上非哲学的文本创造出来的。此问题干系甚大,因为如果此一论断成立,则只存在"中国现代哲学史",而并不存在一般意义上的"中国哲学史","中国哲学"一语的涵义也就可以等同于"哲学在中国"。[1]

郑家栋在1999年即已提出了"狭义的中国哲学"(所谓中国传统哲学及其现代发展)在"广义的中国哲学"(所谓"<西方>哲学在中国")中如何定位这一问题[2]。郑氏"中国哲学之合法性问题",便是对狭义中国哲学"理据"(在郑氏上下文中,"法"即"理据"、学理[3])的质疑和挑战。

---

[1] 郑家栋:《"中国哲学"的"合法性"问题》,载中国社会科学院哲学研究所编《中国哲学年鉴2001》,北京:哲学研究杂志社出版发行,2001年,第6—7页。

[2] 按:1999年10月,在"新中国哲学50年"学术研讨会闭幕式上,郑家栋做了题为"'中国哲学'与'哲学在中国'"的发言,区分广义及狭义"中国哲学",初步表述了"中国哲学之合法性问题"。(参见郑家栋:《断裂中的传统:信念与理性之间》,北京:中国社会科学出版社,2001年,第649—657页)

[3] 按:可能由于"合法性"一词带来的观感刺激,以及参与讨论者多为哲学学科背景的缘故,多数学者首先从辨析"合法性"概念是否合理这一内容,来进行"中国哲学合法性问题"讨论。

如刘笑敢说,"所谓'合法性'的提法却是一个不当的问题或'假问题'。从理论上说,所谓合法不合法的说法毫无来由,根本没有一个'法',何来'合法'不'合法'之判断?如果所谓'合法性'是legitimacy一词的翻译,那么译为

'正当性'可能稍好一些"(刘笑敢:《诠释与定向——中国哲学研究方法之探究》,北京:商务印书馆,2009年,第416页)。李明辉将"中国过去是否有哲学"这个问题,定位成"大陆的知识界面对西方文化的直接冲击,产生如何自我定位的问题。中国哲学的正当性问题,其实便是一个自我定位的问题"(李明辉:《省思中国哲学研究的危机——从中国哲学的"正当性问题"谈起》,载《思想》编辑委员会编《中国哲学:危机与出路》,台北:联经出版事业股份有限公司,2008年,第166页)。景海峰梳理了"合法性"一词的内涵和运用,认为中国哲学的"合法性"并非社会学及法律用语,而是借用来表述中国哲学能否成立、表述方式是否可能等问题。这种"合法性"的用法,"意涵曲折甚至可能引起某种误会"。因此,"与'合法性'的追问相比,'合理性'的论议可能要显得柔性一些,也比较容易为思考中国哲学之前途的大多数学者所接受"。(参见景海峰:《中国哲学的现代诠释(修订本)》,北京:人民出版社,2018年,第314—315页)宋志明更直言道,以"合法性"评判哲学"十分荒唐",是"虚无主义"的具体表现。"合法性"是一种偏激、片面而缺少弹性的"刚性判断",是一种毫无建设性的"旁观者的话语"。质疑中国哲学的"合法性",是对中国哲学史建设的全盘否定,是毫无益处的偏见。然而,如果把"合法性"换成"合理性"这种"柔性判断",既承认并改进中国哲学学科不合理的方面,也不否认并发扬其合理的方面,这才是建设性的"参与者的话语"。(参见宋志明:《中国古代哲学研究方法新探》,北京:中国人民大学出版社,2015年,第132—133页)

如上可见,严厉批评郑家栋"合法性"用词不当,并将"合法性"柔化为"合理性""正当性"之议,似乎已成为持批判态度学者的共识和选择。实际上,郑家栋就"合法性"一词所造成的误解及其"负面的、消解的作用",曾专门撰文申辩。他说:"当初使用的'合法性'一语乃是一个哲学的(而非法学、政治学或意识形态的)概念,是一个反思的概念,如后来某些学者指出的,其涵义与'合理性'或'正当性'较为接近;其次,笔者使用这一概念的主要用意,并不是如后来许多文章所着力阐发的那样,是旨在追问或论证'中国哲学之有无'的问题,更不是(绝对不是)要追问或质疑'中国哲学'(或'中国哲学史')学科'是否合法'的问题。我个人关注的焦点是'中国哲学'的现代形态和表述方式,也就是说,我们究竟采取怎样的诠释方法和表述方式才能够真正成就这样一种学问:它既是'中国的',也是'哲学的'。"(郑家栋:《"合法性"概念及其他》,《哲学动态》2004年第6期,第4页)显然,郑氏提出"合法性"这个看似刺激、"刚性"的用语,其本意不是一个法律的、政治的概念,而是借用来的"哲学概念"。此概念表述了"合理性""正当性"的含义,意在反思中国哲学史学科的学理基础,而绝非简单质疑"中国有无哲学"及企图全盘否定中国哲学学科。如此与"德里达问题"异曲同工,郑家栋"中国哲学之合法性问题"也首先是一个对中国哲学学理的历史学辩难:从中国学术史史实看,用西方哲学的方式解读中国传统思想而产生的"中国哲学"及其历史,到底是中国传统思想中固有的"中国的哲学"及其历史,还是用西方哲学概念及方法解读中国传统"非哲学的文本"所创造出来的、"没有史实"的所谓"中国哲学"及其历史?如果是后者,首先,从史学学理上看,作为反映史实的"信史",中国哲学史就只能是中国现代哲学史,而不存在没有史实依据的通史类中国哲学史了。其次,从哲学学理上看,由于"中国哲学"系采用西方哲学的话语系统和表述方式所建立,其实质不过是"西方哲学在中国",而非"中国固有的哲学"。

郑家栋的挑战是:就中国思想学术史史实而言,在引进西方哲学方法解释中国传统思想之前,中国思想学术史中本无"哲学"及其发展的"史实",中国哲学通史因此没有理据;就"中国哲学"方法论的实质而观,所谓中国哲学,本质上不过是西方哲学方法在中国的例证,因此,"中国哲学"其实不过是"西方哲学在中国"。此挑战,无疑彻底动摇了以往中国哲学研究的学术观念和学理基础,其"干系甚

看来,郑家栋与主张把"合法性"置换成"合理性""正当性"提法的学者,其观点实质并无二致。

如前所述,"中国哲学合法性问题"本质是在反思中国哲学的学理基础。就德里达及郑家栋所提问题之内容来看,此处之"法",当作"学理""理据"解。"合法性"这个附带"挑战性意味和刺激性感觉"(景海峰,2018年,第315页)的词语,不过意在追问"中国哲学学理基础何在""中国哲学如何才能既是'中国的'又是'哲学'的"这些实质问题而已。而从实际效果来看,郑家栋借用"合法性"一词,反而使得问题的颠覆性、挑战性特点得到了生动表现,"很好地传达出议论者们内心的困顿之情状和其焦虑的强度"(同上),实际上起到了激发学术批评之效果。因此,围绕"合法性"一词的感情色彩和字义辨析,并试图将"合法性"柔化为"正当性""合理性"的名辨之议,并不能改变问题内容本身,也与问题实质挑战无关。

大",自不待言。图示如下:

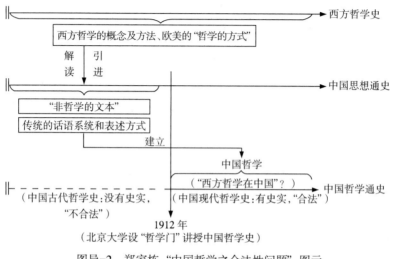

图导-2 郑家栋"中国哲学之合法性问题"图示

3. "中国哲学合法性问题"的挑战

综合"德里达问题"及郑家栋"中国哲学之合法性问题"的实质内容,"中国哲学合法性问题"对中国哲学"学理"("法")的颠覆性挑战是:

其一,就中国哲学史史学学理而言,引入西方哲学之前,中国思想史中从未有"中国哲学"这一"史实"的存在。所谓中国传统哲学、中国传统哲学家、中国哲学通史,都是引入西方哲学观念之后"创造出来"的"没有历史史实"的哲学、哲学家及其历史。其二,就中国哲学研究方法论而言,既往中国哲学研究,是用西方哲学概念及方法重新解释中国传统思想的结果,"中国哲学"因而实质不过是"西方哲学在中国"、西方哲学之中国例证,而非原创于中国固有学术史的"中国的哲学"。

易言之,"中国哲学合法性问题"的挑战是说:就史实而言,从孔子到戴震,中国古代史上从未有哪位思想家有过所谓"哲学"思想;就方法论而言,从孔子到戴震之"哲学",类皆属于今人据后设的西方的（而非中国固有的）某种哲学概念及方法解释出来的西方哲学的中国例证。没有史实的中国哲学通史，以及源于西方哲学方法论解释出来的所谓"中国的哲学"，有着严重的"学理问题"（"合法性问题"）。

（二）重思中国哲学之"法"，消解"中国哲学合法性问题"

从19世纪末开始，中国学者严复、梁启超、王国维等人就开始尝试用西方哲学方法诠释中国传统思想。1912年，北京大学设立"中国哲学门"，开设了"中国哲学史"课程。之后，随着谢无量（1916年，编辑）、胡适（1919年）、钟泰（1929年）、冯友兰（1931年、1934年）、范寿康（1937年）等人的"中国哲学史"类著作先后问世，标志着中国学者用西方哲学观念解读中国传统思想之中国哲学学科产生。经过一个世纪的发展，中国哲学学科建构已趋成熟，研究成果丰硕，并已经得到了国际学界认可。[1] 百年中国哲学存在、发展的史实，亦即当下中国哲学学科设置中的"中国现代哲学史"，毋庸置疑，当然合法。

然而，"中国哲学合法性问题"并非挑战百年中国哲学史实之合法性，而是挑战中国哲学通史的史学学理，以及百年中国哲学研究方法之哲学学理根据。在中国学界，从孔子到戴震之"中国传统哲学"研究，百年相仍，学者们从来没有觉得这样的研究有何不妥；"以西

---

[1] 刘笑敢说，中国哲学在中国大陆为法定二级学科，在港台大学院系皆研究、讲授，欧美越来越多大学亦开设中国哲学或相关课程，以"中国哲学"命名的英文刊物、百科全书、教材、手册已经很多。因此，"从事实上说，中国哲学在目前海内外的学科体系中已经确立"，"中国哲学作为一个学科或领域在国际社会也已经得到了广泛承认"（参见刘笑敢：《诠释与定向——中国哲学研究方法之探究》，北京：商务印书馆，2009年，第416页及该页页下注④）。景海峰则以西方学界权威哲学词典《剑桥哲学词典》（*The Cambridge Dictionary of Philosophy*）为例，言其"中国哲学"（Chinese philosophy）词条长达3000多个单词，全面介绍了中国哲学基本情况。此外，该词典还分中国哲学家、中国哲学特有名词概念、中国哲学流派、中国哲学重要典籍等四个部分，全面介绍了中国哲学，"给予了中国哲学以应有的地位"。（参见景海峰：《中国哲学的现代诠释（修订本）》，北京：人民出版社，2018年，第254—258页）

解中"的"选出而叙述之"也是海内外学者中国哲学研究之主导范式,大家也没觉得这样的研究有什么不合适。现在,遭遇了德里达、郑家栋的挑战之后,我们不得不重新审视以往中国哲学研究"常法",彻底反思中国"传统哲学"以及"选出而叙述之"研究范式之学理基础问题了。这个挑战的严峻性在于揭示了这样一个事实:也许过去百年,我们并没有看清楚中国哲学是一个怎样的存在。

事实上,当我们深入思考"中国哲学合法性问题"之后,就不难认识到:此问题与其说是颠覆了中国哲学学科这个"百年老店",毋宁说它促使我们彻底认清了中国哲学学科本质,从而为中国哲学适应时代要求的创造性转化和创新性发展,提供了重大历史契机。基于回应"中国哲学合法性问题"挑战之反思,中国哲学本质上有如下新学识,堪为中国哲学之"法"("学理"):

1. 中国哲学学理本质

(1)中国哲学学科是在古今中西维度中存在的仅有百年历史的学科,凡与中国哲学学科相关的知识皆为现代知识。

如冯契所见,中国哲学产生之日,"中国向何处去"这一时代问题激发了中国思想领域"古今中西之争",并始终制约着中国近代哲学的发展。[1]而回顾从清末至今历次中国学术思想论辩,中国哲学从内容到形式,无疑始终在"古今中西之争"这个维度中存在与发展。"中国哲学合法性问题"的历史学洞见,使我们终于厘清了一个历史事实:中国哲学是近代以来中西文化交流后的产物,是运用哲学这种"欧洲模式"的知识系统和学科门类系统诠释中国传统思想而成的现代学术产物。[2]此历史事实表明:一方面,从其内在学理上看,中国

---

[1]冯契:《中国近代哲学的革命进程》,上海:上海人民出版社,1989年,第1—10页。

[2]按:辛亥革命至今,历次关于中国哲学的学术论辩详情,参见黄枬森、方克立、邢贲思主编《二十世纪中国学术论辩书系·哲学卷》中有关著作。

哲学始终要处理古今中西关系问题,因此,中国哲学不得不在古今中西维度中存在。另一方面,凡与中国哲学相关者,皆为现代事件:中国哲学学科系现代学科,中国哲学所有成果皆为现代知识,等等。易言之,所谓"中国传统哲学""中国传统哲学家""孔子至戴震哲学"等,皆为"现代知识",而非"古代知识"。[1]

(2)学理合法的中国哲学,必须同时兼具"中国效度"(the validness of Chinese thought)与"哲学效度"(the validness of western philosophy)这两个学理支柱。

---

[1] 此处讨论,不含自17世纪以降,罗明坚、利玛窦、卫方济等耶稣会传教士,基于西方哲学观念对"中国哲学"的思考和研究,也不包括莱布尼茨、狄德罗、黑格尔等西方哲学家对"中国哲学"的或抑或扬的看法。同时,亦不涉及井上哲次郎、内田周平等日本学者1881年以降的中国哲学及其历史的研究。这些西方及日本学者研究所及的"中国哲学",说到底,是基于西方文化传统,以西方"哲学"的观念,重新理解、格义中国传统思想的结果。从世界范围和内在学理上讲,我们固然可以把有史实的中国哲学史的源头,追溯到17世纪的西欧,也可以将以"中国哲学史"为主干的中国哲学学科创立,从19世纪末日本东京大学中国哲学学科建设算起。但是,无论是西方学者还是日本学者,其中国哲学研究"以西解中"的方法论实质,都使得这种"以西观中"眼光下的"中国哲学",不能根本改变"孔子哲学"不是东周孔子本人的"哲学",而是17世纪以后西方及日本学者基于其哲学观念所解释出来的,属于17世纪以后的"孔子的哲学"之事实:孔子哲学因此不能被看作属于春秋时期的"古代哲学""传统哲学"。关于西人对中国哲学研究的考辨,参见姚新中、陆宽宽《中国哲学创新方法论研究》(北京:中国人民大学出版社,2019年,第61—67页)、王格《"中国哲学"何以正当的最早论说——明清之际西人之证言》(《哲学研究》2019年第7期,第57—66页)。日本学者早期的中国哲学学科建设简况,参见邓红《谢无量"中国哲学史系列著作"与日本:以〈阳明学派〉为中心》(载项楚、舒大刚主编《中华经典研究(第3辑)》,北京:商务印书馆,2023年,第176—203页)。本著作主要讨论近代以来至今,中国人(主要指中国大陆和港台地区中国人及海外华裔学者)用"哲学"观念研究中国传统思想的相关问题;除非特别说明,一般性提及之"中国哲学"及其相关内容,不包括早期西方人、日本人的中国哲学研究。

辨名析理，如鸟之双翼、车之两轮，"中国哲学"必须同时既是"中国的"又是"哲学的"，才能从学理上成立。一方面，所谓"中国效度"，是指中国哲学研究必须始终在中国传统思想固有脉络中因革损益，其研究范式，必须"接续"而非"断灭"中国传统思想固有表现形式、主体内容、主要问题、固有信念、价值、方法及其运用等。"中国效度"是中国哲学学理根基和灵魂所在，缺失"中国效度"，中国传统思想文化的内容、价值和意义便不在场，中国哲学研究也就丧失了前提与根本。另一方面，中国哲学学科是在中国引入西方"哲学"之后才产生的，哲学是西方文化的产物，而非中国传统文化的原创。因此，中国哲学的"哲学"品格，必须在中国传统思想学术与西方哲学内容之比较中，寻求其作为"哲学"的"合法性"（学理根据）。所谓中国哲学的"哲学效度"，主要是指中国哲学研究必须通过处理中国传统思想与"（西方）哲学"之间的关系，有效地说明中国传统思想之哲学品格及其"普世价值"。缺失"哲学效度"便不是学理合法的中国哲学，因此，西方哲学的学习和研究，是中国哲学学理题中应有之义。同时，我们还必须明确：中国哲学的"哲学效度"，是用来彰显而非遮蔽"中国效度"的；西方哲学对于中国传统思想现代化的"哲学"价值，应当立足于"中国"思想主体与根柢来加以判断，而不是相反。

（3）有两种形态的中国哲学史。

第一种是堪为"信史"的中国哲学及其历史。如果从1912年北京大学创立"中国哲学门"算起，这段"信史"走过了百年历程，大致相当于时下"中国现代哲学史"学科所述及之内容。这种"穿越欧洲模式"之后的百年中国哲学及其发展历史，无论如何臧否之，因其有史实基础，并无史学学理"合法"与否的问题。第二种是基于"追述"的中国哲学通史。深究其实，所谓中国传统哲学及其历史，不是对实存历史事实的"描述"，而是现代学者基于某种后设"哲学"观念的、没有史实的"追溯性创造"(retrospective creation[1])的产物。纯粹历史学学理严格要求"写的历史"与"真实存在的历史"相符,故以纯粹史学学理观之,从孔子到戴震的"中国传统哲学"及其"历史",因没有史实根据,不能成立。[2] 从严格的史学学理意义上来说,没有学理合法的从孔子到戴震的中国哲学通史。

(4)就反映史实的"信史"而言,中国哲学史是且仅是中国思想通史的近代百年思潮。

如果顺着以思潮为标志的中国思想史发展阶段申说,中国思想通史实际上经历了三代礼学、诸子之学、两汉经学、魏晋玄学、隋唐三教之学、宋明理学、清代朴学、"中国哲学"诸发展阶段。就史学学

---

[1] retrospective creation 语出《当代中国思想》(参见 Carine Defoort and Ge Zhaoguang, "Editor's Introduction," *Contemporary Chinese Thought*, vol. 37, no. 1 < Fall 2005 >, p. 4, 5)。戴卡琳指出:"如其他西方术语一样,'哲学'是以追溯方式(in retrospect)运用于中国传统之中的","从公元前5世纪(以我们的估算——作者原注)一直到19世纪,那些传统上属于诸子的部分文集,连同儒家的一些经书一道,都被追溯性地(retrospectively)冠以'中国哲学'的名号"。(参见 Carine Defoort, "Is There Such a Thing as Chinese Philosophy: Arguments of an Implicit Debate," *Philosophy East and West*, vol. 51, no. 3 < Jul. 2001 >, p. 394, 395)西方学者由于"不在此山中",很容易从"外部"看清楚中国哲学"追溯性"解释的学科特点。中国学者则似乎很难发现或承认中国哲学这一学理事实。

[2] 冯友兰中国哲学史写作,特别关注"历史与写的历史""本来的历史和写的历史"。他认为,"写的历史之目的,在求与所写之实际相合,其价值亦视其能否做到此'信'字"(冯友兰:《中国哲学史》上册,上海:华东师范大学出版社,2000年,第13页)。又说:"本来历史无所谓信不信。写的历史则有信不信之分。信不信就看其所写的是不是与本来历史相符合。"(冯友兰:《中国哲学史新编(上卷)》,北京:人民出版社,1998年,第2页)事实上,中国哲学学科产生之前,中国传统思想中并无"中国哲学"之历史史实。因此,就史学学理而言,如高-谢著、胡著一样,冯友兰"写的"中国哲学通史,从一开始就不是与"本来历史"之史实相符合之"信史"。

理而言，中国哲学及其历史是且仅是中国思想史之近代百年思潮，中国哲学是现代而非古代学术思想。[1]（图导-3）

图导-3　中国哲学是中国思想通史的近代百年思潮

---

[1] 刘笑敢反复说明中国哲学"身份"，是 20 世纪才出现的"现代学科"："所谓'中国哲学'从孔子算起，似乎有两千多年的足以骄人的历史，但是，作为现代学科，它的历史不到百年，是很年轻且自幼多经磨难的学科。"（刘笑敢：《诠释与定向——中国哲学研究方法之探究》，北京：商务印书馆，2009 年，第 24 页）李明辉则强调："我们可以肯定中国历史上确实存在'作为思想传统的中国哲学'，而同时承认'中国哲学'这门学科是近代中国人在西方文化的影响之下根据西方哲学的模式建构起来的。"（李明辉：《省思中国哲学研究的危机——从中国哲学的"正当性问题"谈起》，载《思想》编辑委员会编《中国哲学：危机与出路》，台北：联经出版事业股份有限公司，2008 年，第 167 页）柴文华辨析道，中国哲学史被长期包容、孕育在中国思想史中，中国哲学学科的独立，则是 20 世纪的事情，因此"我们不同意中国没有哲学的说法，但承认中国古代没有哲学学科、没有哲学这个名词"（柴文华主编《中国哲学史学史》，北京：人民出版社，2018 年，第 103 页）。如此看来，中国哲学学科是现代学科，已得到了大家的公认。但是，从王国维开始，近代以来反思中国哲学学理的学者，似乎并未认清"中国传统哲学"也是现代知识这一事实。李明辉刻意区分"作为思想传统的中国哲学"与"作为现代学科的中国哲学"，即意在证明中国思想传统中有"哲学"。但是，基于前述"有两种中国哲学史"之中国哲学学理新见，李氏所谓"作为思想传统的中国哲学"，不是历史"史实"，而是今人基于后设哲学观念"追溯"出来的"现代知识"。从史实来看，中国哲学当然是"现代学科"：凡与中国哲学相关之论说，皆为现代知识。

（5）创造性解释（creative interpretation）是中国哲学最重要的本质属性、根本方法和学理根基。

就方法论而言，凡中国哲学研究，类皆属于"创造性解释"：基于时代问题、某种后设哲学观念，"追溯性"重新理解和发掘中国传统思想的现代意义之解释。从孔子到戴震之中国哲学及其历史，即是如此"创造性解释"出来的。随着作者问题意识、对哲学观念理解不同，"中国传统哲学"及其"历史"的研究，相应地呈现出各种各样的形式和内容。[1]"创造性解释"实为中国哲学学科"根本之法"（"学理根基"），是中国哲学学科的方法论基石。

（6）中国哲学学科的宗旨是致力于实现中国固有传统思想的现代化。

中国哲学学科产生之前，中国传统思想学术历史上并没有"哲学"这门学问。创作"中国哲学"之根本目的，就是要借助西方哲学学术资源，对中国固有传统思想进行现代化改造。正如陈来所言，中国近代化发展总趋向，就是全盘接受西方学术分类标准，来形成中国近代化学术体系。在中国建立与西方相对应之学科，其目的在于可以有条

---

[1] 赵敦华认为，中西皆无关于哲学和哲学史的标准定义或固定模式，西哲史可以说"千人千面""无高下优劣之分"。与之相似，"中国哲学史上的思想也是多样的，可以有众多的写法。如果用单一模式来归约多样化的思想，然后再用单一的标准来衡量这个单一模式，势必会产生'合法性'的问题"（赵敦华：《哲学史的现代建构及其解释模式》，《中国社会科学》2004年第4期，第39页）。依照中国哲学"创造性解释"学理推之，理论上讲，有多少种关于哲学的定义，就有多少种中国哲学及其发展史的写法。就此理论可能性而言，赵敦华的说法不错。

但是，"中国哲学合法性问题"已指明：中国传统思想中并无"哲学"及其发展的"史实"存在。从史学学理上讲，没有"史实"基础的中国传统哲学史自然有"合法"与否的学理基础问题。西哲史则没有史学学理问题。无论定义、模式如何不同，见解、写法怎样各异，任何西哲史都是对同样"史实"不同理解与解释而已。中国哲学通史的学理根据，在于它原本就是立足于中国哲学学理（而非史学学理）的"创造性解释"：中国哲学通史始终是现代学术事件和知识。

理地了解西方学术内容,便于引进西方教育体制,与世界文化接轨,以及用现代学科概念分类整理中国固有传统文化和学术体系。[1]中国哲学学科,正是在这样的背景下产生的。葛兆光进一步指出,谢无量、胡适、冯友兰、钟泰写作中国哲学史,是"试图在中国发现哲学,并以此建构一种可以与西方对话或抗衡的知识系统的历史",是希望在中国学术融入世界的时候"凸显民族的思想传统"。[2]葛氏无疑道出了中国哲学之建构,虽然用了西方哲学的概念和方法,本质上还是旨在建立起"中国的"哲学这一历史事实。

(7)"先中国,再哲学"是中国哲学研究次第之内在学理要求。

中国哲学学科的宗旨,决定了中国哲学研究应当采取先"中国效度"再"哲学效度"之研究次第进行。百年中国哲学研究史表明,无论学者问题意识和研究方法如何千差万别,皆始终强调"哲学"之"中国"特质,试图发掘并建立起"中国的"哲学这一共同旨归。冯友兰"阐旧邦以辅新命"之职志,牟宗三格外强调"中国哲学的特质"的致思方向,等等,皆表明中国哲学研究者的最初动机,并非着意于"西方哲学在中国",而是致力于"中国固有传统思想的现代化"。致力于"实现中国固有传统思想的现代化"学科宗旨,从内在学理上决定了中国哲学研究,应当是先确立"中国效度",始终坚守中国固有传统思想内容和根柢这一前提("先中国"),然后,在已有中国内容和根柢之前提下,通过"以中化西"的方式,使中国传统思想固有的内容哲学化、现代化("再哲学")。

(8)中国哲学只能在古今中西比较视域中存在,最终应当为人类哲学做出基于中国思想经验的独特贡献。

---

[1] 参见陈来:《现代中国哲学的追寻——新理学与新心学》,北京:人民出版社,2001年,第358页。

[2] 参见葛兆光:《中国思想史》第二卷,上海:复旦大学出版社,2001年,第595页。

中国哲学"中国效度"与"哲学效度"之内在学理要求，使得"合法的"中国哲学研究，必须在中国传统思想与西方哲学的比较中存在[1]；而致力于中国固有传统思想现代化的宗旨，又使得中国哲学必然地要在古今比较的维度中谋求出路。因此，中国哲学是一门以中与西、古与今的比较为视域的学问，非如此"双重比较"的研究，不能称为中国哲学的研究。与此同时，哲学之道的普世性本质，又决定了中国哲学不能止步于初创者"旧邦新命"之动机，而应当适应当下全球化的时代要求，批判性继承及创造性发展出一种厚植于中国传统思想学术，又能解决当下时代人类普世问题的人类"哲学"新途。

2. 消解"中国哲学合法性问题"

基于上述中国哲学本质之"法"（学理、学识、理据）的新认识，我们可以如此回应并消解"中国哲学合法性问题"：

首先，从纯粹史学学理看，"穿越欧洲模式之前"中国传统思想中并无"哲学"及其历史，中国哲学因此只是中国思想史之近代百年思潮，是现代而非古代的学科、学术、知识。其次，中国哲学学科的

---

[1] 中国哲学须在中西比较视域中存在，已逐渐成为中国哲学界学者的共识。但是，学界主流的看法仍然是，中国哲学是中国哲学和西方哲学比较的产物。这一看法，还是没能从根本上意识到，中国哲学是"中国传统思想"与西方哲学比较的产物这一学理本质。当我们拿中国哲学与西方哲学比较时，从学理本质上讲，是一种孩子（"中国哲学"）与父母（"中国传统思想""西方哲学"）相比较的做法，而非主张"中国哲学是比较哲学"者事实上设定的父母之间的比较。也就是说，中国哲学是西方哲学和中国传统思想相结合的产儿，而非与西方哲学平行并列的比较的一方。当下学界关于中西比较哲学的讨论，参见臧峰宇主编《比较哲学与当代中国哲学创新》（北京：中国人民大学出版社，2019年）、李晨阳《比较的时代：中西视野中的儒家哲学前沿问题》（北京：中国社会科学出版社，2019年）、李晨阳《道与西方的相遇：中西比较哲学重要问题研究（中文增订版）》（北京：中国人民大学出版社，2005年）、吴根友《判教与比较：比较哲学探论》（上海：东方出版中心，2019年）等。

本质、学理基础、方法论实质皆为"创造性解释"。中国传统哲学及中国哲学通史研究的"合法性"（学理基础），在于中国哲学原本即致力于符合某种源于西方"哲学"学理的"创造性解释"，而并非着意于符合"史学"学理的历史性描述。最后，中国哲学学科的宗旨为"致力于实现中国固有传统思想的现代化"。缘此宗旨，中国哲学并非"西方哲学在中国"，真正意义上的"西方哲学在中国"是中国学者的西方哲学研究。

通过反思和消解"中国哲学合法性问题"，我们终于认清了中国哲学之学科本质。本著作正是从这些关于中国哲学学理的诸多新认知出发，试图创建学理合法的中国哲学方法论根本。在中国哲学上述诸学理新知中，"中国效度"与"哲学效度"是本著作创新中国哲学、中国哲学文献学研究的基石和出发点。

三、中国哲学研究的范式转换[1]

如上厘清并解决"中国哲学合法性问题"、确立中国哲学学理本质之后，明确未来中国哲学研究新方向，就成为本研究须面对的具有根本意义的前提性问题了。以库恩（Thomas S. Kuhn）范式理论洞见观之，"中国哲学合法性问题"对中国哲学学科的学理挑战，不是一个可以在旧有范式框架内化解的学科反常（anomaly）问题，而是一个会导致中国哲学研究范式革命（revolution）的学科危机（crisis）。化解危机之道，就是要通过范式转换（paradigm shift），确立起学理

---

[1] 本节内容，系在笔者"以诠释学为视域的中国哲学文献学研究"项目如下阶段性成果的基础上，大幅修正、完善而成：①前期文献整理专著：《中国哲学史校注》（上海：华东师范大学出版社，2018年）；②前期研究专著：《未来中国哲学导论：范式与方法论》（西安：西北大学出版社，2018年；国际比较哲学权威期刊 *Dao* 2021年1月，刊发本书英文书评）之相关内容；③前期研究论文：《中国哲学史研究的"谢无量范式"》（《宝鸡文理学院学报（社会科学版）》2019年第6期，第43—54页；《新华文摘》2020年第9期"论点摘编"）。

合法的中国哲学研究的新范式（new paradigm）。[1] 本著作关于中国哲学及中国哲学文献学的一系列研究，旨在为未来中国哲学新范式奠定方法论基础。因此，明确中国哲学研究新旧范式转换的意义，确立中国哲学研究新范式方向和内容，自然是题中应有之义。

---

[1] 按：本著作借用库恩范式理论，来解读和思考中国哲学研究方法论问题。在 *The Nature of Paradigm*（《范式的本质》）一文中，马斯特曼（Margaret Masterman）梳理了库恩"范式"一词的内涵，计凡21种之多。就其基本意义而言，范式主要是指某个科学共同体（scientific community）的具体科学成就（concrete scientific achievements）。该成就包括科学研究的信念、价值、法则、理论、方法、运用等内容，是具体科学实践所公认的范例（exemplars）和"学科基质"（disciplinary）。科学成就的主要表现形式为教科书（textbook）和经典著作（classic work）。(参见 Margaret Masterman, "The Nature of Paradigm," in *Criticism and the Growth of Knowledge*, ed. Imre Lakatos and Alan Musgrave ＜Cambridge: Cambridge University Press, 1970＞, pp. 59-89) 关于"范式"的深入研究，还可参考 Dudley Shapere, "The Structure of Scientific Revolutions" (*The Philosophical Review*, vol. 73 ＜Jul. 1964＞, pp. 383-394) 等。库恩说：常规科学（normal science）因范式而成立，以解谜（puzzle-solving）为其正常运作模式；成熟科学发展，一般会经历范式（paradigm）、常规科学（normal science）、反常（anomaly）、危机（crisis）、革命（revolution）、新范式（new paradigm）等六个阶段之循环。(参见 Thomas S. Kuhn, *The Structure of Scientific Revolutions*, 4th edition ＜Chicago: The University of Chicago Press, 2012＞) 范式理论按库恩本意仅限于自然科学史研究，但库恩很快发现，他已无法控制"范式"这个词（Kuhn, 1970, p. 272），范式理论在不同学科的广泛运用，也远远超出了他的本意。

事实上，文本诠释有层次之分。文本有作者原意，这是任何解释有效性的基础；基于此基础，还有读者解释之意，解释是读者基于作者原意的创造性解读（从形式上看，类似于"误读"）。文本诠释的最高层次，在于基于文本解释的实际运用。库恩范式理论，因其是科技哲学及历史之研究，所以本质是观念史（the history of ideas）的一部分。因此，不难发现，对于同样涉及哲学及历史内容的中国哲学研究而言，范式理论有着很强的解释力和适用性（初步应用，参见余英时《〈中国哲学史大纲〉与史学革命》＜余英时：《现代危机与思想人物》，北京：生活·读书·新知三联书店，2012年，第184—195页＞一文）。本著作致力于将范式理论运用到中国哲学史研究之中，系基于库恩理论原意之创造性解释及运用。

(一)"选出而叙述之"范式

中国哲学是在古今、中西维度中存在的仅有百年历史的学科。一个世纪以来,海内外各类"中国哲学史"写作,始终是中国哲学研究最为重要的内容。诚如汤一介所言,中国哲学作为独立学科,是从20世纪初谢无量、胡适、冯友兰等三人的"中国哲学史"入手的。[1] 在过去一个世纪中,由胡适《中国哲学史大纲(卷上)》(1919年)肇其端、冯友兰《中国哲学史》(上册1931年,下册1934年,以下简称"冯著")定其型的"选出而叙述之"范式(the paradigm of selection and narration),实际上主导了过去百年中国哲学研究。[2] 李泽厚指出,"选出而叙述之"范式本质是以西方哲学为"模子"把中国传统学问套进去,这种做法,一直支配着今天所有的中国哲学研究。该范式的实质是"哲学在中国"而不是"中国的哲学",它的问题和缺陷是"很难保持中国本来的思维特征,丧失了中国一些不同于西方却是真正原创的东西"。[3] 由于胡、冯范式的笼罩性影响,过去百年乃至

---

[1] 参见汤一介:《思考中国哲学》,北京:中国人民大学出版社,2016年,第253页。

[2] 按:余英时指出,胡适《中国哲学史大纲(卷上)》是一部具有革命性意义的"典范"(paradigm),冯友兰虽写完了整部中国哲学史,"但冯著并未突破胡著的典范",冯著不过是在胡适典范后深入探讨的论著而已。(余英时:《文史传统与文化重建》,北京:生活·读书·新知三联书店,2012年,第417—418页)劳思光则认为,胡著"不是'哲学史',只是一部'诸子杂考'一类考证之作",冯著比胡著"略胜一筹""高于胡书","我们不能不承认冯书比较够得上被人称作一部'哲学史'"。(劳思光:《新编中国哲学史》第一卷,北京:生活·读书·新知三联书店,2015年,第2页)事实上,胡著是未竟之作,且处于与"高-谢范式"竞争阶段,属于库恩所谓"前范式时期";冯友兰《中国哲学史》,方法清楚、年代通贯、叙述整全,且被哲学学术共同体认可(胡著被梁启超、金岳霖严厉批判,而冯著却受到陈寅恪、金岳霖高度肯定),堪为学科典范(example)。至冯著《中国哲学史》,胡、冯路径之中国哲学史研究范式始正式成立。

[3] 李泽厚、刘绪源:《中国哲学如何登场?——李泽厚2011年谈话录》,上海:上海译文出版社,2012年,第90页。

当下中国哲学主流研究方法的共同底色,概不出"选出而叙述之"范式。百年中国哲学研究,总体上是在"选出而叙述之"范式中打转身而已。

冯友兰在其《中国哲学史》的绪论中,开宗明义表明了"选出而叙述之"范式之内容:

> 哲学本一西洋名词。今欲讲中国哲学史,其主要工作之一,即就中国历史上各种学问中,将其可以西洋所谓哲学名之者,选出而叙述之。
> ……
> 所谓中国哲学者,即中国之某种学问或某种学问之某部分之可以西洋所谓哲学名之者也。所谓中国哲学家者,即中国某种学者,可以西洋所谓哲学家名之者。[1]

显而易见,"选出而叙述之"范式就是以西方哲学为主体,站在西方人立场,用西方哲学观念、方法,重新理解和解释中国传统思想。持平而论,此范式"以西观中""以西解中"的西方汉学(sinology)研究视角,有助于以他者的"观道"(way of seeing),"迂回进入"中国传统,从而发现、"发掘"出中国传统思想文化可能具有的西方学术价值、"普世价值"。因此,这种中国哲学研究的西方"汉学路径"(Sinological line)对于思考东西方哲学比较问题,亦不无其学术价值。

但是,如前中国哲学学理所述,中国哲学的学科宗旨是致力于中国固有传统思想的现代化,"先中国,再哲学"的研究次第决定了中国哲学研究,必须首先立足于中国传统固有思想之根基,必须始终强调中国哲学研究的主体地位。"选出而叙述之"的"汉学路径"恰恰取

---

[1] 冯友兰:《中国哲学史》上册,上海:华东师范大学出版社,2000年,第3、7页。

"先哲学，再中国"这一背离中国哲学研究宗旨的进路。就中国哲学学理而言，此"汉学路径"下之中国哲学研究，从方法论上看，实取一种"反向格义"[1]的研究进路，其研究结果最终难免是"西洋哲学的产儿"（张立文语）。"旧邦新命"是中国哲学创始者的本心和职志之所在，"选出而叙述之"的研究进路，则从一开始就与中国哲学宗旨反向而行，从根本上缺失了"中国效度"，使得"旧邦"不复存在。这就造成了一个"吊诡"（paradox）：一方面，如前所述，中国哲学始终致力于建立起"中国的"哲学，不应视之为"西方哲学在中国"；另一方面，"选出而叙述之"这种主流研究方法，却实质造成了中国哲学不过是"西方哲学在中国"之事实。"选出而叙述之"使中国哲学难以实现其"中国固有传统思想""现代化"之学科宗旨，而实质导致了"西方化""中国固有传统思想"之结果。中国哲学因"选出而叙述之"的方法丧失了主体地位，沦为无根之木、无体之魂。从方法论意义上讲，"选出而叙述之"是中国哲学研究"中国效度"缺失的学理原因。

作为"选出而叙述之"范式的经典著作、教科书，胡适的《中国哲学史大纲（卷上）》和冯友兰的《中国哲学史》便表现出缺失"中国效度"的显著特点。首先，胡著、冯著均背离中国学术史固有陈说，以"疑古"态度对待中国上古哲学史。两人皆以"扼要的手段""截断众流"（蔡元培语），一概抹杀了中国上古哲学及其历史。从老子、孔子开始的中国哲学史，成为其中国哲学史可以言说的时段：中国五千年文明史，始终对应着一个打了对折的中国哲学史。其次，胡、冯

---

[1] 按：刘笑敢"反向格义"说指出：作为20世纪开创的"新科目"，中国哲学研究的主流，"是要'自觉地'以西方哲学的概念体系以及理论框架来研究分析中国本土的经典和思想"。此主流研究方向，恰与传统立足于中国思想主体地位解释外来思想的"格义"方向相反，可称之为"反向格义"。（参见刘笑敢：《诠释与定向——中国哲学研究方法之探究》，北京：商务印书馆，2009年，第100—101页）"反向格义"实即以"他者"眼光审视自己，是缺失思想主体地位之"格义"。

二人虽出发点不同，但都将经学剔除于中国哲学史研究内容之外。胡适认为经学与哲学疆界不明，"是中国思想史上的一大毛病"[1]，"经学与哲学，合之则两伤，分之则两受其益"[2]。冯友兰则说，唯有"二千年来为中国人思想之君主之经学"退位，中国人的思想"乃将有较新之局面"。[3] 二人对经学这一中国传统思想的主体和命脉的舍弃，导致了中国哲学研究彻底丧失了中国根柢和灵魂。此外，胡适著《诸子不出于王官论》、降低儒家历史地位，冯友兰否认孔子曾删述"六经"、一以《论语》讲孔子，等等做法，完全背离了中国传统学术固有脉络和范式。胡、冯此"选出而叙述之"范式之下的中国哲学研究，丢掉了中国思想学术的根柢，始终严重缺失"中国效度"。

胡著、冯著也同时缺失"哲学效度"。胡著系在其英文博士论文《先秦名学史》(*The Development of the Logical Method in Ancient China*, 1922)[4] 基础上修订而成。胡著"哲学效度"的思路，是以西方逻辑及科学思想为标的，在中国传统思想中寻找与之相类似的思想。胡适最后找到了"哲学的-科学的墨家"——"别墨"（Neo-Mohism）学派。在胡适看来，以"别墨"、惠施、公孙龙、孟子、庄子、荀子等为代表，出现了所谓"前三世纪的思潮"，这一时期，"乃是中国古代哲学极盛的时代"。[5] 胡氏于是以"别墨"学派尤其是其代表作《墨辩》为核心，竭力论证此时代诸子的逻辑思想，并以之为其中国哲学

---

[1] 姜玉华主编《胡适学术文集·中国哲学史》下册，北京：中华书局，1991年，第1072页。

[2] 同上。

[3] 参见冯友兰：《中国哲学史》上册，上海：华东师范大学出版社，2000年，第298页。

[4] Hu Shih (Suh Hu), *The Development of the Logical Method in Ancient China* (The Oriental Book Company, 1922).

[5] 胡适：《中国哲学史大纲》，上海：上海古籍出版社，1997年，第245页。

史之根本内容。牟宗三严厉批判胡适的这种做法，说他是在"极为粗浅""语焉不详""不甚可解"的《墨辩》中"翻筋斗"，不知墨学真精神，更未入西方哲学之门。[1]冯著"绪论"对西方哲学宇宙论、人生论、知识论等"三大部"的分类标准和具体内容，皆有论及。但在具体写作中，冯著并未以这些"哲学"分类及内容贯穿始终。以"先哲学，再中国"为研究进路的胡著与冯著，由于其立足点是为西方哲学找中国思想例证，难免存在牵强比附"（西方）哲学"而论的问题。其结果，导致其中国哲学史研究中的"哲学"内容亦丧失了"（西方）哲学"的原意，从而缺失了"哲学效度"。

"中国效度"与"哲学效度"是支撑中国哲学学理的两大支柱。"选出而叙述之"的中国哲学，既肢解了"中国"的内容，又比附曲解了西方"哲学"的原意。此范式同时缺失了"中国效度"与"哲学效度"，存在着"既不中国也不哲学"的严重学理危机。中国哲学学科，需要通过范式转换，重建学理合法的中国哲学研究新范式。

（二）"高-谢范式"

谢无量翻译、"编辑"高濑武次郎著作而成的《中国哲学史》，是中国学者借鉴日本学者相关成果，进行中国哲学史研究的开山之作。[2]深入研究可见：对照前述中国哲学学理本质，高-谢著兼具"中国效

---

[1]牟宗三：《中国哲学的特质》，上海：上海古籍出版社，1997年，第2、7页。

[2]1916年出版的谢无量编辑《中国哲学史》（上海：中华书局，1916年），系谢无量翻译、编辑、补充高濑武次郎《支那哲学史》（东京：文盛堂，1910年；以下简称"高濑著"）而成。对比高濑著，谢无量《中国哲学史》的"编辑"工作主要是：①整体上全面沿袭高濑著的哲学史分期、篇章结构、主体内容；②在翻译、增删、调整高濑著相关内容及结构时，有时重新编写篇章题目，或提出不同于高濑著之观点；③补充了显著不同于高濑著的内容。其中，谢无量增补的内容，举其要者，有：①"绪言"总论"哲学"及其分类、中国哲学及其历史之内容和特点；②专列"邃古哲学之起原"一节，以伏羲、神农、黄帝，确立中国哲

度"与"哲学效度",是学理合法的中国哲学史。其所开创的中国哲学史研究范式,可称为"高濑武次郎-谢无量范式"(以下简称"高-谢范式",Takase-Xie's paradigm)。

就"中国效度"一极而言,高-谢著无疑从内容和形式上皆是"中国"的。从外在表现形式上看,高-谢著全以文言为之,因仍传统用字号称呼人名;论述所用之"删述体"编纂体例[1],既基于学案体

学"起原之第一期";③特举"五学之教"节(第一编上第二章第三节),分别说明《诗》《书》《礼》《乐》《春秋》之教义;④"东汉经术今古学之分及其混合"章(第二编上第十章)原据经、史,概述东汉经学发展史。以上内容,高濑著皆无。此外,《中国哲学史》"王充"章(第二编上第九章),分两部分详论王充之形而上学、伦理说,与高濑著"王充"章(第一编第九章)内容,大有不同。

谢无量编辑之《中国哲学史》,主体基于高濑氏《支那哲学史》而成。但在编辑过程中,谢无量也有对高濑著之辨析、补充、发明之处。相较于之后赵兰坪同样编译高濑著之《中国哲学史》(广州:国立暨南学校出版部,1925年),谢无量显然对高濑原著下了更多深入、细致的梳理及创作功夫。因此,谢无量《中国哲学史》,实为中国学者通过"编辑"日本学者既有成果而创建中文世界"中国哲学史"的最初尝试。谢无量编译、研究中国哲学的学术史考察,亦可参见邓红《谢无量"中国哲学史系列著作"与日本:以〈阳明学派〉为中心》(载项楚、舒大刚主编《中华经典研究(第3辑)》,北京:商务印书馆,2023年,第176—203页)。

[1] 从形式上看,高-谢著编纂体例,似完全效法传统学案体为之:先据史传讲述哲学家生平,次以原文选录重要哲学文献,并在选文首尾加以简单按语。这种体例所呈现的主体内容,很容易给当代读者一种资料选编的烦冗感觉,所以葛兆光才有谢无量著作"常常只有一个新式的名称和一堆粗加选择的资料"(葛兆光:《思想史的写法——中国思想史导论》,上海:复旦大学出版社,2004年,第3页)的评语。事实上,高-谢著自有其编纂体例观:"记述一学派之源流而为书者,莫精于朱晦庵之《伊洛渊源录》,统一代之学派而为书者,莫详于黄宗羲之《宋元学案》及《明儒学案》。此其体例皆近于今之所谓哲学史者也。"(谢无量编辑《中国哲学史》,上海:中华书局,1916年,"绪言"第2—3页)高-谢著大致以"学案体"编纂,以此。又,高-谢著文献选编义例,遵循"掇其学说之要""约其精蕴,无取繁词"(同上书,"绪言"第3页),"撮其精要,删其复文"(同上书,第32页)之原则。这一原则,实尚法孔子述而不作、删述"六经"之意。

既有陈规，又善于取法孔子删述"六经"之先例，皆是植根于中国传统学术的做法，完全没有"选出而叙述之"范式"汉话胡说"（彭永捷语）的问题。从具体内容来讲，首先，高-谢著始终以客观、理性的"释古"（冯友兰语）态度对待中国传统思想。既不一概抹杀，也不盲目信从，以"伪中求真"的方法处理中国上古思想文献，确立了前老子、孔子时代的"邃古哲学"之中国上古哲学史研究典范。因此态度与方法，高-谢著遵循传统中国固有学术脉络和范式，讲述了与

细读高-谢著删述内容，实在是"提要钩玄"而非"粗加选择"的结果。高-谢著编纂，基于学案体而又取法孔子先例及西方哲学架构（如以宇宙论、伦理学贯穿全书），可名之曰"删述体"。

冯友兰后来专门讨论过中国哲学史编纂体例问题。他说，哲学史写作有叙述式和选录式两种体裁。西方人所写哲学史，多为叙述式；中国传统思想史类著作，如《宋元学案》《明儒学案》等，几乎皆为选录式。两种写作体裁各有利弊：叙述式哲学史，"哲学史家可尽量叙述其所见之哲学史。但其弊则读者若仅读此书，即不能与原来史料相接触，易为哲学史家之见解所蔽；且对于哲学史家所叙述亦不易有明确的了解"；选录式哲学史，选录之际虽难免掺入录者主观见解，"然读者得直接与原来史料相接触，对于其研究之哲学史或文学史，易得较明确的知识。惟用此方式，哲学史家或文学史家之所见，不易有有系统的表现，读者不易知之"。（冯友兰：《中国哲学史》上册，上海：华东师范大学出版社，2000年，第14—15页）以历史学路径写哲学史，如梯利《西方哲学史》，更多地会取"述而不作"路径，着意于让哲学、哲学家展示其自身；以哲学视角写哲学史，如黑格尔《哲学史讲演录》，则更愿意以自己所见，评述历史上的哲学、哲学家。选录式更适合历史学进路哲学史，叙述式则是哲学家进路愿意采取的写作方式。

高-谢著是中国人编译出版的第一部《中国哲学史》。前此，日本人所写的数种"中国哲学史"，如内田周平《支那哲学史》（1888年）、松平文三郎《支那哲学史》（1898年）、远藤隆吉《支那哲学史》（1900年）、宇野哲人《支那哲学史讲话》（1914年）等，其编纂基本取冯友兰所谓叙述式体例。而高-谢著，一方面，以西方哲学分类法为架构，"条纪贯串"中国哲学之内容；另一方面，取法传统学案体，"述而不作"历史地呈现了中国传统哲学之精要。高-谢著之"删述体"中国哲学史编纂体例，基于中国传统学术史体例，又借鉴西方哲学史编纂方法，是中国哲学史写作方式的一种有益尝试。

中华五千年文明对应的五千年整全中国哲学发展史，表现出强烈的"中国"特质。此外，高-谢著专论"六艺哲学"而又以删述"六经"来理解孔子，深契中国传统文化之经学灵魂；同时，高-谢著基于传统学术固有脉络，经学、子学共论，正统、异端同述，概要地呈现了有深厚国学根柢的中国哲学史。总体而观，高-谢著坚守中国传统思想固有范式和内容，致广大而尽精微地呈现了中国传统思想文化的全体样貌，始终有一颗"中国心"、一个"中国魂"。高-谢著因此有着深切著明之"中国效度"。

在"中国效度"基础上，高-谢著的"哲学效度"也十分显著。高-谢著不仅从词源学意义上探究哲学的"爱智"本义，更始终以中西思想的比较视域（comparative horizon），说明了中国传统思想和西方哲学之可公度性（commensurability）、可比性（comparability）之内容，从而确立了中国哲学之哲学品格。高-谢著中西思想文化比较的最大特点，就是在深入理解中西思想两端原意基础上，进行实事求是的比较研究，有则相较，无则阙如，殆不为凿空附会之论。这一点，在处理先秦诸子名学思想上，与胡著尤为不同。谢无量对逻辑学颇有研究，其著《佛学大纲》（1916年），详尽比较讨论了因明学与"论理学"（民国时称"逻辑学"为"论理学"）之异同。但高-谢著在讨论先秦诸子名学思想时，却不做逻辑与名学比较的凿空之论。高-谢著特别强调名家、辩者之正途与旨归，并非辨名析理之逻辑思想，唯"正名实以立治本"才是"名家之正宗"。"名家诸子之说，虽各有不同，然其归无不在如使名实符合，万事万物，咸得其正，以立政治之大本，而社会常治不乱也。"[1] 高-谢著之名家研究，无疑是真正意义上"中国"之名家，而不是为西方逻辑思想开"中国分店"。

---

[1] 谢无量编辑《中国哲学史》，上海：中华书局，1916年，"第一编下"第93页。

尤其值得关注的是，高-谢著之"哲学效度"取"以中化西"的研究进路，完全符合"先中国，再哲学"之中国哲学研究学理。例如，中国传统思想范式最为突出的特点，便是"天人合一""推天道以明人事""援天道以证人事"。基于此特点并与西方哲学相比较，高-谢著始终将宇宙论（"天"）与伦理学、政治学（"人"）的关系作为中国哲学史之主脉，贯穿其写作始终。人性论问题居于中国哲学之主干地位，"是中华民族精神形成的原理、动力。要通过历史文化以了解中华民族之所以为中华民族，这是一个起点，也是一个终点"。[1] 高-谢著充分注意到了人性论问题的重要性。作为非常重要的"纯正哲学"问题，人性问题的讨论是贯穿高-谢著始终的一条重要线索与核心内容。与胡著、冯著"以西解中"为西方哲学做例证之中国"哲学"完全相反，高-谢著中国哲学研究之"哲学"内容，是"以中化西"，借助西方哲学来梳理、阐发中国传统固有思想之"哲学"意义。正如宋明理学虽借鉴佛道二教思想资源，但始终坚守儒家礼教正统立场一样，高-谢著"以中化西"之中国哲学研究范式，也始终在坚守中国传统思想固有范式及内容这一立场下，通过"借用"（borrow）西方哲学方法，来实现中国固有思想现代化这一中国哲学创作宗旨。

总而言之，与"选出而叙述之"范式根本不同，"高-谢范式"是一种深具"中国效度"与"哲学效度"，从而是真正意义上"既中国又哲学"、学理合法的中国哲学研究范式。"高-谢范式"具备化解"中国哲学合法性问题"危机，重建学理合法的中国哲学学科之条件。因此，尽管高-谢著还有许多问题与不足，如经学内容单薄、西方哲学底蕴尚浅、没有礼教这一中国文化主体内容、主要以二手文献讲宋明理学、"删述体"编纂体例有待进一步精炼深化、文言表述方式需要

---

[1] 徐复观：《中国人性论史（先秦篇）》，上海：上海三联书店，2001年，"序"第2页。

进一步深入考虑等一系列有待深入思考和研究的问题，但是，沿着"高-谢范式"因革损益，现在只是一个大纲式的"典型范例"（exemplar），终将会发展完备而取代"选出而叙述之"范式，成为未来学理合法的中国哲学研究之常规学科主导范式。

四、创建学理"合法"的新中国哲学

如前所述，"中国效度"与"哲学效度"是中国哲学学理的两根支柱。中国哲学必须首先是"中国的"，然后又是"哲学的（世界的）"，才能从学理上成立。为适应时代的新要求和学术的新发展，未来中国哲学应当接着"高-谢范式"向前推进：一方面，先以经学[1]为根本，确立其"中国效度"；另一方面，再以诠释学为主体，建立其"哲

---

[1] 本著作中的"经学"观念，因仍《四库全书》经学观念，仅及儒学经学而不及其他。有学者论及经学时，常常将《墨经》及释道二教典籍也纳入广义经学之中。此说背离了中国传统学术中正统经学观念。章学诚《文史通义·经解》辨析传统经学之名甚详，述之以备考。

章氏指出，古之所谓经，乃先王纲维天下之典章政教。"六经"之名，起于孔门弟子，意在"尊六艺而奉以为经"。后世羽翼"六经"之传，亦名为经，"盖尊经而并及经之支裔也"，"儒者著书，始严经名，不敢触犯，则尊圣教而慎避嫌名"。总体而言，儒教社会中，儒学的正统权威地位，使得儒家经学有着格外尊崇的地位。章氏总结道，儒家经书之外，中国学术史上将著作命名曰"经"者，还有如下情况：一则，"诸子著书，往往自分经传，如撰辑《管子》者之分别经言，《墨子》亦有《经》篇，《韩非》则有《储说》经传，盖亦因时立义，自以其说相经纬尔，非有所拟而借其名也。经同尊称，其义亦取综要，非如后世之严也"。诸子称其著作为经，大致皆"其徒自相崇奉而称经矣"。再则，佛教典籍，原不称经，其称经者，实乃"其后华言译受，附会称经，则亦文饰之辞矣"。又，老子称《道德经》，庄子加以《南华真经》，列子加以《冲虚真经》，皆"开元之玄教设科，附饰文致，又其后而益甚者也"。至于地理之书《山海经》《水经》之"经"，意取"经纪之意"；而《星经》《相马经》《茶经》《棋经》《甘露经》《相贝经》等，不过好事之徒附和、托古、谐戏而为，"此皆若有若无，不足议也"。（参见章学诚：《文史通义》，上海：上海古籍出版社，2008年，第26—32页）

学效度"。

（一）"中国效度"：中国哲学研究之经学路径

"选出而叙述之"范式下的中国哲学，是通过废黜经学建立起来的。之所以如此，是有其历史原因的。冯契明确指出，中国传统思想的近代化就是"对经学的否定"[1]。20世纪初叶，中国哲学学科产生之时，从政治到学术，当时先进分子皆以反对尊孔读经为努力方向。在此社会思想风潮裹挟之下，虽有高-谢著尊孔而不废经学之《中国哲学史》在前，但真正发挥巨大社会及学术影响的，则是胡适、冯友兰批孔和舍弃经学的中国哲学史著作。范文澜说："'五四'运动以前二千多年里面，所谓学问，几乎专指经学而言。"[2]任继愈评价道，胡著令人耳目一新的地方，就是它不是代圣贤立言，打破了封建时代沿袭的不准议论古代圣贤的"经学"禁区；而冯著则是沿着胡适开辟

依《四库全书》类例，经部凡十类：易、书、诗、礼、春秋、孝经、五经总义、四书、乐、小学。以儒经为经学根本内容，既是因仍传统经学学术体例，更是由于儒家经学代表着中国传统正统权威思想，而在正统主流观念看来，释道墨等"子书"（《四库全书》将释道二教著作，列入子部），要为异端之说，不在经学正统之列。而近代以来主流学术思潮，恰好颠倒传统正统异端观念，其所反对的经学，是儒经而非墨家、"二教"之学。反经学学者所表彰的，反而是墨家及释教之说。显而易见，没有正统经学，就没有中国传统思想文化之主干。近代以来中国传统思想文化研究缺失"中国"传统主体内容，良由此颠倒传统之学术观所致。尚可关注的是，姜广辉认为，经典的核心是其价值观，它构成了民族的主流文化。中国先秦时期，墨家、道家、法家都有其经典，但这些经典没有构成后来中国社会的主流文化，因此不能被视为最具代表性经典。（姜广辉主编《中国经学思想史（第一卷）》，北京：中国社会科学出版社，2003年，第30—31页）姜氏虽未从正统异端视角说明儒经与诸子经典的历史性区别，但不以墨道法家之言滥称经典，亦可谓颇有见地之言。

[1] 冯契：《中国近代哲学的革命进程》，上海：上海人民出版社，1989年，第8页。

[2] 范文澜：《范文澜历史论文选集》，北京：中国社会科学出版社，1979年，第265页。

的道路继续向前走的书。[1]

作为"选出而叙述之"范式的代表作,冯著以瓶酒之喻,说明了废黜经学建立中国哲学的学理缘由。比照西方哲学史分上古、中古、近古三个时期的做法,冯友兰将孔子至淮南王的时段,定为中国哲学的上古时期,名之曰"子学时代";把董仲舒至康有为时期,定位成中国哲学的中古时期,称之为"经学时代"。冯氏说,在西方哲学史中,近古哲学甚多甚新,为其中古哲学旧瓶所难容,而终撑破旧瓶,成为"新瓶装新酒"。与之比照,在中国哲学的经学时代,当新见(冯氏所谓"新酒")不极多极新时,仍可装于经学之旧瓶内。同时,经学"旧瓶"又富于弹性,自能酌量扩充其范围。所以可以从"六经"增至"十三经",乃至有"四书",其权威且压倒"六经"。但是,近代中西文化交通之后,情况发生了巨变。起初,廖平、康有为等人试图将经学"牵引比附"于西洋学说,仍想"旧瓶装此绝新之酒"。但是,西方新学的强力挑战,使得经学旧瓶已扩张至其极点,旧思想不足以应对时势需要,终于被应时势而起之至多至新的西方新思想("新酒")所撑破。随着"旧瓶破而新瓶代兴"之思想革命,两千年来占据中国传统思想"君主"地位的经学被迫退位,中国哲学自此结束经学时代而将进入近古。[2]

冯友兰的瓶酒之喻,实暗合库恩"范式转换"理论之旨:近代西学对中学挑战,导致经学范式由学科异常而沦于学科危机;必须用与经学完全不可通约(incommensurability)的西方哲学范式取代经学范式,才能实现中国传统思想研究的范式革命(paradigm revolution)。

---

[1] 参见任继愈:《任继愈文集》2,北京:国家图书馆出版社,2014年,第2—3页;又见任继愈:《中国哲学史论》,上海:上海人民出版社,1981年,第2—3页。

[2] 参见冯友兰:《中国哲学史》上册,上海:华东师范大学出版社,2000年,第298页。

通过用"中国哲学"新范式取代经学旧范式的范式转换,最终使得中国哲学范式成为中国传统思想研究常规学科(normal discipline)的基础和典范。中国哲学即是如此这般通过废止经学,引入西方哲学之"范式转换"而建立起来的。

百年以来,由于胡、冯"选出而叙述之"范式之笼罩性影响,中国传统思想的经学主体内容再也没有进入中国哲学研究者之视域。遵循西方哲学史以哲学家为主线的写作模式,"选出而叙述之"范式确立了创新性的中国哲学史研究之"子学路径"(philosophers line)的叙述脉络。该路径刻意背离了经学这一中国传统学术思想之主体、根本;中国哲学之所以缺失"中国效度",丧失其主体地位,说到底即由此百年不变之"子学路径"所致。[1]

时代问题的变化,决定了学术思想的时代性特点和内容。百年后,

---

[1] 按:由于"选出而叙述之"范式实质是要给西学做例证,所以,由胡著、冯著开辟,百年相仍"子学路径"中之"子学",早已不是中国传统学术中之真子学,而是被撕裂了的"不中不西"之子学。方勇倡"新子学",对胡、冯之法使子学沦为西学附庸深致不满。他强调"正本清源""返归自身",回到原典"平心静气面对古人",追寻中国学术的根基和基本特质等探索子学"中国性"的工作,也值得中国哲学研究者关注。(参见叶蓓卿编《"新子学"论集》,北京:学苑出版社,2014年,第1—36页)虽然"新子学"主张子学是传统"学术主流"、经学是政治化产物等议论,实乃对传统学术实况失察,系穿凿之论;其舍弃经学根本而独取子学创新精神之说,亦非中国哲学研究"返本开新"之正途大道。但是,"新子学"之议所以能在学界引发广泛反响,说明探寻中国学术研究的"中国性"问题,已凝聚而成为时下学界共识。既往以胡、冯范式为指导的中国传统思想研究,恰恰以丧失中国性为其特征,此范式显然已不能适应当下时代之要求,中国传统思想文化学术研究理应有一个范式转换。

重建中国哲学之"中国效度",固须唤醒和更生中国传统思想文化之"经学"根脉。而为了对治百年来中国哲学研究主流舍弃经学、断灭古道之积弊,时下应明确倡导以经学为主体内容之中国哲学研究。回到中国传统学术之固有脉络,其实"四部"中皆有思想文献。虽然"选出而叙述之""以西解中"路径有诸多弊端,但百年来以"子学"为核心内容之中国哲学研究,也积累了诸多经验教训,

当今有识之士开始重新认识经学在中国思想史中的历史地位和作用。张岂之总结道，在中国历史上，"经学作为中国思想文化的主干，对于民族凝聚和文化认同，始终发挥着不可取代的主导作用"[1]。他又具体指出，不了解"十三经"，就不可能真正了解中国，了解中国传统文化。20 世纪喊出"打倒孔家店"，客观上的确起到了振聋发聩、除旧迎新的作用。但是，经学的地位从此一落千丈。"正如在倒掉脏水的同时也倒掉了婴儿一样，《十三经》中的精华也同糟粕一道被弃置，殊为可惜。更为可怕的是，其中的许多糟粕并未得到真正的清理，又往往借尸还魂，死灰复燃，为害社会。"[2] 在李学勤看来，中国传统文化的一个"事实判断（逻辑推论）"是：儒学是中国传统文化的主流，经学又是儒学的核心，因此，不了解和研究经学，就没有把握住中国传统文化的主流和核心部分。[3]"经在中国学术史上的重大影响作用是永远不可抹杀的。"[4] 两位学者客观持平地认识经学的历史作用，确为基于史实的深切著明之见。

更有学者主张重新看待经学的现实思想文化价值。饶宗颐指出，

不可一概抹杀。因此，基于传统思想学术之规模及"内在理路"，借鉴百年来中国哲学研究之得失，对未来中国哲学研究对象和内容的较为完备的表达，当是"以经学为主、子学为辅"（此处"子学"为传统子学，非"选出而叙述之"之子学；类似高-谢著之子学，而非胡著、冯著之子学。辅助经学之材料，也包括传统史部、集部中与经学相关之思想文献）。辅经之作，终究不过经之支与流裔，所谓"可以与六经相表里，而不可以与六经为并列也"（章学诚《校雠通义·汉志六艺第十三》）；取用之道，亦不过所谓"虽有丝麻，无弃菅蒯"（《四库全书总目·子部总叙》）是也。

[1] 张岂之：《应加强经学思想史的研究》，载姜广辉主编《经学今诠四编》（《中国哲学》第 25 辑），沈阳：辽宁教育出版社，2004 年，第 32—33 页。

[2]《周礼注疏》，郑玄注，贾公彦疏，上海：上海古籍出版社，2010 年，"十三经注疏整理本序"第 1—2 页。

[3] 李学勤：《三代文明研究》，北京：商务印书馆，2011 年，第 227 页。

[4]《十三经注疏》整理委员会整理《十三经注疏》，北京：北京大学出版社，1999 年，"序"。

经书是中国文化精华的宝库,是中国人思维模式、知识涵蕴的基础。"经"讲论的"常道",是衡量是非的真理标准;经书是先哲道德和睿智的核心精义,实为"不废江河的论著"。饶氏进而主张,倘若我们能用笃实的科学精神理解经书,取古典的精华,就能使得人与自然、人与人之间相协调而达到和谐的境界。他最后呼吁:"经学的重建,是我们推进精神文明建设的基础工作之一","我们现在生活在充满进步、生机蓬勃的盛世,可以考虑重新塑造我们的新的经学"。[1]张立文强调,经学不是博物馆里的古董,也不是庙堂里无生命的木主,而是活生生的、生气勃勃的生命体。经学是中华文化之根、之魂,是中华民族精神的故乡,是中华民族安身立命之所。[2]冯友兰一生的学术经历,就是一部活生生的中国哲学史[3],其遗言曰:"中国哲学将来一定会大放光彩。要注意《周易》哲学。"[4]作为终生探索中国传统思想文化现实出路的学者,冯氏遗言指明了未来中国哲学发展的经学方向,应当引起后来学者的普遍重视。[5]

---

[1]饶宗颐:《饶宗颐集》,陈韩曦编注,广州:花城出版社,2011年,第3—5页。

[2]蔡方鹿:《中国经学与宋明理学研究》上,北京:人民出版社,2011年,"序"第3—9页。

[3]冯友兰一生与中国哲学学科起伏相始终,其本人参与了学科奠基和建设工作,并确立了既往中国哲学研究范式。今天,当我们基于中国哲学学科新学识,认识到从史实来讲,中国哲学学科是自1912年以降的现代学科时,就不难发现:冯友兰之《三松堂自序》,实际上可看作是一部真切的"中国哲学史"。

[4]蔡仲德:《冯友兰先生年谱初编》,郑州:河南人民出版社,2001年,第784页。

[5]按:如陈来所言,朱伯崑"煌煌四卷"《易学哲学史》(1—4卷)(北京:昆仑出版社,2005年),继承并发扬光大了冯友兰"要注意《周易》哲学"的遗志,"其实就是朱先生所写的一部中国哲学史,特别是宋元明清时期的哲学史"。(陈来:《燕园问学记》,北京:北京大学出版社,2008年,第174、179页)未来建设以经学为主体内容的中国哲学史,朱著应该具有重要的学术参考价值。

中国传统学术成熟时期，经史子集类文献构成了传统学术全部文本内容。在中国传统学术脉络中，"四部"并非平行并列关系。"辨章学术，考镜源流"，诚如《四库全书总目》等中国传统目录学著作所述："四部"之中，经学载天下之公理，垂型万世；史学功用，在于以经学为依据，观始末，正是非，定褒贬；经史之外立说，皆为子学。诸子之言，虽势同水火，但相灭相生、相反相成；子学不过是经学之"支与流裔"，然其明道立言之处，可与经史旁参。经史学借鉴子学之道，在于博收而慎取。马一浮说，国学即六艺之学，"六艺该摄一切学术"[1]。熊十力云："中国人之作人与立国精神毕竟在孔子六经。"[2] 可见，经学无疑是中国传统思想文本之主体、学术思想之主干，舍经学，中国传统思想将丧失根本和灵魂。同时，显而易见，经学是中国传统思想研究之"中国"内容所在。没有经学，无从谈及中国哲学的"中国效度"。舍经学这一根本，中国哲学之主体地位难以成立，亦无以为继。

如前所述，欲实现中国固有传统思想的现代化这一中国哲学的宗旨，内在地需要"先中国，再哲学"之中国哲学研究进路。因此，未来中国哲学创新，首先应当"返本""回家"，重新回到"经学路径"（Confucian classics line）上来。唯有将中国哲学"创造性解释"学理建立在经学文献基础之上，才有希望"唤醒""修复"（rehabilitate）中国传统思想的主体内容，才有可能学有根底地阐发出中国固有思想之精髓，从而真正确立中国哲学的"中国效度"。值得关注的是，姜广辉与三十五位学者合作，完成了三百余万言、四卷六册本的《中国经学思想史》。此书以传统经学之价值和意义为关注重点，梳理了自

---

[1] 马一浮：《马一浮全集》第一册上，杭州：浙江古籍出版社，2013年，第8、10页。

[2] 熊十力：《论六经·中国历史讲话》，北京：中国人民大学出版社，2006年，第119页。

先秦至晚清经学思想通史,最终总结了"天人合一""人性本善""以义制利""民本""修身""德治""五伦""孝道""仁爱""大一统""协和万邦""大同、太平"等十二大儒家经学的价值观念。《中国经学思想史》研究的尝试,无疑为我们进一步探索以经学为核心内容的中国哲学思想研究,提供了可资借鉴的先例。[1]

总而言之,中国哲学研究唯有回归经学此一中国传统思想文化之根干,才有可能确立和实现其"中国效度"。今后,中国哲学研究者当立足于经学主体,从"子学路径"转向"经学路径",通过"创造性解释"中国传统经学,从而建构起真正具有主体地位、中国内容之"中国的哲学",以期最终实现"中国固有传统思想现代化"这一中国哲学学科宗旨,并进而为人类文明贡献独特的中国哲学思想内容。本著作探索以经学为主体内容的中国哲学文献整理与研究之方法论,即是基于以经学来确立"中国效度"之中国哲学创新观念。

(二)"哲学效度":建构"中国哲学诠释学"

1903 年,王国维在《哲学辨惑》一文中说:"异日昌大吾国固有之哲学者,必在深通西洋哲学之人,无疑也。"[2] 王氏又于《奏定经学科大学文学科大学章程书后》中重申:"异日发明光大我国之学术者,必在兼通世界学术之人,而不在一孔之陋儒,固可决

---

[1] 参见姜广辉主编《中国经学思想史》,北京:中国社会科学出版社,2010年。姜广辉近著《中国经学史》(长沙:岳麓书社,2022年),凡分四卷,"先秦编"讲明"经"之形成及其内容,其余三编"汉唐编""宋明编""清代编",注重经学史上的典型人物、典型著作、典型问题,旨在讲明经学在历史上的发展和演变,并解释其后的社会思想原因。《中国经学史》是在《中国经学思想史》所阐发的价值思想指导下,主要着眼于经学文本本身及其学派传承的研究,必将有力推动中国哲学的经学转向。

[2] 王国维:《王国维集》第一册,周锡山编校,北京:中国社会科学出版社,2008 年,第 257—258 页。

也。"[1] 1918年，蔡元培在胡适《中国哲学史大纲（卷上）》一书的序中指出，研究中国哲学史有两层难处：第一是材料问题，必须有"汉学"功夫；第二是形式问题，"非研究过西洋哲学史的人，不能构成适当的形式"。[2] 王、蔡二先进之见，揭示了在中国哲学草创时期，学者已清醒地认识到：欲研究中国哲学，除应具备中国传统学术根柢外，必须同时兼具西方哲学素养这一学理要求。事实上，中国哲学百年发展史也证明，凡在中国哲学领域有成就者，无不是中西兼修、会通有道之人。

中国哲学"中国效度"与"哲学效度"之根本学理表明：凡以"中国哲学"为名目者，必须内在地包含着"中国"和"哲学"两极

---

[1] 王国维：《王国维集》第四册，周锡山编校，北京：中国社会科学出版社，2008年，第13、15页。按：20世纪前十年，王国维几乎将所有精力萃于哲学研究方面。他曾编译了《哲学概论》（1902年）、《伦理学》（1902年）《西洋伦理学史要》（1903年）、《叔本华氏之遗传说》（1904年）、《汗德评传》（1906年）、《荀子之名学说》（1904年）、《管子之伦理学说》（1904年）等著述。自著有《汗德之哲学说》（1904年）、《汗德之知识论》（1904年）、《叔本华之哲学及其教育学说》（1905年）、《汗德之伦理学及宗教论》（1906年）、《英国哲学大家休蒙传》（1906年）等西方哲学研究文章。亦撰有《子思之学说》（1905年）、《荀子之学说》（1905年）、《列子之学说》（1906年）、《周秦诸子之名学》（1905年）、《国朝汉学派戴阮二家之哲学说》（1905年）、《周濂溪之哲学说》（1906年）等研究中国哲学诸子研究之作。至于其《论性》（1905年）、《释理》（1905年）、《原命》（1905年）等三篇论文，堪称中国哲学范畴研究之鼻祖。而《哲学辨惑》（1903年）、《论哲学家与美术家之天职》（1905年）、《奏定经学科大学文学科大学章程书后》（1905年），更为近代中国引入西方哲学以及讨论中西哲学之关系等重大议题，奠定了学理基础。

[2] 参见胡适：《中国哲学史大纲》，上海：上海古籍出版社，"序"第1页，1997年。按：蔡元培编译有《哲学要领》（1903年）、《伦理学原理》（1909年）、《哲学大纲》（1915年）等著作，自著有《中国伦理学史》（1910年）等，可见其对西方哲学大义知之颇详，亦有用西方伦理学观念研究中国传统思想之心得，并非泛泛而论者可比。

内容,才是学理"合法"的中国哲学研究。经过"中国哲学合法性问题"洗礼之后,我们愈发明确了"哲学效度"学理的重要性:中国哲学固然需要"中国"内容为其学科成立之"中国效度"的前提,但是,如果缺失"哲学"一极,中国哲学将无以落实其"创造性解释"之根本学理,亦无从以其"哲学效度"实现中国固有传统思想现代化之宗旨。"哲学"本为西方文化的产物。中国哲学之所以名之曰中国"哲学",而非称之为中国经学、中国子学、中国道术学、中国义理学等名目,即说明"中国哲学"确乎为近代以来中国学者基于"(西方)哲学"学理而创立的"现代学科"和"现代知识"。若无"(西方)哲学",所谓中国的"哲学"既无创立的可能,亦无建立的必要。因此,中国哲学之"哲学效度"问题,不是研究中国哲学时,要不要学习、参照西方哲学的问题,而是以什么方式学习、参照、运用西方哲学这个问题。

如前所论,在"选出而叙述之"范式的主导下,过去中国哲学研究,主要取"以西观中"(seeing Chinese ancient thought from the perspective of western philosophy)眼光和"以西解中"(deconstructing Chinese ancient thought according to western philosophy)研究进路。取此眼光和进路,自有其历史原因。在胡适看来,中国哲学学科的出现,就是要解决中西文化如何协调共生这个根本的大问题。这个问题的解决之道,就是要在中国传统思想中找到移植西方哲学、科学的合适土壤,以确立协调中西新旧文化的基础,并进而建立中国自己的哲学与科学。[1] 胡适认为,作为公元前 3 世纪"中国古代哲学极盛的时代"的代表,别墨学派及其《墨辩》中蕴含着丰富的科学知识与以逻辑为主的哲学方法论,可作为移植西方哲学和科学最佳成果的合适土壤。胡适博士论文《先秦名学史》及其《中国哲学史大纲(卷上)》,便是

---

[1] 参见胡适:《先秦名学史》,上海:学林出版社,1983 年,第 8 页。

旨在废黜儒学独尊地位,以"别墨学派"及其《墨辩》为主,深入探究中国上古逻辑与科学思想之作。总体而观,胡适之中国哲学史,实为名学史也、《墨辩》学史也。但是,胡著确乎开创了中国哲学研究"以西观中""以西解中"的研究进路。[1]

冯著"绪论",从另一个侧面历史性地说明了"选出而叙述之"范式不得不"以西观中""以西解中"的原因。冯氏道,我们原本可以不顾西方哲学,而只写作中国义理学及其历史;我们亦无不可就西方历史上各种学问中,将其可以中国义理之学名之者,选出而叙述之"西方义理学史"。中国人最终只能写作中国哲学史,是因为近代学术起于西方,若写作西方义理学史,无法安置其在近代学问中的地位。而将中国义理学称为哲学,则不会发生这种学理困难,"此所以近来只有中国哲学史之作,而无西洋义理之学史之作也"。[2]胡著表彰"别墨学派"与冯著选出玄学、道学、义理之学而以哲学名之者,看似呈现的都是中国的"哲学"思想,但深究二人表彰及选择之标准,实以

---

[1] 按:胡适在《中国哲学史大纲(卷上)》初版(1919年)"凡例"中预告:"本书分上中下三卷。上卷述古代哲学,自为一册;中卷述中古哲学,下卷述近世哲学,合为一册。"(胡适:《中国哲学史大纲(卷上)》,上海:商务印书馆,1932年,国难后第1版,"凡例"第1页)事实上,胡适已有"《中国哲学史大纲(卷中)》讲义",篇分七章,讲述"汉之哲学"(参见胡适:《中国哲学史大纲(卷上、卷中)》,南宁:广西师范大学出版社,2013年,第247—330页)。该讲义1919年便在北京大学内部印行。之后,胡适先后完成了《中国中古思想史长编》《中国中古思想小史》等中古哲学史试稿,出版了研精覃思之作《戴东原的哲学》及一些清代哲学专题研究论文。但是,预告中的中国中古近世哲学史最终还是没能完成。鄙以为,胡适既认定哲学发展,取决于逻辑方法的发展(《先秦名学史》导论),那么,先秦之后,中国传统学术思想史中再无"别墨"、《墨辩》可资充分立论,按照胡氏的学理,中国中古近世哲学史自然难以为继,可以不作。"以西观中""以西解中"左支右绌的学理困境,于此可见。

[2] 冯友兰:《中国哲学史》上册,上海:华东师范大学出版社,2000年,第7页。

西方哲学为去取依据,叙述的不过是西方哲学的中国例证而已。

与胡、冯"选出而叙述之"范式方向相反,"高-谢范式"之"哲学效度",则取先确立中国内容之后再反观西方哲学的"以中观西"(seeing western philosophy from the perspective of Chinese ancient thought)、"以中化西"(reconstructing Chinese ancient thought by borrowing western philosophy)眼光和方法。从"先中国,再哲学"之中国哲学学理来看,"高-谢范式"这个进路,无疑代表着未来学理合法的中国哲学研究方向。这是因为,对中国哲学而言,中国传统思想固有内容,是学科成立之根本,也是其生命力所在;西方哲学作为参照、借鉴,只是用来"发明"、成就,而非遮蔽、破坏中国传统思想之固有内容及现代价值。事实上,西方哲学并非所有理论、在所有地方,都足以彰显出中国传统思想之固有问题、方法、内容。中国传统思想文化吸纳外来思想文化之历史经验启发我们:判断西方哲学对"哲学化"中国传统思想是否有价值,在于其能否与中国固有思想文化相适应,是否能有效说明、阐发中国传统思想固有价值及其现代意义而已。[1]因此,

---

[1] 王国维在《论近年之学术界》(1905年)一文中说:"西洋之思想之不能骤输入我中国,亦自然之势也。况中国之民,固实际的而非理论的,即令一时输入,非与我中国固有之思想相化,决不能保其势力。观夫三藏之书已束于高阁,两宋之说犹习于学官,前事之不忘,来者可知矣。"(王国维:《王国维集》第二册,周锡山编校,北京:中国社会科学出版社,2008年,第303—304页)陈寅恪在冯著《审查报告三》中言道:"释迦之教义,无父无君,与吾国传统之学说,存在之制度无一不相冲突。输入之后,若久不变易则决难保持。是以佛教学说能于吾国思想史上发生重大久长之影响者,皆经国人吸收改造之过程。其忠实输入不改本来面目者,若玄奘唯识之学,虽震荡一时之人心,而卒归于消沉歇绝。近虽有人焉,欲燃其死灰;疑终不能复振,其故匪他,以性质与环境互相方圆凿枘,势不得不然也。"陈氏又云:"窃疑中国自今日以后,即使能忠实输入北美或东欧之思想,其结果当亦等于玄奘唯识之学,在吾国思想史上既不能居最高之地位,且亦终归于歇绝者。其真能于思想上自成系统,有所创获者,必须一方面吸收输入外来之学说,一方面不忘本来民族之地位。此二种相反而适相成之态度,

乃道教之真精神,新儒家之旧途径,而二千年吾民族与他民族思想接触史之所诏示者也。"(冯友兰:《中国哲学史》下册,上海:华东师范大学出版社,2000年,第440、441页)

任继愈指出:"世界各种思潮一起涌来,我们对它们要鉴别取舍,还要有一个消化吸收的过程。为了鉴别取舍,要提高我们的文化识别本领,才不致上当受害。有的人到外国取经,取经者正赶上某种学说流行,取回的未必是真经。即使是真经,他们用得上,拿来是否对我们适用,还要通过实践检验。'五四'以后,我们有成功的经验,也有失败的教训。这些经验和教训都是可贵的教材。"(任继愈:《任继愈文集》5,北京:国家图书馆出版社,2014年,第388页)他又说:"中国哲学家在中国这块土地上研究哲学,外来新学说必须吸取,上一辈学人已经树立了榜样。已往的经验表明,任何外来的新学说,必须有一个与中国已有的学说相结合的过程。按照中国人所理解的模式来理解外来思想。由于语言和民族传统不同,不可能与发源国家有同样的理解。也就是说,外来外国新学说、新思想,自觉或不自觉地加工后,才能起作用,发生社会影响。有时中国人理解的外来新思想到中国经过移植,看上去有些走样,却更能化为中国文化的新成分;原封不动地照搬,往往不成功。尽管有人认为失去原味,却正是具有深厚传统文化的民族的优势所在。"(同上书,第312页)萧萐父说:"中国的现代化,特别是文化深层的人的精神(价值取向、思维方式、行为方式等)的现代化,决非西方文化的'冲击反应'(即'被西化'),而必有其根本的内在的历史根芽或活水源头。只有树立起'以我为主'的文化主体意识,才能善于吸纳西方先进思想及其最新成果,并使之中国化,从而促成中国传统哲学的现代化。"(萧萐父:《吹沙二集》,成都:巴蜀书社,1999年,第91页)成中英认为:"所谓中国哲学的现代化,并不就是把西方思想的形式和范畴加到中国哲学上,也并不是说,中国哲学非要用西方思想来分类。"(成中英:《论中西哲学的精神》,上海:东方出版中心,1991年,第310—311页)傅伟勋总结自己借鉴西方哲学的"一大教训"是:"我们千万不能盲目地吸纳现代西方方法论而不予以一番慎重的过滤与考察。"(傅伟勋:《从创造的诠释学到大乘佛学:"哲学与宗教"四集》,台北:东大图书公司,1990年,第26页)傅氏批判道:"现代中国学者的一大通病是,自己的脑袋天天随着欧美思想学术新派新潮团团转,始终追求新奇而不深入,且不知所以然。这样的学习方式容易产生百科全书型的博学先生,但很难产生具有严密分析能力与精锐批评眼光的真才实学。"傅氏又云:"只要我们发现任何西方(甚至日本)的理论学说有助于我们批判地继承并创造地发展传统以来的中国学术思想,我们应该大无畏地消化它、吸纳它,变成我们学术思想的一部分。"(傅伟勋:《从西方哲学到禅佛教》,北京:生活·读书·新知三联书店,1989年,第432—433页)

实现中国哲学"哲学效度",当在固守中国传统思想主体内容基础上,以中国传统思想与西方哲学的"可公度性"内容为视域融合(fusion of horizons),异中求同地选择性"化用"足以"发明"中国固有思想现代价值的西方哲学相关内容。落实于技术层面,解决中国哲学之"哲学效度",就是如何立足于中国传统经学文献,"以中化西"式"哲学化"以经学为主之传统思想文本这个问题了。

创建"中国哲学诠释学范式"(the paradigm of Chinese philosophical hermeneutics),是今后"以中化西"地重建兼具"中国效度"与"哲学效度"学理合法的中国哲学值得深入探索的学术创新之路。如前所述,中国哲学的"中国效度"存诸经学。总体而观,经学史者,实为经及其注疏学历史也。以"六经"为主体的中国传统经学文献,呈现出以各种体例、格式,从不同层面诠释经典之特点。事实上,中国传统释道"二教"及诸子之学的文献,最终也呈现出了经典及其注疏的总体特点。因此,欲研究中国传统思想文化之真髓及其现代化问题,必须围绕经典及其诠释问题来展开。依照《剑桥哲学词典》定义,西方"诠释学""是关于解释的技艺和理论之学,又是一种发端于解释问题的哲学类型"[1]。从诠释学发展史看,作为一种哲学形态的"哲

综观上述学者之论,可见从近代中西思想文化交流之初,学者既能以史为鉴,提出中西思想文化会通之道,唯有不忘本根,以中国固有传统为根基化用而非固守西学原意,方为西方文化在中国生长、发展之正道。而基于革命传统学习西方学说之经验教训则提醒我们,若不经消化吸收和实践检验,不能与中国传统文化、固有学说相结合而一味照搬西方理论,西方之理论学说,非但无益,反而有害。至于浸淫于西方文化之中国哲学研究者经验之谈更说明:借鉴西方哲学"哲学化"中国传统思想之道,当以中国传统思想固有内容为根本,并以之甄别、化用西方哲学相关内容。如此看来,立足于中国固有传统文化而"以中化西",殆已成为借鉴西方思想文化之"正道"的经验之谈了。

[1] Robert Audi (eds.), *The Cambridge Dictionary of Philosophy*, 2nd edition (Cambridge: Cambridge University Press, 1999), p. 377.

学诠释学"(philosophical hermeneutics),实际上与解经学、古典学、语文学密切关联。具有根柢的诠释学,是从研究文本的理解与解释的理论与方法出发,进而达到对人的本体性认知与实践之哲学。由于经典诠释之可公度性,类比不难得出结论:中国传统经学诠释传统,可以通过化用西方哲学诠释学方法与理论,从而实现其"哲学化"及现代化,并借以落实中国哲学之"哲学效度"。未来中国哲学研究可以探索的重要方法论创新路径之一,即是建立起兼具"中国效度"与"哲学效度"的以经学为核心内容的"中国哲学诠释学",借此以实现中国固有传统思想现代化的学科宗旨,并进而为人类哲学贡献出独特之中国哲学内容。

五、范式转换中的中国哲学

一时代有一时代的问题,故一时代有一时代之学术。世易时移,思想及学术研究范式必随之变化。借用冯友兰瓶酒之喻,新旧思想范式更迭,源于时代环境变迁之后,出现了新的时代问题("新酒")。新问题是逐渐积累的。初期,在旧思想范式("旧瓶")内,尚可应对、解答一些新问题,所谓"旧瓶装新酒"。至时势、环境大变,极新的时代问题越来越多,旧的思想范式,已完全不足以适应时势需求,解答这极新极多的时代问题,于是"旧瓶破而新瓶代兴":不合时宜的旧思想范式被新思想范式("新瓶")所取代。依此推论,胡、冯"选出而叙述之",缘其本质是一条西化路线,说到底,是用一个"洋酒瓶"装了一些可疑的"洋酒"。在当下回归传统之时代风潮,以及与之相适应的强调主体地位的中国思想文化研究学术动向之下,总体上已不能适应时代要求的"胡、冯酒瓶",越来越显现出要被撑破的迹象。

"中国哲学合法性问题"的严峻挑战及其巨大影响,使我们看清了"选出而叙述之"这一占据中国哲学研究主导地位的范式,不能满足时代要求,已解决不了现实的思想文化问题,因而不可避免地陷入了学理危机之中。"胡、冯酒瓶"已不能通过修修补补而继续维持下去，它即将通过学科范式的转化而被撑破。如库恩所强调的，范式之所以能够成为公认的模型（model）或模式（pattern），是因为它比竞争者更成功地解决了学术实践团体迫在眉睫的问题。在成功范式的起始阶段，其应用范围和精确性都极其有限。成功范式并非一开始便完全成功地解决了问题，它最初不过是发现于尚有欠缺、有待抉择的诸范型（examples）中很有成功迹象者而已。范式转换中的常规科学就是要实现这种迹象，其实现途径是：扩展由新范式特别呈现的那些事实的知识，增加那些与新范式相匹配的事实的适用范围，以及进一步明晰新范式本身。[1]

依库恩之见，范式转换攸赖于少数人转换眼光的能力。这种一般同行所不具备的能力，得益于两个条件：他们心无旁骛地关注那些引起危机的问题；他们对饱受危机困扰的领域资历尚浅或知之不深，以至于较之同行，他们更少受到旧范式所决定的世界观及种种规则影响。[2] 范式转换是不可通约物之间的转变，要么完全改变（虽然不必在瞬间完成），要么根本不变。新范式的早期形态大多是粗糙的，只能解决少数几个问题，且大部分解释还远不完善。因此，选择新范式取决于未来前景而非过去的成就，对新范式能够解决旧范式无法解决许多大问题的信心，只能基于信念。范式转换有时要耗费一代人的时间，一些年长及富有资历的科学家会一直抵制，但是，会有越来越多的人选择转变。直到最后一批抗拒者故去后，整个专业就会在一个完全不同的新范式下运行。[3]

---

[1] Thoms S. Kuhn, *The Structure of Scientific Revolutions*, 4th edition (Chicago: The University of Chicago Press, 2012), p. 24.

[2] 同上书，第 143 页。

[3] 参见托马斯·库恩：《科学革命的结构》，金吾伦、胡新和译，第 4 版，北京：北京大学出版社，2012 年，第 127—132 页。

中国哲学实现从"选出而叙述之"范式向"中国哲学诠释学范式"转换，根本上是当下时代环境之要求使然，具体是由于"中国哲学合法性问题"之"危机推动"。如库恩上述范式转换理论所言，中国哲学研究的新范式，因其初生，还有种种不足和缺陷，也一定会因旧范式的阻碍而遭遇挫折，但中国固有传统思想文化现代化及世界化乃大势所趋，中国哲学研究的范式转换最终一定会实现。

第一章 述古：中国哲学研究的诠释学态度[1]

中国哲学研究的态度，决定着中国哲学研究的方向和可能呈现的内容。"选出而叙述之"范式总体上取"疑古"态度对待中国传统文化，断灭了经学这一中国传统思想核心与灵魂之总根源。重建兼具"中国效度"与"哲学效度"的学理合法的中国哲学，必须首先通过中国哲学研究的"态度转换"，以"述古"态度代替过去百年中国哲学史研究中的"疑古"态度，重新确立以经学为前提和根本内容的中国哲学研究。

持平而观，中国近代以来的"疑古"思潮，为民主、科学思想进入古老中国和引入西方先进文明，曾发挥了思想开路先锋的历史作用。对之同情了解，应该肯定"疑古"思潮此一层面之历史功绩。但是，"疑古"思潮将传统与理性、自由完全对立，一概抹杀、彻底否弃了以经学为代表的中国传统思想文化之现代价值和意义，中国固有思想文化因之遭受了致命破坏。"疑古"思潮断裂传统和现代之关系，百

---

[1] 本章内容，系在笔者"以诠释学为视域的中国哲学文献学研究"项目的阶段性成果之专著《未来中国哲学导论：范式与方法论》（西安：西北大学出版社，2018年；国际比较哲学权威期刊 Dao 2021年1月，刊发本书英文书评）之"下篇 一、'述古'态度"的基础上补充、修订、完善而成。

年流弊所及,造成了中国传统道德观念、价值体系彻底崩解,中国传统思想文化"有家难回""无家可归"之现状。[1]

在当下中国传统思想文化更生和复兴的现实要求之下,以经学为主体内容的中国哲学学术创新首要之务,便是要厘清以顾颉刚为代表的"古史辨"派学术工作的实质,彻底清除中国哲学研究中背离传统、荒芜经学之"疑古"态度。翻过横亘在"回家"之路上的这座"疑古"

---

[1] 余英时认为,"五四"新文化运动,是以民主与科学为其明确方向的思想运动。历史证明,"五四"新文化运动"发挥了心灵解放的绝大作用",其基本方向"绝对的正确"。余氏又云:"当然不难看出'五四'时代人物在思想方面的许多不足之处。最重要的是他们对科学和民主的理解都不免流于含糊和肤泛。至于他们把民主与科学放在和中国文化传统直接对立的地位,那更是不可原谅的大错误";"民主与科学虽然是近代西方的观念,但是它们和中国文化并不是互不相容的","民主与科学决不能穷尽文化的全幅内容"。余氏一方面充分肯定了"五四"启蒙精神"是十分必要和适时的",另一方面则强调,"五四"时代人物"在一种不健康的急迫心理的压力之下","往往不能对中西文化在道德、宗教等精神层面所遭遇到的现代危机有任何深刻的同情和理解"。"五四"主流因而以偏见抨击中国的理学、佛教,不能公平对待基督教和唯心论一系的哲学。"五四"人物"这种粗暴的倾向",余氏名之曰"'五四'的思想境界"。他认为,重建中国文化,"必须建立在对中西文化的真实了解的基础之上","我们早就应该超越'五四'的思想境界了"。(余英时:《文史传统与文化重建》,北京:生活·读书·新知三联书店,2012年,第435—441页)

历史地看,中国传统文化现代化以及中国哲学的登场,恰在"启蒙与救亡"并存之时代发生。"五四"人物之所以有此中西文化两头不入之"思想境界",也是具体的历史环境使然。余氏上述论说启发我们,中国文化重建,必须立足于学术思想之深厚基础。中国近代以来的文化革命和道德状况之教训,充分说明了不能深入全面地理解中西文化而以肤泛之说救急,不能充分认识到文化问题之特殊性、复杂性而一以民主、科学绳之,都将造成"不可原谅的大错误"。中西文化两头不入的肤泛论说,急于应用而不能"退而结网"、循序渐进地深植学术根基,依然是时下学界之弊。因此,诚如余氏所言,当今中国文化重建之学术研究,必须走出"'五四'的思想境界"。

大山，中国哲学研究才有可能走上"返本开新"之正途。[1]

---

[1] 池田知久认为，"古史辨"事业是"五四"新文化运动的"学术版、文化版"。他说，清末民初，中国知识分子普遍认为，近代中国如果只是继承历史遗产，还以儒教为主流价值观，尊崇孔子为代表的儒家思想观点，就不会有任何进步，无法走向现代化，就会被欧美日等列强吞食。在当时年轻的有识之士看来，传统学术研究方法，缺乏西方的科学及独立自主精神。为了现代中国能够存续下去，就需要"以自我批判的姿态发挥自我净化的作用，对中国的文化进行修正"，"古史辨"派就是这种自我革新意识的"学术版"。（文史哲编辑部编《"疑古"与"走出疑古"》，北京：商务印书馆，2010年，第351—352页）池田之见说明，"五四"新文化运动"启蒙与救亡"的时代主题，才是"疑古"思潮兴起及"古史辨"派发挥重大学术及社会影响之根本原因。"顾颉刚们"所从事的学术工作，说到底，就是要充当西方民主与科学思想进入现代中国的"思想清道夫"（胡适语）。在他们看来，唯有彻底动摇经学等中国传统思想文化之学术根基，才能釜底抽薪地彻底批倒并取缔阻碍中国步入现代化的传统思想文化。

顾颉刚断言："有人说：'《古史辨》的时代已经过去了！'这句话我也不以为然。因为《古史辨》本不曾独占一个时代，以考证方式发现新事实，推倒伪史书，自宋至清不断地在工作，《古史辨》只是承接其流而已。"（顾颉刚：《我是怎样编写〈古史辨〉的？》，载《古史辨》一，上海：上海古籍出版社，1982年，《我是怎样编写〈古史辨〉的？》第29页）事实上，《古史辨》所倡之"疑古"态度及辨伪古书之方法和结论，看似继承并发展了中国学术中固有的"疑古"传统，但深究中国传统辨伪学史，不难发现：先儒辨伪，实志在折中"六经"以弘扬真正的圣贤之道。崔述云："司马氏曰：'学者载籍极博，犹考信于六艺。'是余之志也夫！"（崔述：《补上古考信录序》，载《考信录》上，台北：世界书局，1979年，第3页）儒先之辨伪，即便像欧阳修、康有为等疑经之尤者，其学术动机，也绝不是为了颠覆经学圣教；相反，他们的辨伪求真，皆以"考信六艺""羽翼圣道"为旨归。而"古史辨"派之"疑古"，虽在辨伪古书方面取得了相当成就，其以考证辨伪古书的方法求古史之真，亦有其长久之价值在。但如果仅仅如此，"古史辨"派之疑古、辨伪求真，与传统之"疑古"也就没有什么分别了。而深究不难发现，"古史辨"派之所以能搅动起一个"疑古"思潮，恰恰是因其"疑古"是以蔑弃传统、废黜经学为出发点和归宿，它是要破坏而绝非要建设传统，这与传统"疑古"动机悬若天壤。

事实上，顾颉刚、钱玄同等现代"疑古"派代表人物清楚地知道，他们的疑古和传统疑古有着根本不同。钱玄同在1923年《答顾颉刚先生书》中说："以前底学者无论如何大胆疑古,总不免被成见所囿。先生说,'崔述著书的目的是要替古圣人揭出他们的圣道王功,辨伪只是手段',真是一针见血之论。姚、康诸人也是这样。所以他们总要留下一团最厚最黑的云雾,不肯使青天全见的。我们现在应该更进一步,将这团最厚最黑的云雾尽力扫除。"(钱玄同:《答顾颉刚先生书》,载顾颉刚编著《古史辨》一,上海:上海古籍出版社,1982年,第80页)于此可见,"古史辨"派之"疑古",辨伪只是手段,其最终目的,便是要一洗"圣道王功"之"最厚最黑的云雾"。近代"疑古"派痛恨传统思想,必欲去之而后快之心,昭然若揭。众所周知,"圣道王功"主要载之于经学。传统疑古、惑经,是要去伪存真,弘扬先王之道,这与近代疑古判然殊途。姜广辉说:"经学的根本立场主要并不是追询历史的真实,而是追询价值的真实、意义的真实。换言之,基于华夏民族的社会实践经验的核心价值,就是通过经典学习的方式一代一代真实地传承下去,因而经学的历史实际是价值信仰与意义阐释的历史。虽然至唐以后学术界出现并能容忍'疑古'、'惑经'的思潮,但个案性的怀疑并不能动摇对价值理念的信仰,而'疑古'、'惑经'的结果恰恰会对六经做出新的意义阐释。"(姜广辉主编《中国经学思想史(第一卷)》,北京:中国社会科学出版社,2003年,第11—12页)依姜氏"价值真实"之见发挥,对待传统古书辨伪,确乎可有"文献真伪"和"价值真伪"两个层面内容。传统疑古和"古史辨"派疑古的区别,不在于如何看待"文献真伪"这一问题上,两者的最大分际处,实为如何对待中国传统核心价值、信仰、意义这一"价值真伪"之态度取向问题。如"十六字心传",其文献或伪,然就其在儒教社会中发挥至为重要的价值、信仰、意义作用而言,断然不可以之为伪。伪书中也可以有真价值。"疑古"派着力辨伪的《周易》《尚书》《周礼》等经典权威文本,其文献真伪或有可辩驳之处,然就它们曾经发挥的价值信仰及现实制度化实现而言,信实不伪。

　　知人论世,近代"古史辨"学者学术动机乃时代问题使然,其考辨古书有不可磨灭之学术成就,固不能一概否定。但就其大端及根本宗旨而言,"顾颉刚们"的"疑古",绝不单纯是一件古书辨伪工作,亦非简单的所谓科学求真之事。近代"疑古思潮"枝节学术问题上的辨伪成就,不能遮掩其本质上是要彻底否弃中国传统思想文化之根本动机。时代问题决定了学术态度,而学术态度又决定了研究进路与方法取向。百年前,"古史辨"派为引入西学,彻底捣毁了中国传统思想文化之根脉。当下,回归传统,求传统之所以然的时代要求,使得我们欲求真正意义上的中国传统思想文化之"归根复命",必须彻底舍弃"古史辨"派之"疑古"态度和方法,走出这个痛恨传统、断灭"六经"、蔑弃古道之"疑古"态度所开创并延续至今的"疑古时代"。(附记:李学勤倡"走出'疑古'时代",其核心思想,是欲将古书记载与考古成果结合,试图以此"二重证据法"纠"疑古"派

一、"疑古"平议

破坏传统、灭绝经学，是"疑古"思潮产生的历史文化背景。中国由传统社会步入现代社会，传统思想文化现代化之切入点，是以批判经学、舍弃经学为其首要之务与核心内容。近代以来，清廷废科举读经，使得传统思想之灵魂失掉了体制载体。民国初期，康有为倡孔教会，请愿定孔教为国教，尊孔社团一时蜂起；袁世凯、张勋等军阀复辟，又把尊孔读经推行到文化教育、社会生活各个领域。随着袁、张等军阀政治上的失败，孔教运动亦告式微。[1]"五四"运动倡导民主、科学，其批判矛头所指，即为此尊孔读经，保存旧思想、旧文化、旧道德之社会现实。

顺应这种批判传统之历史潮流，作为"五四"新文化运动之"学术版""文化版"，"疑古"派非常明确地把破坏传统，尤其是打倒孔家店、彻底废黜经学作为其学术目标和旨归。顾颉刚明确表示，"疑古"派之工作，就是要痛批经学之恶，将其送入"博物院"。他说，经学所载"道统"像"一朵黑云遮住了头顶"，"经学里面不知道包含了多少违背人性和事实的说话，只是大家不敢去疑它"。[2] 而"我们已

之"疑古"仅限于纸上材料之偏。事实上，胡适、顾颉刚皆不反对用考古学方法研究古史、古书。如就所谓科学、理性方法而言，"顾颉刚们"考辨古书的成就，非但不能"走出"，还要加以弘扬。然而，如上所述，"古史辨"派之根本，不在于方法，而首先在于其蔑弃传统之态度。此态度及其所开创的"疑古时代"，对传统思想文化造成了致命的破坏，其流弊所及，无疑是灾难性的。"古史辨"派之"疑古"态度，完全与当下时代要求背道而驰，因而必须"走出"。李学勤的论说及对其的相关讨论，参见李学勤《走出疑古时代》（第2版，沈阳：辽宁大学出版社，1997年）、文史哲编辑部编《"疑古"与"走出疑古"》（北京：商务印书馆，2010年）。

[1] 民国初年尊孔思潮之具体情况，参见张卫波《民国初期尊孔思潮研究》（北京：人民出版社，2006年）。

[2] 罗根泽编著《古史辨》四，上海：上海古籍出版社，1982年，"顾序"第12页。

不把经书当作万世的常道"[1]。疑古就是"对封建主义的彻底破坏",就是"要把宗教性的封建经典——'经'整理好了,送进了封建博物院,剥除它的尊严,然后旧思想不能再在新时代里延续下去"。[2]顾氏宣告:"疑古"就是要通过文献辨伪,使中国人明白"民族的光荣不在过去而在将来。我们要使古人只成为古人而不成为现代的领导者;要使古史只成为古史而不成为现代的伦理教条;要使古书只成为古书而不成为现代的煌煌法典。这固是一个大破坏,但非有此破坏,我们的民族不能得到一条生路"。[3]钱玄同也说:"'六经'在古书中不过是九牛一毛,但它作怪了二千多年,受害的人真是不少了。"[4]吴虞作《经疑》,认为"圣人之经,其存者既苦于真伪杂糅,依托丛残;而解经纠纷,传授讹谬,是非得失,弥复难定。而以为皆出圣人之本意,欲据以为裁量万世之标准,不亦误乎!"[5]为引进"德""赛"二先生,"疑古"派打倒孔家店,痛批经学,可谓不遗余力。其结果是,经学这一中国传统文化之思想命脉从此被截断、被抛弃。胡适、冯友兰开启的"选出而叙述之"的中国哲学研究范式,就是在此破坏传统、蔑弃经学的"疑古"思想风潮中产生的。

"疑古"态度之产生,与中国哲学研究密切相关。深究可见,近代"疑古"思潮,发端于胡适《中国哲学史大纲(卷上)》。在其《中国哲学史大纲(卷上)》导言中,胡适论及写作可靠的中国哲学史,须

---

[1] 顾颉刚编著《古史辨》五,上海:上海古籍出版社,1982年,"自序"第3页。

[2] 同上书,《我是怎样编写〈古史辨〉的?》第28页。

[3] 罗根泽编著《古史辨》四,上海:上海古籍出版社,1982年,"顾序"第13页。

[4] 钱玄同:《答顾颉刚先生书》,载顾颉刚编著《古史辨》一,上海:上海古籍出版社,1982年,第81页。

[5] 吴虞:《吴虞文续录》,成都:美信印书局,1933年,第40页。

下一番"述学"的"根本工夫"。所谓"述学",分搜集史料、审定史料、尽去不可信史料、贯穿条理可靠史料等四步。胡适"述学"的结论是:中国古代哲学史料,"十分之八九,都不曾保存下来";中国上古哲学史料,"差不多没有一部是完全可靠的";"对于东周以前的中国古史,只可存一个怀疑的态度"。[1] 以"述学"方法审查古书的结果,便是《尚书》等经书中的上古史不可信,诸子之说也只有十分之一二可靠。胡适后来对顾颉刚明确表述了自己的古史观:"现在先把古史缩短二三千年,从《诗三百篇》做起。将来等到金石学、考古学发达上了科学轨道以后,然后用地底下掘出的史料,慢慢地拉长东周以前的古史。至于东周以下的史料,亦须严密评判,'宁疑古而失之,不可信古而失之'。"[2] 正是在这一"疑古"史观下,胡适《中国哲学史大纲(卷上)》以"扼要的手段""截断众流"(蔡元培语),从老子、孔子开始讲述中国哲学史。

顾颉刚进一步发明乃师"宁疑毋信"之疑古态度,给整个中国历史打了个对折。他说:"中国的历史,普通都知道有五千年(依了纬书所说已有二百二十七万六千年了),但把伪史和依据了伪书而成立的伪史除去,实在只有二千余年,只算得打了一个'对折'!"[3] 中国传统一直有"尚古""贵古"的观念,"祖述尧舜,宪章文武""言必称先王"始终是中国传统主流文化之价值观。胡适之前,北京大学教授陈黻宸讲中国哲学史,从伏羲讲到太公为止;之后,陈汉章在北京大学讲授中国哲学史,从三皇五帝讲起,讲了半年,才讲到周公。现代学者多认为《中国哲学史大纲(卷上)》是"一部具有划时代意

---

[1] 胡适:《中国哲学史大纲》,上海:上海古籍出版社,1997年,第9、16页。

[2] 胡适:《自述古史观书》,载顾颉刚编著《古史辨》一,上海:上海古籍出版社,1982年,第22—23页。

[3] 顾颉刚编著《古史辨》一,上海:上海古籍出版社,1982年,"自序"第42—43页。

义的书"，"深具开创性、革命性的论著"，是中国哲学史学科"开山之作"。很大程度上，就是因为这部书开创了一种所谓科学的"疑古"态度。缘此态度，"中国哲学史则从'老子'讲起，以前的三皇五帝、文王、周公都不提了。这不仅是扼要，更重要的是否定了封建传统文化中'贵古'的观念"[1]。胡适的"疑古"史观，直接影响了顾颉刚，并导致了"古史辨"派出现，深刻改变了中国学者关于上古史，乃至对于整个中国传统文化的态度和研究方法。对待传统的不同态度，从根本上影响着传统可能呈现给我们的内容。自胡适以后至今，从孔子到戴震，成为中国哲学史可以言说的时段：中国五千年文明史，始终对应着一个打个对折的"中国哲学史"。[2]

冯友兰将近代中国古史研究态度分为三种：信古、疑古、释古。在他看来，"提倡读经诸人"之"信古"态度，以为凡古书所言皆真，信之不疑，是一种盲目的、最缺乏批判精神的态度；"疑古"态度，推翻信古派对古书之信念，以为古书所载"多非可信"，其"惑疑主义"错误，仍属于消极方面；"释古"态度则折中"信古"与"疑古"，不尽信古书，亦不全然推翻古代传说，是比较有科学精神的合理态度。[3]

---

[1] 冯友兰：《中国现代哲学史》，广州：广东人民出版社，1999年，第74页。

[2] 梁启超批评胡适《中国哲学史大纲》："第一个缺点，是把思想的来源抹杀得太过了。……我们读了胡先生的原著，不免觉得老子、孔子是'从天上掉下来了'。……胡先生一概抹杀，那么，突然产生出孔、老，真是他所说的'哲学史变成了灵异记神秘记了'。胡先生的偏处，在疑古太过；疑古原不失为治学的一种方法，但太过也很生出毛病。"（梁启超：《评胡适之〈中国哲学史大纲〉》，载葛懋春、蒋俊选编《梁启超哲学思想论文选》，北京：北京大学出版社，1984年，第355—356页）胡适《中国哲学史大纲》正文开宗明义讲"大凡一种学说，决不是劈空从天上掉下来的"（胡适：《中国哲学史大纲》，上海：上海古籍出版社，1997年，第24页）。但其一概抹杀前老子、孔子时期中国哲学史的做法，显然与其论说背道而驰了。

[3] 参见冯友兰：《三松堂学术文集》，北京：北京大学出版社，1984年，第331—335页。

在冯氏看来,"古代传说,虽不可尽信,然吾人颇可因之以窥见古代社会一部分之真相"[1],"吾人须知历史旧说,固未可尽信,而其'事出有因',亦不可一概抹煞"[2]。冯友兰进一步指出,三种态度最终落实于审查史料问题。"信古"者一味信古书,无史料审查功夫。而"疑古一派的人,所作的工夫即是审查史料。释古一派的人所作的工夫,即是将史料融会贯通。就整个的史学说,一个历史的完成,必须经过审查史料及融会贯通两阶段,而且必须到融会贯通的阶段,历史方能完成。"[3]冯友兰进一步认为,信古、疑古、释古三种态度,代表着"正""反""合"的辩证法,也是"起""承""合"之历史进化的三种不同嬗变。

显然,冯友兰是自许以"释古"态度研究中国哲学史的。然而,当我们仔细考察冯友兰的《中国哲学史》,不难发现他实际上采取了颇为激进的"疑古"态度和方法。依冯友兰之见,"先秦以前并没有哲学"[4];"哲学为哲学家之有系统的思想,须于私人著述中表现之。孔子以前无私人著述之事,有无正式哲学,不得而知"[5]。因此,冯友兰从孔子时代开始讲中国哲学的历史,与胡适一样,"一概抹煞"了前孔子时代的中国上古哲学史。此外,冯氏以"疑古"派论说为据,重新审查并排列了中国哲学史史料。比如,冯氏虽专论子书当视为某一派丛书,但他还是将《老子》定为战国时之作品,《礼记》归入秦汉之际儒家,《列子》置于魏晋时期论述,等等。通观冯友兰《中国

---

[1] 冯友兰:《三松堂学术文集》,北京:北京大学出版社,1984年,第331页。
[2] 同上书,第332页。
[3] 罗根泽编著《古史辨》六,上海:上海古籍出版社,1982年,"冯序"第1页。
[4] 冯友兰:《三松堂学术文集》,北京:北京大学出版社,1984年,第334页。
[5] 冯友兰:《中国哲学史》上册,上海:华东师范大学出版社,2000年,第18—19页。

哲学史》，其在"审查史料"及"融会贯通"时，实际上遵循了胡适"述学"方法及"宁疑毋信"之疑古态度。冯友兰一概抹杀前孔子时代中国哲学史的做法，以及基于"疑古"派理论对中国哲学史的排序，背离了中国传统学术史诸多固有成说，采取了比胡适更为激进的疑古态度。[1]

与胡适、冯友兰的做法截然不同，高-谢著的中国哲学史研究，既不盲目"信古"，更不轻率"疑古"，而确乎施行了"科学合理"之"释古"态度。与胡、冯一概抹杀前老子、孔子时代中国哲学史不同，高-谢著列"哲学之渊源""六艺哲学"二章，依据中国传统学术史经典文献，专论邃古、唐虞、夏商周之上古哲学史。通览高-谢著，其对传统学术史经典成说，始终抱持尊信之态度。因此，在论述中国传统哲学思想时，高-谢著就能够既按照中国传统主流经典文献权威说法，安排论著体例，又能依从传统学术固有脉络、问题及方法，呈现中国传统思想学术固有内容。

需要特别指出的是，高-谢著对文献所载固有传统的尊信，不是盲目信从，而是始终秉持着客观理性的"释古"态度。这一点，尤其表现在高-谢著辨析伪书的方法上。比如，高-谢著邃古哲学之论述，建立在《黄帝内经》《黄帝阴符经》《易经传》《乾凿度》《尚书》《列子》《白虎通》《博雅》《淮南子》《庄子》《本草经》《文子》《通典》《史记》《新书》等文献之上。这些文献真伪，前人论之已详。高-谢著依所谓"伪书"立论时，皆有细致辨析与裁定。如用《列子》说宇

---

[1] 廖名春指出："由近年来大量简帛文献的出土才逐渐明白的先秦秦汉哲学史排队的错误，是由胡适、顾颉刚发起，最后经由冯友兰系统完成的。从中国近代两种最权威的中国哲学史著作看，释古的冯友兰较之疑古的胡适疑古疑得有过之而无不及。"（廖名春：《试论冯友兰的"释古"》，载陈明、朱汉民主编《原道（第6辑）》，贵阳：贵州人民出版社，2000年，第297页）此说可谓深察有见、征实不诬之言。

宙原理，则曰："疑是自古相传之说而列子述之"[1]，"盖是古说，而《列子》申之也"[2]；又旁证之曰："《白虎通》为汉儒说经之书，亦引此言，以为出于《乾凿度》。则知此固自古相传之宇宙原理说，同为道家、儒家所宗者矣。"[3] 以《本草经》《黄帝阴符经》说神农、黄帝，则释其理据曰："今传《本草经》，托始神农，其书即为后人依托，而渊源所自，不可诬也"[4]；"黄帝所传《素问》《灵枢》之属，或云后人依托，然亦本形而上学之原理以言医术。《阴符》四百余言，或以为伪书，或以为真黄帝作。要其文约义深，实兵法之鼻祖，道德之权舆。姑列其辞，以供参考。……其书即晚出，要是传黄帝之道者也"[5]。可见，高-谢著征引所谓"伪书"讲述上古哲学史时，一方面，孤证材料，多用"疑""盖""姑"等不定之词，既不轻率否定也不武断论定，谨慎征引而留有余地；另一方面，可互证材料，以及认定其来有自、文约义深之材料，则径引不疑。

伪书辨析之难，难在伪中取真，最需学植学识。总观高-谢著之中国哲学史研究，其去取伪书之原则是：尊信古征，否弃臆说；考辨精义，伪中求真；信则传信，疑则阙疑。深究可见，高-谢著对待古

---

[1] 谢无量编辑《中国哲学史》，上海：中华书局，1916年，"第一编上"，第4页。

[2] 同上书，"第一编下"，第27页。

[3] 同上书，"第一编上"，第4—5页。

[4] 同上书，"第一编上"，第9页。

[5] 同上书，"第一编上"，第11—12页。高-谢著"伪中求真"，以黄帝《素问》《阴符》说上古哲学，向为人所诟病。实际上，章学诚早以"释古"态度，表述了与高-谢著大致类似的看法："兵家之有《太公阴符》，医家之有《黄帝素问》，农家之《神农》《野老》，先儒以为后人伪撰而依托乎古人，其言似是，而推究其旨，则亦有所未尽也。盖末数小技，造端皆始于圣人，苟无微言要旨之授受，则不能以利用千古也。"（章学诚：《文史通义》，上海：上海古籍出版社，2008年，第21页）章氏此"微言要旨""利用千古"之说，与高-谢著"文约义深""鼻祖""权舆"之论，实为同调，入古不深者，不足以言此。

书的态度与方法,不仅仅限于"科学合理"地"审查史料、融会贯通"之"释古"态度,而是更进一步取法孔子删述"六经"时"述而不作,信而好古"之态度。缘此态度并益之于其根植于中国传统正经正史的深厚根柢,高-谢著才敢于并善于伪中取真,深入细致、征实不诬地呈现了五千年整全的中国哲学思想发展历史。

没有前孔子时期上古哲学史,中国文明就无根无源、来历不明。高-谢著从邃古三皇五帝开始讲中国哲学史,其审定伪书功夫及具体论断,或可商量,但高-谢著没有背离中国传统学术范式成说,而是以"释古"态度审查古书,呈现了前孔子时代上古中国哲学之"素地"(王国维语)、"质素"(徐炳旭语)和经学根柢,中国五千年文明史于是得以有整全哲学史与之相配。[1] 相较之下,胡、冯以"疑古"态度

---

[1]"疑古"派学术讨论,要以上古传说时代为主要论域,以为此时无文字信史可资论断,而传世经典文献,多为后人敷衍,乃"层累地造成的中国古史"(顾颉刚语),故不可信。此说对上古文献的形成,有失察之弊。章学诚道:"三代盛时,各守人官物曲之世氏,是以相传以口耳,而孔、孟以前,未尝得见其书也。至战国而官守师传之道废,通其学者述旧闻而著于竹帛焉。中或不能无得失,要其所自,不容遽昧也。以战国之人,而述黄、农之说,是以先儒辨之辞,而断其伪托也;不知古初无著述,而战国始以竹帛代口耳,实非有所伪托。然则著述始专于战国,盖亦出于势之不得不然矣。著述不能不衍为文辞,而文辞不能不生其好尚。后人无知前人之不得已,而惟以好尚逐于文辞焉,然犹自命为著述,是以战国为文章之盛,而衰端亦已兆于战国也。"(章学诚:《文史通义》,上海:上海古籍出版社,2008年,第21—22页)上古文献之形成,有一个从口耳相传到著于简帛的过程。上古之学,本口耳相传,此为史实。后世著述,因追述而生文辞好尚之异同,并不能以之断定其所述即全为伪托。章氏这种见解,实为征实不诬之论。

王国维《古史新证》开宗明义便说:"研究中国古史,为最纠纷之问题。上古之事,传说与史实混而不分。史实之中,固不免有所缘饰,与传说无异;而传说之中,亦往往有史实为之素地,二者不易区别。此世界各国之所同也。"(王国维:《古史新证:王国维最后的讲义》,北京:清华大学出版社,1994年,第1页)

与方法写作的中国哲学史,断灭了中国哲学的根源,背离了中国传统思想学术之主脉,蔑弃了中国传统思想的经学根柢,从根本上抽空和破坏了中国传统思想文化。等到顾颉刚发扬师说,倡言"疑古",流风所扇,以西化为目的,以所谓"科学方法"为标榜,痛骂及丑化传统,断裂并支离破碎化中国传统思想文化,便成为百年来一度认知传统的常态。

经学是中国哲学"中国效度"成立的前提和根本。显而易见,"疑古"态度及方法是断裂中国传统思想文化经学主体及思想灵魂之总根源,当下仍以此态度讨论传统文化之"返本开新",实乃缘木求鱼。中国哲学致力于实现中国固有思想现代化。欲实现此一"旧邦新命"之学科宗旨,首先必须改弦更张,通过中国哲学研究的态度转换(attitude shift),彻底舍弃已不适应时代要求的"疑古"态度,重新明

诚如徐炳昶(旭生)所言:"无论如何,很古时代的传说总有它历史方面的质素,绝不是完全向壁虚造的。古代的人不惟没有许多闲空,来臆造许多事实以欺骗后人,并且保存沿袭传说(tradition)的人对于他们所应承先传后的东西,总是认为神圣;传说的时候不敢任意加减。换句话说,他们的传说,即使有一部分的失真,也是由于无意中的演变,并不是他们敢在那里任意造谣。所以古代传说,虽不能说是历史经过的自身,可是他是有根据的,从那里面仔细钻研和整理,就可以得到历史真象的,是万不能一笔抹杀的。"(徐炳旭:《中国古史的传说时代》,重庆:中国文化服务社,1943年,第1—2页)

王国维指出,疑古之过,在于对古史材料"未尝为充分之处理"。综合章学诚、王国维、徐炳昶之洞见,我们应当认识到:上古史中难免出现传说与史实混而不分的情况;在经书历代传衍中,也会出现后人附会增益之处。"充分处理"这些真伪相杂的文献,理性的态度和做法应该是如高-谢著那样尊信古征、去伪存真,而不能像胡、冯那样简单地一概抹杀。充分处理上古经书,不是一个简单的文献辨伪问题。更为重要的是,上古经书备载先王之道,为典章制度所自从出,为治平天下之要籍。上古典籍所载之经义道要,为传统社会实践所验证,已经成为中国传统文化命脉之所在。"一笔抹杀"上古经书,中国传统思想文化便丧失了根柢和灵魂。

确中国哲学研究的态度和根本方向。

二、"述古"态度

中国哲学研究态度的差异,从根本上决定着其致思方向及其所呈现内容之不同。开创以经学为主体内容的中国哲学研究,首要之务,就是要转化"疑古"这一否弃经学、断灭古道的中国哲学研究态度。继承并发扬高-谢著真切实践了的"释古"态度,我们可以更进一步地师法孔子对待传统文化的榜样,表彰并践行其"述古"态度和删述"六经"的做法,以期真正"走出疑古时代",唤醒真实的中国传统思想文化,以求经学礼义之现实出路。

(一)孔子之"述古"态度

孔子之前,中国上古传统文化有着数千年的发展历程。孔子对待上古传统文化的态度,可名之为"述古"态度。"述古"一词,系概括《论语·述而》篇"述而不作,信而好古,窃比于我老彭"[1]一句内涵而成。朱熹训释此句,以为"述,传旧而已。作,则创始也。故作非圣人不能,而述则贤者可及"[2];《正义》曰:"老彭于时,但述修先王之道而不自制作,笃信而好古事"[3]。孔子"述古"态度之宗旨,在乎不敢自我作古,而是热爱、遵从传统中的先王之道,并通过删述"六经"的文献工作,对之加以述修、发明。

1. "述古"态度之"稽古"思想远源

上古传统中的"稽古"态度,是孔子"述古"态度的根源。《尚书》《诗经》中,皆有对"稽古"态度内涵之表述。《大禹谟》云:"无

---

[1]《十三经注疏》整理委员会整理《十三经注疏·论语注疏》,北京:北京大学出版社,1999年,第84页。

[2]朱熹:《四书章句集注》,北京:中华书局,1983年,第93页。

[3]《十三经注疏》整理委员会整理《十三经注疏·论语注疏》,北京:北京大学出版社,1999年,第84页。

稽之言，勿听。"《康诰》曰："别求闻由古先哲王，用康保民。"《召诰》曰："其稽我古人之德。"《周官》曰："唐虞稽古，建官惟百"，"学古入官，议事以制，政乃不迷"。《诗经·大雅》云："古训是式。"可见，稽考古道、古德，合于古义并择善而从，是为上古求道、修身、保民、为政之要。"稽古"观，便是这一态度的集中表现。《尚书》虞夏书之《尧典》《舜典》《大禹谟》《皋陶谟》等四篇，篇首开宗明义，皆道："曰若稽古。"《尚书正义》注曰：若，顺；稽，考。又进一步推阐"稽古"大义，曰：

> 言顺考古道者，古人之道非无得失，施之当时又有可否。考其事之是非，知其宜于今世，乃顺而行之。言其行可否，顺是不顺非也。考古者自己之前，无远近之限，但事有可取，皆考而顺之。今古既异时，政必殊古，事虽不得尽行，又不可顿除古法。故《说命》曰："事不师古，以克永世，匪说攸闻。"是后世为治，当师古法。虽则圣人，必须顺古。若空欲追远，不知考择，居今行古，更致祸灾。若宋襄慕义，师败身伤，徐偃行仁，国亡家灭，斯乃不考之失。故美其能顺考也。[1]

"稽古"乃"师法古道以成不易之则"，"顺考古道以行之"。具体而论，"稽古"首先要"师古"：师法古道。古圣先王之训，载修身治天下之道，不师法古道，无以长治久安。但"稽古"之师古，既非完全去除古法，亦非尽法古道、泥古不化。如宋襄王、徐偃王般，不深考古道而一味欲于今世尽行古道，终将招致祸灾。"稽古"旨归，实为"顺古"：在考察古道是非得失的基础上，根据现实环境，

---

[1]《十三经注疏》整理委员会整理《十三经注疏·尚书正义》，北京：北京大学出版社，1999年，第26页。

择取古道可以行之于今世者，顺而行之。"正义"道："虽则圣人，必须顺古"；顺古者，"顺是不顺非也"。可谓概括了"稽古"态度之道要。

2. 师古

孔子"祖述尧舜，宪章文武"[1]，其述古态度，显然取"师古"立场。师古首先要知古、入古。孔子常言"不如某之好学"，又曰"君子以多识前言往行，以畜其德"[2]，"盖有不知而作之者，我无是也。多闻，择其善者而从之；多见而识之，知之次也"[3]。孔子研习礼教，念兹在兹，"入太庙，每事问"[4]。务为实学，倡导"知之为知之，不知为不知，是知也"[5]；又道"君子于其所不知，盖阙如也"[6]，"多闻阙疑，慎言其余，则寡尤"[7]；感叹"吾犹及史之阙文也。有马者借人乘之，今亡矣夫！"[8]章学诚说："凡能与古为化者，必先于古人绳度尺寸不敢逾越者也。盖非信之专而守之笃，则入古不深，不深则不能化。"[9]于上可见，孔子好古敏求，落实于其勤学好问，务求实得，阙疑仍旧而断不为穿凿附会之说。如此谨严服古、求真务实，自然能深入古道；唯其深知古道，进而能为化古、顺古，奠定坚实的基础。

---

[1]《十三经注疏》整理委员会整理《十三经注疏·礼记正义》下，北京：北京大学出版社，1999年，第1459页。

[2]《十三经注疏》整理委员会整理《十三经注疏·周易正义》，北京：北京大学出版社，1999年，第120页。

[3]《十三经注疏》整理委员会整理《十三经注疏·论语注疏》，北京：北京大学出版社，1999年，第94页。

[4] 同上书，第37页。

[5] 同上书，第20页。

[6] 同上书，第171页。

[7] 同上书，第20页。

[8] 同上书，第215页。

[9] 章学诚：《文史通义》，上海：上海古籍出版社，2008年，第160页。

"述古"者遵从古道，是因为先王之道有实际的效验。孔子曰："如有所誉者，其有所试矣。"[1] 唐虞之隆，殷周之盛，以史实证明了先王之道确乎可行。李光地云，先王之道之所以"可爱可传"，在乎古道传于今者，"其事之确然而可以取验于万世；理之同然而可以兴起乎人心者也"[2]。师法古道，要得古圣先王创作的精神命脉，得古人之心。陆陇其强调，"人惟不得古人之心，故觉有自己聪明意见可用。已得古人之心，自然信得古人过，古人的精神，便是我的精神。古人的说话，便是我的说话。何须更赘一词！""真见古先王创作，皆精神之阐发，真命脉之流注，直可以垂万世而不朽。任他聪明智巧，不能加毫末，信得深至，自与古人之精神命脉相为契合。虽欲于述之外别立意见，更设规模，不可得耳"[3]。司马光进言之："孔子之道，非取诸己也，盖述三皇五帝三王之道。三皇五帝三王，亦非取诸己也，钩探天地之道以教人也。故学者苟志于道，则莫若本之于天地，考之于先王，质之于孔子，验之于当今。四者皆冥合无间，然后勉而进之，则其智之所及，力之所胜，虽或近或远、或小或大，要为不失其正焉。舍是而求之，有害无益矣。"[4] 可见，知古之后的信古，表现为尊信先王之道。先王之道之所以值得尊信，首先基于古道已经历史检验，有其确乎不拔、取验万世的实际效用；其次，先王之道，道法天地。得圣人天地之心，故能得古今人心道理之同然。述古，最终

---

[1]《十三经注疏》整理委员会整理《十三经注疏·论语注疏》，北京：北京大学出版社，1999年，第214页。

[2] 参见方苞：《钦定本朝四书文》卷三，收入《文渊阁四库全书》第1451册，台北：台湾商务印书馆，1986年，第665页。

[3] 陆陇其：《四书讲义困勉录》卷十，收入《文渊阁四库全书》第209册，台北：台湾商务印书馆，1986年，第283—284页。

[4] 司马光：《传家集》卷五十九，收入《文渊阁四库全书》第1094册，台北：台湾商务印书馆，1986年，第523—524页。

就是要求得此古人之心及其精神命脉。

3."述而不作,信而好古"

唯深入古道之知古、信古者,才能述而不作。《日讲论语解义》云:"天下之理,不出古人论说之中。我深信不疑而笃好不厌,是以惟知其当述而无容复作也。"[1]何晏解"子绝四"之"毋我",曰:孔子"述古而不自作,处群萃而不自异,唯道是从,故不有其身"[2]。述古而不自我作古,实因"述古"者深察自得古道。于是述而不作,深信、深好古道而与之同。与之相反,常人不能好古、好学,是故入古不深而不知道,不能深契古人之心而轻古。不知道而轻古者,聋于前言、昧于往行,不知度德量力,嚣嚣以作者自命。轻古者无从善服义之公心,往往自作聪明,变乱旧章、师心自用、自我作古,最终难免因其昏愚而自取凶祸。[3]可见,"述古"者必能考验古之正道而行之,绝不乖违古道而自以为是。苟非得道、有道之人,不足以至此。相反,不能"述古"之所谓"作者",不知道而妄作,违离典则、变乱旧章,昏愚而自作聪明,最终无益己身、自取凶祸而已。

述古之"信而好古",并非泥古不化。章学诚道:"学古而不敢曲泥乎古,乃服古而谨严之至,非轻古也。"[4]章氏以历史学深邃眼光,

---

[1] 喇沙里、陈廷敬等:《日讲四书解义》卷六,收入《文渊阁四库全书》第208册,台北:台湾商务印书馆,1986年,第147页。

[2] 司马迁:《史记》第六册,北京:中华书局,2013年,第2335页。

[3] 参见杨简:《慈湖遗书》卷十一,收入《文渊阁四库全书》第1156册,台北:台湾商务印书馆,1986年,第799页。胡广:《四书大全·论语集注大全》卷七,收入《文渊阁四库全书》第205册,台北:台湾商务印书馆,1986年,第248页。章学诚:《文史通义》,上海:上海古籍出版社,2008年,第157页。程树德:《论语集释》第二册,北京:中华书局,1990年,第436页。亦可参见王宝峰:《未来中国哲学导论:范式与方法论》,西安:西北大学出版社,2018年,第114—121页。

[4] 章学诚:《文史通义》,上海:上海古籍出版社,2008年,第160页。

深切阐发了"信而好古"观内涵：

> 所谓好古者，非谓古之必胜乎今也，正以今不殊古，而于因革异同，求其折衷也。古之糟魄，可以为今之精华，非贵糟魄而直以为精华也，因糟魄之存，而可以想见精华之所出也。古之疵病，可以为后世之典型。非取疵病而直以之为典型也，因疵病之存，而可以想见典型之所在也。是则学之贵于考征者，将以明其义理尔。[1]

章氏"好古"诠解，继承并发展了上古"稽古"态度"顺是不顺非"之"顺古"内涵。所谓"好古"，绝非曲泥乎古，而不知变通。相反，"述古"者之"好古"，乃其深考古道义理之实，并随着历史条件变化，对先王之道进行因革损益而已。

学者常从字面意义，曲解"述而不作，信而好古"，以为"述古"者，盲目信古、泥古不化，无创造性可言。而当我们深入考辨孔子"述古"观，可见"述古"是对上古"稽古"态度的继承和发展。所谓"述而不作"，是因为知古、入古甚深，实知古道之所以然。又能深察古道之效验，实得古圣先王制作之心、之理，深知先王之道可爱、可信，明了先王之道，服之则大治，悖之则灾乱。于是，"述古"者谨严服古，尊信古道，述而不作。深察可知，"信而好古"义理本质，亦即稽古内涵"顺古"之"顺是不顺非"，实乃顺修先王之道而求其新命之事。所谓"信而好古"，主要指"述古"者在深入考察古道义理的基础上，根据历史与现实条件之异同，对古道进行因革损益，并以实践加以检验，从而最终实现先王之道"返本开新"的创造性发展。

---

[1] 章学诚：《文史通义》，上海：上海古籍出版社，2008年，第109页。

4. 删述"六经"

段玉裁道:"夫圣人之道在'六经',不于'六经'求之,则无以得圣人所求之义理,以行于家国天下。"[1] 孔子"述古"求道事业之最终落实,便是遵修旧文、删述"六经"。"六经"皆先王旧典,孔子删、定、赞、修"六经",皆传先王之旧,而未尝有所作。然而,"六经""非夫子之论定,则不可以传之学者矣"[2];孔子"集群圣之大成而折衷之。其事虽述,而功则倍于作矣"[3]。

孔子删述"六经",功夫颇为细密。孔安国云,孔子"睹史籍之烦文,惧览之者不一,遂乃定《礼》《乐》,明旧章,删《诗》为三百篇,约史记而修《春秋》,赞《易》道以黜八索,述《职方》以除九丘"[4]。删述"六经"功夫,具体言之为:"修而不改曰'定',就而减削曰'删',准依其事曰'约',因而佐成曰'赞',显而明之曰'述',各从义理而言。独《礼》《乐》不改者,以《礼》《乐》圣人制作,已无贵位,故因而定之。"[5] 史迁认为,孔子删、定、赞、修"六经"之旨为:追述三代之礼;序《书》传;删《诗》三千为三百;序《彖》《系》《象》《说卦》《文言》以说《易》;据鲁、亲周、故殷,以礼义为准,笔削褒贬而作《春秋》。(略据《史记·孔子世家》)孔子删述"六经",意在集大成式地述传古圣先王之道。北宋吕陶曰:"'六经'者,圣人述道而传之者也。是故叙《书》以述政,则可以知号令之兴作;删《诗》以述风,则可以酌淳漓之代变;定《礼》以述辨,则可以程事物之分义;正《乐》以述和,则可以通德教之端本;赞

---

[1] 戴震:《戴震文集》,北京:中华书局,1980年,"戴东原集序"第1页。
[2] 章学诚:《文史通义》,上海:上海古籍出版社,2008年,第156页。
[3] 朱熹:《四书章句集注》,北京:中华书局,1983年,第93页。
[4]《十三经注疏》整理委员会整理《十三经注疏·尚书正义》,北京:北京大学出版社,1999年,第8—9页。
[5] 同上书,第9页。

《易》以述神，则可以尽化育之理；修《春秋》以述法，则可以适经变之务，保民济世之具，其详如此。"[1]"六经"有先王治平天下之大道存焉。孔氏以叙、删、定、正、赞、修之经学文献功夫，分别详备彰显了"六经"之政、风、辨、和、神、法。此六道明，则先王之道得以传承及发扬光大。

孔子的"述古"态度，最终旨在尊信并发明先王之道。孔子本之以义理、礼义，以细密的文献功夫删述"六经"，发明先王之道，实可谓"述古"态度之落实。欧阳修道，孔子师法尧、舜、文王、周公，不过是师法其道而已。同理，师法孔子，非师其人，而当于"六经"中，师法孔子之道："《诗》可以见夫子之心，《书》可以知夫子之断，《礼》可以明夫子之法，《乐》可以达夫子之德，《易》可以察夫子之性，《春秋》可以存夫子之志。"[2]孔子以删述"六经"工作，集群圣作者之大成而折中之。如南宋辅广所言，"群圣所作，因时制宜，以成一代之制。夫子折衷，参互订正，以垂万世之法。夫子贤于尧、舜者，在是"[3]。

春秋之际，礼废乐坏，王道衰微。孔子晚年知其道之不行，故退而以删、定、赞、修之体例删述"六经"，斯文赖此不坠于地。孔子以此"述古"功夫，订正折中诸经，善述"六经"大旨，洵能传述先王之道，深发古圣先贤微言大义。后世治国者，循"六经"之道则治，违之则乱。传统关于孔子的共识，有所谓"德配天地，道冠古今，删述'六经'，垂宪万世"之成说。于此可见，孔子能以"素王"之身

---

[1] 吕陶：《净德集》卷十九，收入《文渊阁四库全书》第1098册，台北：台湾商务印书馆，1986年，第156页。

[2] 李之亮笺注《欧阳修集编年笺注》四，成都：巴蜀书社，2007年，第78页。

[3] 胡广：《四书大全·论语集注大全》卷七，收入《文渊阁四库全书》第205册，台北：台湾商务印书馆，1986年，第248页。

而超越古圣先贤,所以能垂宪万世为至圣先师者,良由其尊信传统、删述"六经"之"述古"事业使然。[1]

　　总而言之,孔子之"述古"态度,系宗法上古"稽古"而发展之。"述古"既是一种对待传统及先王之道的哲学态度,也是落实于删述"六经"之经典文献整理及诠释事业。"述古"态度之所以尊重、热爱、尊法先王之道,是因为先王之道经过了历史上的实践检验,顺之则治,逆之则乱,不可不敬慎待之。"述古"之谨严服古、阙疑存真的做法,并非泥古不化。如"顺古"之"顺是不顺非","述古"题中应有之义,是在深入古道,真见先王精神命脉之后,须当立足于今,对先王之道加以因革、折中,以返本开新,求古道之新命。先王之道,载之于"六经"。散见于经书中的经义、义理,不能现成地为今所用。孔子承前启后的历史性贡献,便是以删、定、赞、修等细密功夫删述"六经"来述传先王之道,并以此确立了中国传统文化之思想根柢。

---

[1] 金景芳详论孔子与"六经"关系,明确主张"'六经'与孔子有密切的关系,孔子对它们下了极大的功夫。《诗》《书》是论次,《礼》《乐》是修起,《易》是赞,《春秋》是作。都是孔子留下的珍贵遗产,也是孔子学说的主要载体,孔子的思想大量地蕴含于其中。《易》与《春秋》尤为重要。治孔学而舍'六经'于不顾,是不可思议的"。(金景芳、吕绍纲、吕文郁:《孔子新传》,长春:长春出版社,2006年,第170页) 冯天瑜以"六经"为根本,阐发了"中华元典"精神。论及"元典创制"时,他强调指出:"述而不作,信而好古","并非贬低孔子,倒是较为切近其原貌,符合孔氏本意的。生当春秋末年的孔子,在《易》《诗》《书》《春秋》等元典形成中的地位,并非创作者,而是一定意义上的编辑者,主要是传述者、阐扬者。他对流散民间的周代王官典籍着力汇集,将其应用于私家教育,并在与门人及时贤的论难中,对这些典籍加以阐释,赋予新的意义,从而第一次使元典精神得到系统的阐发,建立其以'仁'学为核心的体系"。(冯天瑜:《中华元典精神》,上海:上海人民出版社,2014年,第128页) 金景芳、冯天瑜等既祖述传统说法,又益之以新知,深入解析孔子与"六经"的密切关系,并正确地指出了孔子述古而不泥古,述中有作之史实。

(二)"二重证据法"之"述古"内涵

王国维提出"二重证据法",初意在将考古学、金石学方法引入上古史料辨伪工作,超越"古史辨"派全以古书辨伪之局限,从而纠正"疑古"派古史研究中"一概抹杀"上古史料之偏。"二重证据法"尊信传统、客观求真、理性实证的态度和做法,实与孔子"述古"态度同调。

1923年,王国维作《〈殷墟文字类编〉序》,已提出了新出殷墟文字与传世文献对勘之研究原理:"此新出之史料,在在与旧史料相需。故古文字、古器物之学与经史之学实相表里,惟能达观二者之际,不屈旧以就新,亦不绌新以从旧,然后能得古人之真,而其言乃可信于后世。"[1] 1925年,王国维在清华国学院讲《古史新证》,开宗明义之"总论",先批判"信古之过",进而针对"疑古"派轻疑古书之过,正式提出了"二重证据法":

> 吾辈生于今日,幸于纸上之材料外,更得地下之新材料。由此种材料,我辈固得据以补正纸上之材料,亦得证明古书之某部分全为实录,即百家不雅驯之言,亦不无表示一面之事实。此二重证据法,惟在今日始得为之。虽古书之未得证明者,不能加以否定,而其已得证明者,不能不加以肯定,可断言也。[2]

王氏总结孔壁遗书、赵宋古器、汲冢竹简对于传统学术史之意义,曰:"古来新学问起,大都由于新发现","中国纸上之学问赖于地下

---

[1] 方麟选编《王国维文存》,南京:江苏人民出版社,2014年,第716页。
[2] 王国维:《王国维集》第四册,周锡山编校,北京:中国社会科学出版社,2008年,第72页。

之学问者,固不自今日始矣"。[1] 通观《古史新证》对"二重证据法"之应用,一方面,王国维确乎以殷墟甲骨文字及金文为据,实践了胡适所云以金石、考古之"科学"方法,"拉长了东周以前古史"之理想;另一方面,王氏虽部分肯定了"疑古"派怀疑态度及批评精神"不无可取",但"二重证据法"终究是要纠"疑古"之偏,其旨归所在,显然继承了中国金石学"证经佐史"传统,以地下新材料"补正""证明"(而非怀疑、否弃)传世古书而已。

以断片的、残缺的考古材料印证传世文献中之整全古史,其作用范围毕竟是有限的。王氏清楚地知道这一点。因此,完整地理解"二重证据法",与其说此法是要凸显考古资料对于佐证古书的重要性,毋宁说它是要强调"古书之未得证明者,不能加以否定"这一要点。借用胡适之言,"二重证据法"旨在说明:古书"十之一二"能以考古材料证明者,当信之不疑;其"十之八九"不能证明者,"不能加以否定"。此处之"不能加以否定",当然不是盲目"信古",而是强调显为造伪之书者,当然不可信以为真。而更多被近代"疑古"派判断为伪书者,其实有着复杂的成书过程和内容,在没有考古实据的情况下,"固未可以完全抹杀"。此一主旨,《古史新证》别处亦有发凡:

> 《史记》所述商一代世系,以卜辞证之,虽不免小有舛驳,而大致不误。可知《史记》所据之《世本》,全是实录。而由殷周世系之确实,因之推想夏后氏世系之确实,此又当然之事也。又虽谬悠缘饰之书如《山海经》《楚辞·天问》,成于后世之书如《晏子春秋》《墨子》《吕氏春秋》,晚出之书如《竹书纪年》,其

---

[1] 王国维:《王国维集》第二册,周锡山编校,北京:中国社会科学出版社,2008年,第308页。

所言古事亦有一部分之确实性。然则经典所记上古之事,今日虽有未得二重证明者,固未可以完全抹杀也。[1]

王国维是顾颉刚"最敬佩"的学者。顾氏颇服膺于王著述中"求真的精神""客观的态度""丰富的材料""博洽的论辨"。同时,顾氏也清楚地知道"要建设真实的古史,只有从实物上着手,才是一条大路,我所从事的研究仅在破坏伪古史系统方面用力罢了。我很想向这一方面做些工作,使得破坏之后能够有新的建设,同时也可以利用这些材料做破坏伪史的工具"[2]。如前所论,"顾颉刚们"之"疑古",始终以蔑弃传统、破坏古史为目的,其通过古书辨伪对所谓"伪古史"之破坏,或试图用考古来破坏"伪古史"之企图,实际上彻底颠覆、断裂了传统古史之根本。

截然不同于胡适、顾颉刚以考古方法破坏传统的企图,王国维之

---

[1] 王国维:《王国维集》第四册,周锡山编校,北京:中国社会科学出版社,2008年,第93—94页。

按:关于考古证实《史记》所记商王名字不假,还可参考李济《安阳》中的说法:"令人惊奇的是,在地下埋藏了三千多年,学术界全然不知的甲骨文在19世纪末被发现后,证实了司马迁所记载的商代先公先王的名字无比准确。"(李济:《安阳》,北京:商务印书馆,2011年,第232页)还可关注的是,鲁惟一(Michael Loewe)和夏含夷(Edward L. Shaughnessy)在《剑桥中国先秦史》的序言中说,因为出土文字、文物证实了一些传世文献,所以,最近一种新的学说以为中国传统文化基本可信。这种与"疑古"派相反的"信古"派在某些信仰方面无疑是过分的。但是,谁都无法否认,最近几十年来的考古发现,基本上证实了而绝没有推翻中国传统文献的可靠性。(Michael Loewe and Edward L. Shaughnessy <eds.>, *History of Ancient China: From the Origins of Civilization to 221 B. C.* <Cambridge: Cambridge University Press, 1999>, "Introduction" p. 10)近代以来,考古发现不断纠正着"疑古"派轻率"疑古"所导致的一系列谬误,正说明了主张不要轻率"疑古"之"二重证据法"态度的正确性。

[2] 顾颉刚:《我是怎样编写〈古史辨〉的?》,载《古史辨》一,上海:上海古籍出版社,1982年,《我是怎样编写〈古史辨〉的?》第14页。

"二重证据法",是对传统意义上"疑古""疑经"去伪存真以"羽翼圣经"学统之发扬,旨在运用近代中国考古学成就,创造性地践行金石学"佐经证史"的传统。王国维对传统始终抱持一个理性尊信的态度,其"二重证据法"实质是要以现代科学考古学方法与传统金石学传统相结合,真正学有根柢、"返本开新"地重建古史。康熙《信古解》云:"学以求古人之是也,非以求古人之非也。"[1] "顾颉刚们"之"疑古",以蔑弃之态度,立意于"求古人之非",从而断灭传统。孔子、王国维之"述古",则欲于礼崩乐坏之际,以尊信之态度,着意于"求古人之是",意在用理性方法"返本开新",以求存续并发展传统。为适应当下回归传统以返本开新之时代要求,自孔子以至王国维对待传统之"述古"态度,值得我们进一步继承和发扬光大。

(三)"述古"乃诠释学之态度

作为"五四"新文化运动"学术版",支撑"疑古"态度的理论依据,是西方启蒙运动的观念。在启蒙理性看来,传统是愚昧、保守的代名词,而权威及其经典,则是束缚人们自由理性判断的枷锁。人类社会之进步,须以个体自由理性为据,打倒权威、废弃经典、舍弃传统方可。在欲实现现代化就必须经过启蒙洗礼的"启蒙心态"的左右之下,"疑古"派于是开启了中国近代思想文化研究中断灭传统、毁弃经学的"疑古"思潮。如今,启蒙精神过度强调个人、过分迷信理性以及不承认任何权威等做法,造成了一系列问题。以启蒙的理性精神进行"启蒙反思"(杜维明语),已成为时代要求和学术发展之必要。

1. "修复"传统与权威

启蒙运动所主张的传统与自由理性水火不容的观念,已遭到近代以来学者的反思与批判。伽达默尔(Hans-Georg Gadamer)《真理与方法》针对这种启蒙主义的偏见,专题讨论了对权威和传统进行"修

---

[1] 张玉书等:《圣祖仁皇帝御制文集》卷二十一,收入《文渊阁四库全书》第1298册,台北:台湾商务印书馆,1986年,第200页。

复"(rehabilitierung, rehabilitation)的问题。伽氏以为，权威的过失，在于它试图以威望让人们盲目服从，而不是让人们基于自由理性进行自我判断。就此而论，启蒙运动对权威专制主义过失的批判是合理的。但是，权威的本质，不是基于服从和抛弃理性的行动，而是基于个人理性知觉到自己的局限性，承认他人有超出自己的更好的判断和见解。权威与要求人盲从无关，而与人基于理性的认可关联。因此，权威的真正基础也是一种基于"认可"的自由和理性的行动。当启蒙运动坚决诋毁一切权威时，无视了权威的本质和真正基础，没有认识到权威也是真理源泉的可能性。[1]

作为"权威的形式"，传统被启蒙思想视为理性和自由的对立面。而在伽达默尔看来，传统和理性并非绝对对立的关系。传统经常是自由和历史本身的一个要素。甚至最真实、最坚固的传统也并不因为以前存在的东西的惰性，就自然而然地实现自身，而是需要肯定、掌握和培养。尽管传统在历史的变迁中一直是积极活动的，但是，传统按其本质是保存（bewahrung）。这种保存，是一种难以觉察的不显眼的理性活动。正因保存活动的这种特征，才显得新的东西、被计划的东西表现为理性的唯一的活动和行为。但是，这是一种假象。"即使在

---

[1] 按：还可以关注林毓生关于权威与自由关系的认知。林氏道，"五四"以来知识分子多认为自由与权威不容，自由不能依靠权威，而是要从反抗权威中获得。而事实上，权威是一种使自己的提议被别人接受的能力，让人心悦诚服的，才是真正的权威。不同于压制性的"假权威"，"心安理得的权威"源于人们心甘情愿服膺与景从，是与"有生机的个人自由"相辅相成的"真权威"。因此，假若我们以为"打倒我们厌恶的'权威'便可获得个人的自由，甚至认为一切权威都与自由不能相容，所以不能够也不愿意正视心安理得的权威与个人自由的正面关系，那么我们终将无法获得个人的自由"。（林毓生：《中国传统的创造性转化》，北京：生活·读书·新知三联书店，1988年，第65、78、81页）林氏关于自由与权威关系的考察，洵与伽氏同调，为我们反思自由与权威关系的本质，走出"疑古"态度，提供了理论资源。

第一章 述古：中国哲学研究的诠释学态度 79

生活受到猛烈改变的地方，如在革命的时代，远比任何人所知道的多得多的古老东西在所谓改革一切的浪潮中仍保存了下来，并且与新的东西一起构成新的价值。无论如何，保存与破坏和更新的行为一样，是一种自由的行动。"[1] 希尔斯（Edward Shils）在《论传统》中也明确指出，任何叫作传统的东西，实际上都不是一个整体。传统的每一个成分都要经过接受、修改或抵制的过程。对传统的反应带有选择性。那些自认为正在接受或抵制传统"全部内容"的人，也是有选择地接受或进行抵制的。当看起来在进行抵制时，他们仍然保留着相当一部分传统。"显然，即使那些宣称要与自己社会的过去做彻底决裂的革命者，也难逃过去的掌心。"[2]

借助伽达默尔超越启蒙的关于权威及传统之观念，我们可以认识到，人们可以基于自由和理性认可权威；或隐或显，作为权威表现形

---

[1] 伽达默尔：《诠释学 I：真理与方法——哲学诠释学的基本特征》，洪汉鼎译，修订译本，北京：商务印书馆，2010 年，第 399 页。

[2] 爱德华·希尔斯：《论传统》，傅铿、吕乐译，上海：上海人民出版社，2009 年，第 48 页。

按："五四"以来，批判中国传统文化者不得不凭借传统文化的例子，不胜枚举。余英时举鲁迅遥契嵇康之例，说明"五四"新文化运动，"凭借于旧传统者是多么的深厚"。氏并言："五四"时期，"在思想界有影响力的人物，在他们反传统、反礼教之际首先便有意或无意地回到传统中非正统或反传统的源头上去寻找根据。因为这些正是他们比较最熟悉的东西，至于外来的新思想，由于他们接触不久，了解不深，只有附会于传统中的某些已有的观念上，才能发生真实的意义"，"所以在'五四'时代，中国传统中一切非正统、反传统的作品（从哲学思想到小说戏曲歌谣）都成为最时髦的、最受欢迎的东西了"。余氏进一步指出，"五四"运动"所悬的两个主要目标——民主与科学——到今天尚未能充分地实现，这更是与中国的传统有密切的关系"，"'五四运动'也成功地摧毁了中国传统的文化秩序，但是'五四'以来的中国人尽管运用了无数新的和外来的观念，可是他们所重建的文化秩序，也还没有突破传统的格局"。（余英时：《现代危机与思想人物》，北京：生活·读书·新知三联书店，2012 年，第 66、67、69 页）就近

式的传统，一直以一种理性的、自由的保存活动，在一切历史变迁中发挥着作用。而伽达默尔和希尔斯共同的洞见，更让我们意识到，一方面，对传统的反对离不开传统，甚至以极端革命手段破坏传统也不能在传统之外进行；另一方面，传统的实现，不是泥古不化的"保存"，而是要通过批判性继承加以因革损益。

当代诠释学家泽伯姆（T. M. Seebohm）格外强调态度对于理解传统的重要意义。泽氏认为，诠释学史即是诠释学意识（hermeneutical consciousness）的发展历史。所谓诠释学意识是指理解自身文化传统的态度意识。在没有文字记载的口耳相传的传统中，就开始有了一定类型的诠释学意识。而在有书写记载的传统中，伴随着对待传统的不同态度，就会有与之调适的多种类型的诠释学意识，它们决定了存在于其中的关于传统的经验。

在诠释学意识发展史中，由于对传统真理及权威的认知及其运用的看法不同，存在着两种带有根本性对立的态度。其中，一种态度是承认传统的真理和权威并愿意加以运用。在书写传统的早期发展阶段中，我们可以找到此种态度。另一种态度，则是或多或少激烈拒斥传统的整体或部分。传统的危机，会导致人们对传统的部分拒斥。但是，在诠释学意识发展的无论哪个阶段，也都会有对整个传统的拒斥。这种对传统的全面拒斥，有两种模式。第一种模式是最激进的，整个传统都将被舍弃。危机带来的如此后果，可称为文化革命。第二种模式则假定，整个传统的真理只是单方面地建立在传统初始时期的一些精华文本（eminent texts）的真理之上。在这种情况下，传统危机将导致

代中国哲学思想研究而言，如侯外庐对中国传统异端思想家的关注、"两个对子"的中国哲学史研究路子等，无不顺着"五四"以来以传统中的"非正统""反传统"来反传统的思路展开。可见，在彻底反传统的文化革命中，正统异端之判可能翻覆，但传统还是以另一种形式"保存"了下来，并继续在现实中发挥着作用。"彻底决裂"云云，确乎是一种"假象"，传统一直都存在，革命者终究"难逃过去的掌心"。

人们拒斥对这些精华文本的整个解释传统,但并不拒绝精华文本本身的真理。[1]

借助泽伯姆这个洞见,我们可以明确地知道:态度问题是诠释传统时一以贯之的根本问题,也是区分不同诠释学意识之重要节点。传统不能自我呈现,诠释者不同的诠释学态度,从根本上决定了传统可以呈现的内容。于此可见,传统的呈现问题,最后将落实于诠释者基于一定诠释学态度意识,对精华文本进行诠释的方法及方法论问题。

2. 经典的本质

伽达默尔对经典的定位,对我们理解经学的现实意义,尤其具有启发。他说,经典不是一成不变的东西,而是不断给我们赢得最新的当代的东西。经典本质是对某种持续存在、不可消失的意义的意识。经典自身有意义且能自我解释、自我保存,经典似乎特别是对当下事情的言说。经典言说具有持续有效性,佐证着文化意识某种终极共同性和归属性。因此,"经典之意义,独立于所有时间条件之外,它是一种无时间性的当下存在,对每一个时代都具有同时代性"[2]。照此理解,以"五经"为代表的中国传统经典,自然不能定位为仅仅是属于过去的陈腐的论说,而是始终具有现实意义的新的东西。

启蒙运动主张普遍理性原则,认为只有一种超越所有传统的中立的合理性与正义性。这种观念,受到了麦金太尔(Alasdair MacIntyre)的批判。麦氏颇具洞见地指出,合理性本质上是一个历史性概念,现实中存在着基于不同传统的合理性和正义性。麦氏又特别指出,经典具有神圣性权威。经典会因其不足和有限性,而被重新评价、重新解

---

[1] T. M. Seebohm, *Hermeneutics: Method and Methodology* (Kluwer Academic Publishers, 2004), pp. 5-6.

[2] Hans-Georg Gadamer, *Truth and Method*, translation revised by Joel Weinsheimer and Donald G. Marshall, 2nd revised edition (New York: The Continuum International Publishing Group, 2004), p. 288.

释及重新建构,但其神圣性不容否定。"合理性的"(rational)传统延续方式,在乎忠实于该传统中载之于经典的共享信仰。其核心内容,必须在每次传统的断裂中生存下来。[1]舍弃无历史内容的合理性观念,我们就会平情明察并进而发明中国传统思想中独有的合理性内容。而当我们认识到经典万古常新的道理后,就会自觉地以学有根柢的创造性诠释,让经典进入当下,发挥其应有的塑造文明的作用。伽、麦二氏洞见,都是我们当下"走出""疑古"派理性迷思、厚诬经典的理论依据。

综合如上西方哲学之见解,我们不难得出结论:传统并非与理性、自由完全对立的存在;相反,即便是号称彻底断裂传统的文化革命,也不能在传统之外进行。基于对传统的历史性及哲学性考察,完全的泥古因循与彻底的断裂革命的两种态度,都是现实中不可能存在的对待传统的幻象。从诠释学视角看,我们对待传统的正确态度,应该是在理性尊重传统的前提下,因应时代问题及具体学术环境,用一定的方法及方法论对基于经典文本的传统进行返本开新的因革损益。显然,上述孔子、王国维对待传统的"述古"态度内涵,与诠释学这种对待传统的态度有着高度的契合性。就此而论,我们不妨说,诠释学态度也是一种"述古"态度。

三、中国哲学研究的"态度转换"

任继愈一再说:"文化有继承性,不能白手起家,传统文化是抛不掉、打不烂的。"[2]他又明确指出:"现在虽不能预知中国哲学的新体系是什么样子,但可以从过去的经历推测,中国哲学的新体系,是

---

[1] Alasdair MacIntyre, *Whose justice? Which rationality?* (Indiana: University of Nortre Dame Press, 1988), pp. 9-11, pp. 354-356.

[2] 任继愈:《任继愈文集》5,北京:国家图书馆出版社,2014年,第326、388页。

中华民族优秀遗产的继承,不能脱离旧的传统构建一套与旧哲学完全脱节的体系。"[1]傅伟勋精研西方哲学史,发现西方哲学"每每到了一个新的时代便有很明显的批判的继承与创新"。傅氏于是提揭对待传统的"批判的继承与创造的发展"(critical inheritance and creative development)理念,强调在时代问题的促使之下,为使传统之根不会腐朽且继续保有其生命力,不同时代学者通过对旧传统"批评的超越","创造出一个新的而又跟传统没有脱节的文化"。"批判的继承"同时即在创新,而"创造的发展"实包含着批评继承的内容,二者实乃一体之两面。"创造的诠释学"便是此理念在方法层面的落实。在"五谓"层次中,"当谓"层次通过批判选择,厘清原思想家应该讲的意思及其解释的理路,此之谓"批判的继承";"必谓(创谓)"层次,是在新的时代理念之下,通过解决原思想家的理论难题,从而实现了传统思想的"创造的发展"。[2]

传统是我们无法回避之存在基础。敬重传统、存亡在念、"忧患意识",确乎是"述古"者首要之务,也是中国传统思想文化慧命赖以不绝之根本原因。如孔子对待礼乐传统那样,我们只能对传统采取"重新诠释而不是全面拒斥的态度"(余英时语)。杜维明特别强调,要理解孔子及儒家传统的深层含义,就必须首先理解其对待传统"斯文"之"悲情"和"忧患意识"。他说:"儒学的兴起,是对于'郁郁乎文哉'的周代文化传统的没落所作的自觉的、全面的反省。这一反省,同墨家、道家、法家的反省不同,基本上是肯定人类文明、文化的价值,因而对于周代文化传统的崩溃,有一种不忍之情,想恢复过去的礼乐制度。但是这不是一般我们所认为的复古,而是对中华民族从殷

---

[1] 任继愈:《任继愈文集》5,北京:国家图书馆出版社,2014年,第160页。
[2] 傅伟勋:《从创造的诠释学到大乘佛学:"哲学与宗教"四集》,台北:东大图书公司,1990年,第459—462页。

商以来所建构的文明作了一个内在的肯定,希望这一文明能够延续下去。"[1]因此,要理解以儒家为主流之中国文化传统,"首先要对人类所创造的文化采取一种敬重其存在,欣赏其发展,不忍其沦亡的态度。这是一个大问题,它直接关系到忧患意识的出现。相反地,一种比较极端的态度是,即使'斯文'坠于地,完全毁弃掉,文化的传承整个了结也无所谓","儒家'存亡继绝'的观念,有其独特的价值取向,确是塑造中国文化特色的重要因素,它强烈地要求延续、要求继承"。[2]

陈来对"述古"态度知之颇深,其相关论述亦发人深省:"中国哲学对传统的一般态度是把传统看做一种积极的力量,一种保持文化认同的价值稳定的力量";"中国哲学认为尊重传统本质上是尊重历史、尊重权威、尊重理性、尊重价值、尊重文化的连续性,这种取向为中国哲学与文化带来了一些重要的特点,即文化的连续、价值的稳定、经典学与古典解释学的发达、历史记述学的完备等";"传统史家认为孟子'序诗书,述仲尼之意',这样看来古典儒家都给予了整理古典(序)、传述传统(述)以特别注意。从孔子对前'轴心时代'思想的发展和孟子对孔子思想的发展来看,'述'不表示思想的停滞,不排斥思想的发展,只是表示思想的发展不能割裂传统"。[3]林毓生倡导的"中国传统创造的转化"(creative transformation of Chinese tradition),本质上也是一种"返本开新"的"述古"态度。文化传统的"创造的转化","既非泥古,又非脚不落地的趋新",而是将中国文化传统中

---

[1] 杜维明:《儒家传统的现代转化》,朱汉民、肖永明编选《杜维明:文明的冲突与对话》,长沙:湖南大学出版社,2001年,第43—44页。

[2] 杜维明:《杜维明文集》第一卷,武汉:武汉出版社,2002年,第331—332页。

[3] 陈来:《传统与现代——人文主义的视界》,北京:北京大学出版社,2006年,第262—263页。

的符号与价值系统,改变为"有利于变迁的种子",同时在变迁的过程中,继续保持文化的认同。通过与当代新儒家的辩驳,林氏进一步说明"创造的转化"的新东西,是通过改造传统中健康、有生机的质素,与西方观念和价值相融合而产生的。这种与传统中健康、有生机的质素衔接而进行"有所根据的"创造转化,一方面使传统因获得新的意义而复苏,另一方面,的确以新的答案解决了我们的问题。但是,由于问题非常大,"创造的转化"是一个极为艰难的过程,而只有这样做,才能不再陷入"五四"全盘性反传统与一些新儒家在传统里找安慰的窠臼。[1]

结合中西哲人之时见,"述古"态度说,意图从正反两个方面修正"疑古"之过,致力于中国哲学研究的"态度转换"。首先,"述古"远宗"稽古"成说及孔子"述而不作,信而好古"内涵。①反对师心自用、自我作古,主张好古敏求、笃实求真,通过深考古道之是非成败,顺是不顺非地对先王之道进行因革损益。②通过述修"六经",集大成式地整理、阐明及发展先王之道,以为现实社会之教育、教化提供文献及理论资源。其次,"述古"近取王国维"二重证据法"及伽达默尔等西方哲学洞见,从理论上及文本实践上,消解"疑古"之谬及其流弊。①理性尊信传统,接续传统"疑古""疑经"之去伪存真、羽翼经典的做法,借以发扬先王之道。②以科学考古及金石学,证成正经、正史,消解"疑古"厚诬古人、贻误后学之非。③借助西方哲学反思启蒙之弊,"修复"权威、传统、经典之洞见,彻底解构"疑古"派断灭古道之理论基础。

总而言之,对待传统文化的态度,从根本上决定了传统文化的研究方向及其可能呈现的内容。近代以来断裂传统、荒蔑古经、违离道

---

[1] 林毓生:《中国传统的创造性转化》,北京:生活·读书·新知三联书店,1988年,第291、316、388—389页。

本、虚谈名理的"疑古"态度及其方法论,显然不适合当下向传统文化回归的时代要求。今后,中国哲学创新的首要问题,就是要通过中国哲学研究的"态度转换",以去伪存真、返本开新的"述古"态度,"唤醒"并重新确立中国哲学经学根本,通过创造性解释,使中国哲学乃至整个中国传统文化的研究,走上归根复命的正确道路。

第二章 "周文轴心":中国哲学的经学基因[1]

雅斯贝斯的轴心时期理论,是当下海内外学者理解和解释中国文明起源的重要理论依据。依此理论实质内涵来具体研究中国文明的起源和基因时,学者们大多都意识到这样一个史实:所谓"前轴心时期"的中国上古文明,才是以老子、孔子等哲学家为代表的"轴心时期"文明的来源。准此史实,就带来了一个理论难题:按照"超越性思维""哲学突破"等诸"轴心"内涵来看,中国的"轴心时期",就不应该是雅氏所界定的春秋、战国时期。那么,该如何来理解这一"前轴心时期"中国上古文明的本质呢?

从经学角度重新反思轴心时期理论,就不难认识到,高度发展了的郁郁乎"周文"及其内在"文德",继承并发展了中国上古文明及先王之道,远早于老子、孔子,即已实现了在天人关系中的超越性思考和"哲学突破",并一以贯之影响了整个中国传统思想文化。经学所承载的礼乐"周文",完全符合轴心时期理论之"轴心"诸要

---

[1] 本章内容,系在"以诠释学为视域的中国哲学文献学研究"项目的阶段性成果专著《未来中国哲学导论:范式与方法论》(西安:西北大学出版社,2018年;国际比较哲学权威期刊 Dao 2021年1月,刊发本书英文书评)之"下篇二、'周文轴心'"的基础上补充、完善而成。

义,因此,西周"周文"而非东周诸子思想,才是中国传统思想文化之基因所在。修正、完善、发展雅斯贝斯之论,我们可以说:中国的轴心时期,至迟从西周开始;中国的轴心时期可名之曰"周文轴心"。

一、中国"轴心时期"辨析

现代学者在讨论中国传统思想文化之起源与特质问题时,多借用雅斯贝斯(Karl Jaspers)轴心时期(Axial Period)理论立说。其中,余英时以"轴心突破""内向超越"为核心,讨论了中国哲学的"天人关系"问题;许倬云以中国古代史为例,说明了中国"轴心突破"的几个先决条件;陈来、姜广辉、梁涛等三位学者,则着重关注了"前轴心时期"三代文明的特质问题。这些学者的研究表明,用轴心时期理论研究中国思想文化之根源,有着很强的理论解释力。他们的研究成果,也是我们进一步深化相关论题研究的重要理论资源。

(一)"轴心时期"与"哲学突破"

在《历史的起源与目标》(1949年)一书中,雅斯贝斯将人类发展史分为史前时期、古代历史文明时期、轴心时期和科学技术时期等四个时期。雅氏认为,在四个时期中,"轴心时期"奠定了人类精神存在的基础,提供了研究人类思想的最富成果和最有收益之领域,对于我们理解世界历史的整体观念极为重要。依雅氏之见,所谓轴心时期,即指公元前800年至前200年,尤其是公元前500年左右时期内,在中国、印度和西方这三个互不知晓的地区里,皆有"孤寂"的哲学家首次出现。在此时期之内,中国的孔子、老子及诸子百家,印度的佛陀,巴勒斯坦的先知,以及希腊贤哲们,敢于依靠个人能力,将人类自身与整个宇宙对比,并在自身之内发现超越于个体自我与世界之上的根源。通过反思(reflection),他们几乎同时意识到作为整体的存在(being as a whole),意识到人类自身及其有限性。人类体验到世界的恐怖与自身的无力,面对虚无,力求解脱与拯救。人类为自己设定最高目标,在深究自我与明晰超越中,以推测性思考将自身提高到面向存在本身,以体验人之绝对自由。"这个时代诞生了至今我们仍在思考的基本范畴,创始了人类仍赖以生存的宗教。从任何意义上来讲,人类已迈出了走向普遍性的步伐。"[1] 轴心时期的观念,提供了探讨其前后全部发展时期的问题和标准。"直至今日,人类一直靠轴心时期所发生、思考及创造的一切生活。在人类每一次新的腾跃中,都以回顾的形式返回这一时期,被其点燃而更新。自那以后,情形一直如此:回忆和再次唤醒轴心时期之潜能,即复兴(renaissances),提供了一种精神动力。在中国、印度和西方,回归轴心时期这一开端,是曾经周期性发生的事件。"[2]

在雅氏看来,各个"轴心文明"共有的内容,是人类历史上出现了哲学家,开始思考个体与最高存在之间的关系,超越小我而思考"人之所以为人者"(the specifically human in man)。他说,在轴心时期,首次出现了哲学家。中国的隐士与游士、印度的苦行者、希腊的哲学家和以色列的先知,无论彼此信仰、思想内容与内在禀赋差异有多大,他们都属于同一类人。人作为个人敢于依靠自己,来证明自己能将内在自我与整个宇宙相比照,并从自身中发现了可以将自我提升到超乎个体自我和世界之上的根源。"人之所以为人者"原本被肉身所拘束、所遮蔽,被本能所束缚,而且只模糊地意识到其自身。此时,"人之所以为人者"得以解放与救赎,且已能在世上达成这些目标:或向理念(ideas)飞升,或归宿于绝对宁静(ataraxia),或沉浸于冥想,或认识到宇宙之精神生命即内在于个人的真我(atman)之中,或体验涅槃,或与道融合无间,或臣服于上帝旨意。就信念和教义而言,这些道路分歧很大,但它们的共同之处在于:人越来越意识到自身处

---

[1] Karl Jaspers, *The Origin and Goal of History,* trans. Michael Bullock (New Haven: Yale University Press, 1953), p. 2.

[2] 同上书,第7页。

于存在（being）的整体之中，人正在超升小我，也意识到仅靠自己个体也能开辟出这些路。他可以放弃一切物质财富，可以避居于荒漠、森林或深山。他可以作为隐士发现离群索居之创造力，然后，也可以作为得道者、圣哲和先知重新入世。在轴心时期，后世称为理性和人格的东西，首次得以展现。[1]

雅氏此哲学家突破小我，向人格和理性超越之意，被后来运用轴心时期理论的学者进一步发挥为"哲学的突破""超越性"等理念。例如，帕森思（Talcott Parsons）认为，文化演进有两个基本步骤。第一个基本步骤是书面语。虽然其历史悠久且情况复杂，但书面语最重要的本质作用，是使得文化与具体运用它的社会环境剥离；它让传统固定下来，而不再依赖于口耳相传的易错的记忆。第二个基本步骤是"哲学的突破"（philosophic breakthrough）。"哲学的突破"进程是指："在公元前一千年之内，希腊、以色列、印度和中国，以各自独立、极不相同的方式，对于宇宙这一人类赖以生存背景的本质，有了新层次上明晰的概念性认知。依此认知，人类对自身生存状况及其深层意义予以解释。"[2] 史华慈（Benjamin I. Schwartz）进一步指出，推动各大轴心文明向前运动的共同内在动力，可名之曰"超越性"。就语源学意义而言，此"超越性"是指退后一步、向上观望，是对现实的一种批判的、反思的质疑，是超拔于现实之上的新视野。[3] 韦尔（Eric Weil）提出，"突破"的前提条件是"崩坏"（breakdown），"突破"接踵于"崩坏"而至。"突破"是塑造历史的转折点，因而具有决定性

---

[1] Karl Jaspers, *The Origin and Goal of History*, trans. Michael Bullock (New Haven: Yale University Press, 1953), pp. 3-4.

[2] Philip Rieff (eds.), *On Intellectuals: Theoretical Studies Case Studies* (New York: Doubleday, 1969), pp. 5-6.

[3] Benjamin I. Schwartz, "The Age of Transcendence," *Daedalus* 104 (1975): 2, p. 3.

的重要意义;"突破"不是和过去一刀两断,我们的先人及作为后人的我们,总是通过接续和改变旧路来开辟新途。[1]

雅斯贝斯断定"中国和印度占据与西方并列的地位,这不仅因为它们存活了下来,而且因为它们实现了突破"[2]。雅氏这一"平等待我"、肯定中国传统文化价值的论断,颇为华人学者喜欢与接受。当深究其说,也不难看出,雅斯贝斯、帕森思、史华慈、韦尔等人在轴心时期理论框架下对中国传统文化之论说,虽不无洞见,但总体而言,显得较为疏略。基于雅斯贝斯对中国"轴心突破"的首肯,以及帕森思、史华慈等学者不无启发意义的论点,余英时、许倬云等人全面运用轴心时期范式深入地解读了中国文化的起源、特质等问题。

(二)海外学者中国"轴心时期"研究

1. 余英时的中国"轴心突破"及"内在超越"说

1977年,余英时完成了《古代知识阶层的兴起与发展》一文,初论中国古代士阶层"哲学的突破"问题。[3] 2014年,余氏专著《论天人之际:中国古代思想起源》一书,则可看作是对上文论题之充分展开。该书基于《庄子》"道术将为天下裂""凿开混沌"之说,远述雅斯贝斯轴心时期理念,近承美国学者帕森思"哲学的突破"之见,又益之以史华慈"超越性"意旨,提出了中国的"哲学突破"理论。

余英时以为,中国"轴心突破"之"前突破"(pre-breakthrough)的"直接的历史文化背景",是夏商周三代的礼乐传统(也可简称"礼"——余氏原注),而春秋以下"礼崩乐坏"现实,则是"突破"

---

[1] Eric Weil, "What is a Breakthrough in History," *Daedalus* 104: 2, pp. 25-26, 30-31, 35.

[2] Karl Jaspers, *The Origin and Goal of History*, trans. Michael Bullock (New Haven: Yale University Press, 1953), p. 52.

[3] 参见余英时:《士与中国文化》,上海:上海人民出版社,2003年,第3—74页。

的直接原因。突破之核心成就在于导致了一场极富原创性的超越。余氏认为,作为同在礼乐传统中成长和发展起来的学派,基于对礼崩乐坏"是可忍孰不可忍"之同感,以儒、墨、道等三个学派为代表,中国最早的一批"哲学家"站在哲学思维的高度上,突破了礼乐背后的巫文化,实现了中国第一次精神觉醒。

钱穆临终前认定,天人合一观"是整个中国传统文化思想之归宿处"。余英时接续乃师命题,欲以天人合一观"开展关于中国古代特有的超越("transcendence")形态的讨论"[1]。余氏论曰:"天人关系的转向起源于轴心时代个人的精神觉醒和解放,而且构成了轴心突破的核心部分。"[2]在突破时代,诸子在旧有"天人合一"说基础上,对"天""人"及"合一"方式,分别从不同的角度进行思考,开拓了新"天人合一"说。虽墨、道二家与儒家对传统礼乐态度不同、突破方法各异,然总体而言,中国"哲学突破"的结果,便是以"道-气世界(也可简称为'道'——余氏原注)"之"天"取代了"鬼神世界"之"天",以"心"(哲学家个体自由之"心")与"道""合一"的"新天人合一"系统取代了旧的集体本位的"人"(代表官方"绝地天通"之"巫师集团")与"神"合一的"旧天人合一"系统。余英时说:"每一文明在轴心突破以后,它的超越世界便成为精神价值的终极源头。就中国的独特情况而言,这一超越世界非它,即所谓'道'是也。所以在整个传统时期,无论对于现实的世界进行反思和批判,还是推动一种超乎现实之上的理想,中国思想家无不以'道'为最后的根据。"[3]而就天人关系看诸子百家之"突破",实为一种天人合一观念的缓慢转型:"从早期以王为天地间唯一联系管道的宗

---

[1] 余英时:《论天人之际:中国古代思想起源试探》,台北:联经出版事业股份有限公司,2014年,第72—73页。

[2] 同上书,第125页。

[3] 同上书,第220页。

教-政治（religio-political）观念，转型为向所有追寻生命意义的个人开放的多样哲学版本。"[1]

余氏进而认为，中国"轴心突破"最后归宿于"内向超越"。此一超越路径，由孔子开启，并在其后得到进一步发展。在他看来，中国轴心时代突破的直接对象，便是巫文化对于"天命"和"礼"的垄断。作为"中国轴心突破的第一位哲人"，孔子以"仁"为"礼之本"，对"礼"重新予以哲学的阐释。此阐释，不走巫文化外求之于"天命"的"外在超越"老路，而是将"天命"与"礼"两大观念同时收进个人"心"中，另辟引"道"入"心"、内求于"心"的新途，实现了中国"哲学突破"的"内向超越"。余氏曰："孔子以'仁'说'礼'，开创了内向超越，才是'轴心突破'的真正始点"[2]，中国轴心突破"最后落实在内向超越的格局上面"[3]。孔子揭开了"内向超越"的序幕，其后"内向超越"之展开表现为：首先，哲学思想家依靠"个人的自力"（而不假借"巫"之外力）"乞援于一己之'心'"与天相通；其次，"道"上源于"天"、下通人"心"而"止"于其中，求"道"者唯先回内"心"，才能由"道"接引而上通于"天"。余氏总结道："内向超越所能达到的最高境界是'心'和'道'的合一，也就是轴心突破以后的新'天人合一'。"[4] 余英时最后又发挥《荀子·解蔽》"人心""道心"之说，认为"在现实世界中一切日用常行都离不开'人心'，而我们在超越世界中寻求价值之源则不能不依赖'道心'的指引。由于'人心'、'道心'是同一'心'的两种相反但却相成的倾向，这两者之间的关系也是'不即不离'的：就同为'心'而

---

[1] 余英时：《论天人之际：中国古代思想起源试探》，台北：联经出版事业股份有限公司，2014年，第133页。

[2] 同上书，第235页。

[3] 同上书，第246页。

[4] 同上书，第249页。

言，二者是'不离'的，就各有所司而言，则二者又是'不即'的"[1]。

2. 许倬云论"超越的突破"与中国的"文化基因"

许倬云是另一位一直试图以"轴心时期"理论来阐发中国文化特质的学者。许氏于1984年发表了《论雅斯贝斯轴心时代的背景》一文[2]，主题讨论"第一次突破的轴心时代"（公元前800到前200年间，尤其是公元前6世纪前后这一"历史的轴心"）的前提条件，并以中国古代文化发展的脉络来验证其他主要古代文化的发展轨迹。许氏以中国古代史为个案，归纳出轴心时代突破的几个先决条件。首先，要有相当程度的国家组织，以蓄积与集中资源和维持社会分工后的专业群。其次，要有以文字累积的经验、知识和文化传统，以超越人际沟通的时空限制。最后，要有专业知识分子持守传统，发展传统的神圣性。然而，单有专业知识分子而没有迫使他们做反省的机缘，突破与超越仍不能发生。因此，还要有族群间的文化竞争，以及导致知识分子失去贵族地位的兴亡起伏的剧变。唯有此时，如孔子及先秦诸子这样的知识分子，方能对神圣传统产生疑问，进行反省，提出新的见解，从而"终于突破与超越了习俗与神秘，把古代文化提升到轴心时代的新境界"。[3] 总之，在许氏看来，人类思想的第一次突破是反省经验累积的后果，也与专业而独立的知识分子的出现有密切的关系。

许氏认为，初次突破，也是从以传统和神祇为对错标准之"前道德"时代，超越突破到以道德判断做标准的时代。"世界上的主要文明都曾经历过这样一个重要的突破，使人类的生活具有值得活下去的

---

[1] 余英时：《论天人之际：中国古代思想起源试探》，台北：联经出版事业股份有限公司，2014年，第252页。

[2] 按：原文载于《历史语言研究所集刊》，第五十五本，第一分册。参见许倬云：《中国古代文化的特质》，北京：新星出版社，2006年，第113—141页；许倬云：《中国文化的发展过程》，北京：中华书局，2017年，第66—93页。

[3] 许倬云：《中国文化的发展过程》，北京：中华书局，2017年，第82页。

意义，而不是仅为了活着而活着。"[1]初次突破最重要也最艰难，初步超越之起点，定下了文明、文化的大方向。许氏说，中国古代"超越的突破"经历了两个阶段：一个是殷周之际发展的天命观与变易观；一个是春秋战国时代，由孔子带动诸子百家为中国文明开启智慧，界定价值的内容和标准。殷周之际，中国的神祇开始发展了道德的超越意义。"至高无上的神祇演化为道德的守护者，人类行为的裁判者。依据人类行为来判决天命谁属，这是中国文化演化过程中的一个极重要的突破。""这是一个重大的突破，可说是开辟鸿蒙，将史前的文化带入文明；自此以后生命才有意义，人生才有善恶好坏的标准，才有超越的道德的判断。"[2]许氏又特别强调，孔子将传统礼仪、历史、诗歌之类的传统知识赋予新义，此述而不作是旧瓶装新酒。经孔子解释之后，本是贵族阶层的行为准则，变成"置诸四海而皆准的行为规范"，"王者的德性转化为'人'的永恒属性"。[3]许倬云评价道："以上两次重大的突破是中国文化的创始纪，中国文化体系的主题及由主题推论而来的演绎方式都为后世的发展厘定了范围。"[4]

更可关注的是，许倬云以整体中国文化为对象，反思轴心时期理论对全面认识中国传统文化之价值和意义。许倬云认为韦尔突破前先有崩坏的看法，颇似中国之"穷则变，变则通"，"与中国的历史颇可合辙"。不过，崩坏往往意味着比困境更加急剧的恶化，以致原有的秩序全面地垮下来。许氏作《中国文化演变周期概论》一文，便以韦尔突破与崩坏理论为据，概述了整个中国传统文化史发展周期概况。殷周之际及西周末年社会极为剧烈的变动，导致整个社会秩序的崩坏，从而在大崩坏之后产生了新周天命及孔子思想之"大突破"。秦汉之

---

[1]许倬云：《中国文化的发展过程》，北京：中华书局，2017年，第94页。
[2]同上书，第4—6页。
[3]同上书，第97—98页。
[4]同上书，第98页。

世,政治统一,普世秩序稳定,远离崩坏,使得思想没有突破和创新。许氏断定,两周至秦汉,是中国文化第一个长周期,"最重要的一个周期"。这一周期逐渐呈现了中国文化的基调和主体,并显示出崩坏时有突破、稳定时趋于僵化这一文化辩证发展过程。下一个长周期始于东汉终于唐代。在此中古时期,长期稳定的普世秩序,儒家经典注疏的标准化、权威化,使得儒家虽占优势,却也渐趋僵化;而魏晋南北朝时期的大崩坏,也并没有带来翻天覆地的大突破。中古中国儒释道三家思想融合互补,形成了一个新的普世秩序。此中古时期虽经历了一次相当彻底的大修正,但并没有产生真正的多元秩序。自唐至宋明清,虽有外族入主,社会及以儒家为主流的思想体系并未有严重崩坏,遂亦未有重大突破。宋明理学只能算是儒家体系内的重要调整,不是极大的突破。清代专制,清儒抱持经典以注疏为事,虽有澄清古籍本义的学术功劳,但其烦琐的学风使得儒家学问不再有真正的活力。清末以来,由于现代西方文化与中国传统文化有根本的差别,所以,"近代的周期已将中国文化的发展融入世界性的体系之中,中国不能维持一个关闭的体系,因此不再有中国体系的周期了"[1]。

中国超越突破时期所确立的文化基因,应当为独特的中国的现代化提供基础。许氏以为,在公元前10世纪的周代早期,中国文化三个基本特征就已经牢固地树立起来。这三个"文化基因"(cultural genes)是:亲缘结构中的人际关系,世代之间的延续关系,以及天命道德判断中的人类与超自然力量之间的关系。孔子及其门徒对此三重中国文化基因的发展在于:以仁德中最有意义的"忠""恕"作为处理人际关系之基本法则;通过"孝敬"思想及尊敬传统之举,重新定义了个体关照与传统之间的关系;最后,和谐感以及强调天人合一

---

[1] 许倬云:《中国文化的发展过程》,北京:中华书局,2017年,第107—108页。

成为一种宇宙关照。虽然儒教文明的基本基因在孔子之前已完备呈现,但孔子依然对建构中国文化做出了极有意义的贡献。许氏又借用艾森施塔特(Eisenstadt)"多元现代化"(multiple modernities)观念,谈及中国特色的现代化问题。艾氏以为,由于每一轴心时代文明的后代无法舍弃其文化遗产(或曰文化基因),每一轴心文明都应该孕育出自己的现代化路径。启蒙运动以来,以工具理性建立起来的西方现代化,已遮蔽了对人文及个体独立的关照。许倬云进而提出,以人文主义和世俗性为文化基因的中国文化,应当可以与西方现代化相融,甚至可以纠正不以人为中心的西方现代化之偏颇。[1]

(三)中国"轴心时期"论说评议

余英时、许倬云而外,陈来、姜广辉、梁涛也试图运用轴心时期理论研究中国传统文化相关问题。陈来《古代宗教与伦理:儒家思想的根源》一书,主要讨论了"前轴心时期"三代文明特质,并得出结论:中国哲学第一次繁荣虽在雅斯贝斯所谓的轴心时期,但以儒家为代表的诸子百家思想背景和出发点,是西周宗教的伦理化。整个中国的轴心时期,并不因认识到自身的局限而走向超越的无限存在,而是认识到神与神性的局限性,从而趋向此世和"人间性"。中国的"轴心突破",与其说是"超越的"突破,毋宁说是"人文的"转向。中国轴心时期的变化,并不是断裂的突变,而是与三代以来文化"连续中的突破、突破中有联系"。从夏以前巫觋时代,到殷商祭祀时代,再到周代已经"脱巫"之礼乐时代,三代文化经历了一个漫长的文化理性化进程。然而,单纯"理性化"的框架不足以完全把握中国文化演进的特殊性,从前轴心时代到轴心时代,人文性、人间性、实践性的理性,是中国文化演进的突出特色。这一人文实践理性化的特点,在春秋时代尤为明显。陈来说:"人文实践的理性化,并不企图消解

---

[1] Johann P. Arnason, S. N. Eisenstady and Björn Wittrock (eds.), *Axial Civilizations and World History* (Leiden and Boston: Brill, 2005), pp. 456-464.

一切神圣性,礼乐文化在理性化的脱巫的同时,珍视地保留着神圣性与神圣感,使人对神圣性的需求在文明、教养、礼仪中仍得到体现。"[1]

姜广辉亦对中国前东周时期"前轴心时代"文明有所论及。[2] 姜氏认为,雅斯贝斯"轴心时代"及帕森思"哲学的突破"之说,仅停留于现象的概括,并未对产生现象的历史原因做出解释和说明。在姜氏看来,中国的文明路径,是原始时代"同祖同根的理念",进而发展为氏族社会强调血缘关系而形成的"家、国一体的政治结构"。此理念及结构所构成的文明路径,深刻影响了以后文明发展史,"是种种复杂的文化现象的基因所在"。梁涛研究儒家道统论,认为作为中国文化主流的儒家学说,既是轴心时代的产物,也是前轴心时期文明的最全面继承者。梁氏说,雅斯贝斯虽注意到"轴心时期"前还有"前轴心时代",但主要还是关注"轴心时期"对之前文化传统的超越与突破,对"前轴心时代"到"轴心时期"的过渡,特别是"前轴心时代"的地位和作用重视不够。梁涛认为,中国文化与西方特别是欧洲的一个最大不同,便是中国不仅有春秋战国时期灿烂的"轴心时期",同时还有尧舜夏商周时期的一个漫长的"前轴心时期"。在尧舜三代基础上,才产生了春秋战国百家争鸣的诸子文化。中国前轴心时期文化积累深厚且未经扰乱、打断,在现实中的活文化含量大。这就导致中国文化发展对轴心时代的依赖,远不如西方。从实际情况看,中国文化的"每一次新的飞跃,不仅需要回到轴心时代,而且也可能需要回到前轴心时代。作为中国文化主流的儒家学说,本身既是轴心时代的产物,同时也是前轴心时代文明的最全面继承者,

---

[1] 陈来:《古代宗教与伦理:儒家思想的根源》,北京:生活·读书·新知三联书店,1996年,第4—12页。

[2] 参见姜广辉:《论中国文化基因的形成——前轴心时代的史影与传统》,载姜广辉主编《中国经学思想史(第一卷)》,北京:中国社会科学出版社,2003年,第61—103页。

因而具有深厚的历史传统和文化积累"[1]。

纵观上述论说,中外学者们大致顺着雅斯贝斯轴心时期时段(公元前800年至前200年,尤其是公元前500年左右的时期),来讨论中国传统文化之起源和特质等相关问题。因而,此时段内诸子思想,尤其是孔子哲学思想内涵,成为学者关注和讨论之核心。沿着雅氏"哲学家的出现""超越性思考"等思路,学者更加关注和凸显"哲学的突破""超越性"这些节点、观念,并试图以之为据,深入阐发中国哲学文化"突破"和"超越"之价值和意义。这些讨论辨析,对于我们深化理解中国传统文化之根源及特质,自然不无启发意义。

但是,稍有传统文化学养的学者不难发现,严格运用轴心时期讲中国文化之基因、根源,总有方枘圆凿之感。深入考察上述诸学者之言,大家似乎也都认同,在雅氏"轴心时期"之前,三代尤其是周代礼乐文化,才是中国文化之根基和源泉:中国"轴心时期"文明,实自"前轴心时期"而来。中国这个"前轴心时期"文明,不是雅斯贝斯那个所谓盲昧无知、有待开化突破至轴心时期的"史前",而是源远流长、郁郁乎文的高等文明(higher civilization)。在运用"突破""超越"理论时,学者们似乎也不能否认,中国之"轴心时期"与"前轴心时期",二者实在是一个因革损益、传承与发展的关系,而非从蒙昧到文明之断裂性的突破与超越。[2]因此,就史实与学理而言,如

---

[1] 梁涛:《儒家道统说新探》,上海:华东师范大学出版社,2013年,第71—73页。

[2] 比如,史华慈引述部分学者之见,以为《论语》中儒者视野,确以一种彻底保守的途径,确立了一种"固定的秩序"(established order)("The Age of Transcendence," 1975, p. 3)。陈来的观察是:春秋战国之精神"飞跃",实与三代尤其是西周思想存在着因革损益的关联,"中国古代文明演进的一大特色是文明发展的连续性"。(《古代宗教与伦理:儒家思想的根源》,1996年,第4页)余英时则明确指出:"中国在轴心时期及其后都一直凸显出历史的连续性。'突破'是出现了,但是并非与突破前的传统完全断裂。"(《论天人之际:中国古代思想起源试探》,2014年,第88页)

果还要顺着雅斯贝斯轴心时期理论内核思考中国思想文化之根源和特质问题，真正意义上中国思想文化之轴心时期，不应是雅氏所确立的春秋战国时期。

诚如许倬云所见，西周已经确立了中国文化的"基因"。接续此洞见并加以发明之，我们可以说，此"周文"（the Zhou culture）载之于"让传统固定下来"的"六经"，西周"郁郁乎"礼乐"周文"，乃是孕育孔子及诸子思想的根源。借用雅氏轴心时期理论核心要义，中国文化的基因和"轴心"可具体名之曰"周文轴心"（the axial Zhou culture）。

二、"周文轴心"

雅斯贝斯之"轴心"诸内涵中，最为关键的观念是：人类敢于将内在自我与整个宇宙相比照，在自身之中发现超越于个体自我与世界之上的根源。帕森思颇具只眼地观察到，中国传统思想被置于一系列经书之中。经书中的传统以体系化和圣典化形式，产生了完备且极具特色的关于宇宙秩序、人类社会、物质世界的观念。与古希腊、以色列、印度相比，中国"轴心时期"的"哲学突破"最不激进（least radical）。[1] 帕氏之见说明，中国远在诸子时期（雅氏所谓轴心时期）之前，即已在经学中实现了"轴心"突破。因此经学"轴心"的存在史实，中国的轴心时期必须向东周以前推进。

认识中国传统思想文化之根源、基因，无疑只能基于历史传承物。就全体而言，历史传承物非传世文献一种，遗物、遗迹等亦是传统文化重要载体。但就思想文化发展进程之具体作用而言，传世文献，尤其是经典文本、权威文本（authoritative text），无疑才是一以贯之形

---

[1] Philip Rieff (eds.), *On Intellectuals: Theoretical Studies Case Studies* (New York: Doubleday, 1969), pp. 6-7.

塑传统思想文化之主流和根基。中国传统思想文化之经典权威文本，无疑是以"六经"及其所衍生出的整个经学文献体系为主体。雅斯贝斯及诸时贤论中国的"轴心时期"，要以孔、老、墨、庄等子学溯源立说。但基于历史学与文献学的基本事实，东周诸子思想发源于载之于"六经"的中国上古思想，中国传统思想文化之"轴心""基因"，无疑是"六经"而非诸子。基于此中国上古思想文化之实情，本著作将以经学内容为主体，修正雅斯贝斯及诸学者以东周诸子哲学厘定中国"轴心时期"之论。[1]

---

[1] 20 世纪末，张光直基于其多年考古研究工作经验，深入思考了中国历史经验与西方社会科学理论的普适性问题。他预言，中国研究能在社会科学上做重大的一般性贡献，"社会科学的 21 世纪应该是中国的世纪"。

在张光直看来，由于西方学者对东方历史知识的贫乏，过去一两百年西方社会科学里所有法则、规律，都是根据西方历史经验归纳综合出来的。当中外社会科学家自然地把西方理论套在中国史实上时，实际已"有一个很重要的成见，便是西方社会科学所提供的法则能适用于全人类，包括中国历史在内。其实，这个前提是需要证明的，不宜无批判地接受下来的"。张氏相信，中国有着以"二十四史"为代表的庞大历史记录，加之逐渐积累起的史前史考古材料，其中"一定会蕴藏着对人类文化、社会发展秩序、发展规律有重大启示作用，甚至有证实价值的宝贵资料"。随着中西学者相互理解之深入，"中国史料中潜伏的重要意义一旦被社会科学者认识并且加以利用，中国历史一定成为许许多多研究题目集中利用的宝库"。因此，张氏有"21 世纪是社会科学的中国世纪"一说。

张光直进一步以为："要把中国史的这种潜力发挥出来，我们需要做三件事：深入研究中国史料、尽量了解学习世界史和深刻了解各种西方社会科学理论，有了这三个条件我们才能看得出来有哪些西方社会科学理论能适用于中国史，有哪些理论需借中国史实加以修正，以及从中国史实中可以归纳出来哪些新的社会科学理论、法则。"（本注张光直之见，参见张光直《中国青铜时代》<北京：生活·读书·新知三联书店，1999 年，第 484—487 页>）

张光直上述洞见，对于我们思考中国哲学之"哲学效度"问题，探究中国传统博大精深的经学与西方哲学之间的关系，增强中国思想文化原创性，等等问题，皆有着重要启示作用。一以贯之的中国传统思想经学主体的特殊性，决定了蕴含无比丰富经学礼义资源的中国哲学，可能对世界哲学做出自己独特的贡献。本著作"周文轴心"等论说，便是试图给上述张氏之说做一个不成熟的注脚。

（一）经学中的"周文"与"文德"

1. 经学是"周文"礼乐之学

承载着中国传统思想文化基因的经书，其主体内容是上古文化集大成的周代文化——"周文"。三皇五帝，坟典杳渺，固不必论。夏商二代"文献不足征"，亦无从深究。述古而论，唯"六经"承载上古文献之遗。基于对邃古及夏商二代文化之因革损益，"六经"所备载者，不外乎郁郁乎周代文化——"周文"。具体观之，《易》《礼》《乐》[1]《诗》《书》《春秋》，莫不为"周文"之学：《周易》乃周代之《易》；《仪礼》为周公制作（取郑玄说。又，贾公彦《仪礼疏序》云："《周礼》《仪礼》，发源是一，理有终始，分为二部，并是周公摄政大平之书"[2]）；《诗》以周之风雅颂为根本内容；《书》又名《周书》，讨论典谟，归宗周之史观；《春秋》"据周经以正褒贬"（孔颖达语），"上以遵周公遗制，下以明将来之法"（《春秋左传·序》）。显然，舍"周文"将无以见"六经"。

清儒章学诚发明"六经"实为"周文"之史实，尤为明晰。章氏云："六艺皆周公之政典，故立为经"[3]，"六经之文，皆周公之旧典"[4]。章氏又云："六艺非孔氏之书，乃周官之旧典也。《易》掌太卜，《书》藏外史，《礼》在宗伯，《乐》隶司乐，《诗》领于太师，《春秋》存乎国史。夫子自谓述而不作，明乎官司失守，而师弟子之传业，于是判

---

[1]《四库全书总目》"乐类"叙云："大抵乐之纲目具于《礼》，其歌词具于《诗》，其铿锵鼓舞传在伶官。汉初制氏所记，盖其遗谱，非别有一经为圣人手定也。"（永瑢等：《四库全书总目》上册，北京：中华书局，1965年，第320页）可见，在四库馆臣看来，《乐》原本就没有专经。

[2]《十三经注疏》整理委员会整理《十三经注疏·仪礼注疏》上，北京：北京大学出版社，2000年，第1页。

[3] 章学诚：《文史通义》，上海：上海古籍出版社，2008年，第31页。

[4] 章学诚：《校雠通义通解》，上海：上海古籍出版社，2009年，第75页。

焉。"[1]"六经皆周官掌故：《易》藏太卜，《书》、《春秋》掌于外史（掌三皇五帝之书、四方之志），《诗》在太师，《礼》归宗伯，《乐》属司成。孔子删定，存先王之旧典，所谓述而不作。故六艺为经，群书为传。"[2] 章学诚上述洞见，深发"六经"不出于"周文"之意，可谓不刊之论。至于《周礼》载周公治平之迹，《春秋》"三传"及《孝经》深发从周之志、礼教伦常之行，《礼记》《论语》《孟子》要为发明周礼礼义之作，《尔雅》释"六经"之言词而已。要言之，"六经"而至"十三经"，壹是皆以"周文"为本；经学也者，"周文"之学也。

《礼记·乐记》云："周道四达，礼乐交通。"[3]《汉书·礼乐志》开宗明义道："'六经'之道同归，而礼乐之用为急。"[4]"六经"周文之实际内容，要不出礼乐之学。要言之，《易》明天地礼乐之道，为礼义之大本；《诗》乃乐教；《书》频见三代之礼；《周礼》《仪礼》《礼记》（《孝经》[5]）完备呈现了礼仪、礼义之全体大用；《乐》为礼乐之教；《春秋》及其"三传"，本之礼义以定是非褒贬；《论语》《孟子》时时处处不无礼义、礼仪之辨说。源于经学之"四书"（传统所谓孔子、孟子、子思、曾子等"四子"），其根本，也不过是在表述"四子"礼义之论而已。[6]

---

[1] 章学诚：《校雠通义通解》，上海：上海古籍出版社，2009年，第2页。

[2] 同上书，第144页。

[3]《十三经注疏》整理委员会整理《十三经注疏·礼记正义》下，北京：北京大学出版社，1999年，第1139页。

[4] 班固：《汉书》第四册，北京：中华书局，1962年，第1027页。

[5]《四库全书总目》"孝经类"叙曰："今观其文，去二戴所录为近，要为七十子徒之遗书。使河间献王采入一百三十一篇中，则亦《礼记》之一篇，与《儒行》《缁衣》转从其类。"（永瑢等：《四库全书总目》上册，北京：中华书局，1965年，第263页）《孝经》可以单篇成经，实由于在血缘宗法社会中，孝道具有无与伦比的重要性。如四库馆臣之见，就《礼记》编纂义例而言，《孝经》本可当作《礼记》中之一篇。

[6] 在《四库全书》编纂体例中，"四书"已被列入经部。本著作因仍其说。

因此，就本质内容而言，"周文"经学，实为礼乐之学。

2."文德"是"哲学突破""内在性超越"最为重要的概念

如前所述，雅斯贝斯"轴心"的另一个核心意涵，是人在自身之内发现了超越于个体与宇宙之上的根源，产生了历史上被不断思考的范畴。帕森思所谓人类"哲学突破"的重要表现，便是有了明晰的概念性认识。经学是礼乐之学，乐法天、礼法地；而礼乐经天纬地之大德、总德，便是"文德"[1]。经学中无处不在的"文德"，全然包括了雅、帕二氏之"轴心"及"突破"意涵。

余英时再三强调，中国轴心时代突破是孔子以"内向超越"形式，将"天命"与"礼"收进个人"心"中，以"仁"为"礼之本"，对"礼"重新予以哲学的阐释，从而实现了中国的"哲学突破"及"中国第一次精神觉醒"。实际上，孔子"仁德"之前，早有源远流长、其来有自的西周"文德"进入个人"心"中，作为"礼之本"，全然实现了余氏所谓"内向超越"。

如果说"周文"的外在表现是《周礼》《仪礼》所载之礼仪文物典章制度，那么，"文德"便是"周文"礼乐哲学性意涵的最为集中的"内在超越性"的概念表述。据《尚书》所载，尧舜禹时期，便以经纬天地之"文德"治理天下。延至周代，历代君主皆重"文德"，更是将"文德"发扬光大至极：所谓"文"之"九德"（《左传·昭公二十八年》）、谥"文"之"六德"（《逸周书·谥法解》）等，大大丰富了"文德"内涵。而在《左传》《国语》中，随处可见以"文德"为美德之言说。《国语·周语下》总论"文德"，曰：

夫敬，文之恭也；忠，文之实也；信，文之孚也；仁，文之爱也；义，文之制也；智，文之舆也；勇，文之帅也；教，文之

---

[1]《周易·文言》专论乾、坤二卦，便是对天地"文德"的充分解释。

施也；孝，文之本也；惠，文之慈也；让，文之材也。[1]

韦昭注曰："文者，德之总名也。"[2]可见，"文德"是包含敬、忠、信、仁、义、智、勇、教、孝、惠、让等十一种美德之总称。此十一义，皆为文德之"别行"（韦昭语）。其中，"仁，文之爱也"一语更说明，在孔子之前，"仁"是包含在"文"之中的一种德行而已。[3]

如果顺着"内向超越""哲学突破"意涵推演，中国哲学的"轴心突破"，在远早于孔子"仁德"之前的"文德"即已实现。此"文德"，发端于尧舜禹时期，至周代臻于完备，并贯穿整个中国传统社会，成为德之总名。可见，不待孔子"仁礼一体"之所谓"新说"，至迟在西周，内含"经天纬地"之意的"文德"，早已将外在的天移入人的内心，此"内在超越"远先于孔子取得了"高度的成功"。"济济多士，秉文之德。"（《诗经·周颂·清庙》）如果说"周文"文献载体是"六经"的话，那么其关于宇宙人生的概念性的高度概括及其"内在性超越"，便是"六经"无处不载之"文德"。此周普完备之"文德"，是中国传统文化之心、"周文"之心。

3. 通过经学诠释以返本开新，是中国哲学史的根本特点

雅斯贝斯"轴心"论说的另一个重要内容，便是人类文化创新的重要特点，便是通过不断地回到轴心，通过唤醒"轴心"，被其点燃，来实现人类文明的新的腾跃。雅氏这一"轴心"内涵，在中国哲学思想史中，显著地表现为中国历代哲学家之思想创新，都是不断地回到

---

[1]《国语》，上海师范大学古籍整理研究所点校，上海：上海古籍出版社，1998年，第96页。

[2]同上。

[3]按：《孔子家语·弟子行》载："孔子之施教也，先之以《诗》《书》，而道之以孝悌，说之以仁义，观之以礼乐，然后成之以文德。"可见，孔门之教，远法先王四教，而最终归宗于成就"文德"。

"六经""周文"以返本开新。[1]

纵观中国哲学思想发展史,实为"六经""十三经"及其诠释学之历史。[2] 衰周之际,面对礼崩乐坏之现实,孔子删述"六经",阐发礼义,倡言忠信,表彰传统"文德"中之"仁"德。孟子根本《诗》《书》,辟杨墨而法王道、道性善、举仁义。至于荀卿整理"六经"深发礼义,董仲舒原本《公羊》发"大一统"之义,皆欲于礼乐崩坏之

---

[1] 姜广辉说:"在中外思想史上有一个值得注意的现象:尽管思想在不断进步和发展,但在形式上却一次次表现为原典的回归运动,以致西方有人说:一部西方哲学史,不过是对柏拉图的诠释。实则这种现象在中国思想史上表现得更为典型,我们有理由认为,一部中国思想史,不过是对六经的诠释。"(姜广辉主编《中国经学思想史(第一卷)》,北京:中国社会科学出版社,2003年,第32页)姜氏又云:"回归原典,返本开新,这是古代思想文化发展的一个带有普遍性的规律。从中国思想史来看,每一次新的思潮都表现为对先前思潮的一种矫正,表现为一种向原典的回归。""这里有一个有意义的问题值得思考,即对那些看似无多少哲学内涵的儒家经典本文中,怎么会生发、创造出后世一个个博大思精的哲学体系来?毫无疑问,这与其说是一种诠释,不如说是一种创造。经典文本对创造的方向既起规范和限制的作用,同时又是其创造灵感的源泉。"(姜广辉:《新思想史:整合经学与子学》,载汪中江主编《新哲学(第一辑)》,郑州:大象出版社,2003年,第109—110页)

中国传统思想文化一以贯之的根本原典,无疑是"六经"("十三经"是"六经"扩充版)。中国哲学思想之所谓"回归原典,返本开新",或远或近,从来都是根源并围绕着"六经"的诠释而展开的。姜氏之见,大体正确地道出了"六经"占据中国思想史核心内容之史实,并大致说明了回归原典以返本开新这一中国哲学思想史最为重要的形式特点。

[2] 张岂之总结中国思想史特点,终曰:"中国思想史重经学形式,许多思想家们托圣人而立言,通过注解经书来阐述自己的思想,很少独立地发表自己的见解。因此,中国思想史和经学史有密切的联系。"(张岂之主编《中国思想史》,西安:西北大学出版社,1993年,第5页)张岂之特别注重"五经"在中国传统文化经典中的价值与地位。他说:"五经""是古代人文精神最初最重要的文字载体。此后中国思想文化的演进往往采取注解'五经'的形式出现。因而古代人文精神的阐述,在很多时候都披着'五经'的外衣。"(张岂之:《中华人文精神》,

际,重整礼义。至于朱熹编订《四书》、整理礼经[1],于《易》著《本义》《启蒙》,于《诗》有《集传》,终命蔡沈作《书集传》,远绍儒家道统,近承北宋五子,严于判"二教"异端之说,深发存天理去人欲之经义。深究可见,朱熹以经学注疏工作,奠定了其后儒教社会之思想根基和范式。数大儒而外,历代儒先贤达哲学观念之表述,无不是以经学为本,通过经书注疏的形式展开。

经学注疏体例甚夥,要言之,不过疏通与发明二途。述而不作者"我注'六经'",激而为论者"'六经'注我",总不出"六经"以立说。职是之故,"周文轴心"确立了中国思想文化之"基因"(许倬云语)、"基线"(余英时语),自孔子之后,历来中国哲学思想史中之哲学创新,其最为重要的特点,便是在礼乐"崩坏"(韦尔)之后,数大儒针对时代问题,基于当时学术资源,以经学注疏形式不断回到"六经"这一"周文轴心",从而"返本开新"地给经学礼义以新的创造性解释与运用。"六经""周文"及其全体注疏学内容,无疑是整个中国传统思想文化根本、命脉、核心之文本所在。

(二)周公与"周文"

"有孤寂的哲学家的出现",是雅斯贝斯"轴心"意涵的重要内容。冯友兰也强调,有无哲学家私人著述,是判断有无"正式哲学"的标准。以二人论点反观"周文轴心",即是如何理解前孔、老时代之中国上古哲学家,以及"六经"的作者问题。

西安:西北大学出版社,1997年,第17—18页)陈来指出:"儒家具有一个不依赖最高存在者权威的经典体系和以此为基础的精神传统。这个以经典解释为基本形式的精神传统同时具有世界上最长久的连续性。与世界上另外几支大的精神传统相比,这是一个极为特殊的历史文化现象。"(陈来:《人文主义的视界》,南宁:广西教育出版社,1997年,第69页)可见,经学及其诠释学传统,是中国传统思想文化最为重要的特征。

[1]朱熹晚年编纂卷帙浩繁的《仪礼经传通解》,凡一百三十余万言,至死方休。

自邃古以至于三代，中国哲学始终与政治密切关联。如高-谢著所呈现的那样，自伏羲、神农以至尧、舜、禹、汤、文、武、周公，凡出任为国家元首者，"率旷世之大哲，必贯通宇宙万物之理，知人民安乐之原，且能作器利用，垂之久远。盖一时比德量能，更无以加乎其上，而后为天人之所归，以践天子之位。故中国上古政治，哲学之政治也；其统治之元首，即哲学之巨子也"[1]。如此看来，中国的上古哲学家身兼政治领袖与哲学家身份，诸圣贤皆有德有位，堪当柏拉图氏之所谓"哲学家王"（philosopher king）。至于"六经"所载之文物典章制度及上古"先王之道"，虽不必为诸"哲学家王"私人亲著，要为辑录其制作之功、论说之言而成。要之，中国上古诸"哲学家王"，即是载之于"六经"中的制礼作乐、阐发礼义道要的"作者"。以此观之，远在孔子之前的上古，即有"哲学家王"群体实现了"哲学突破"。

周公制礼作乐建立"周文"之极则，以一人而系天下万世之重，实为"周文"之创制者。钱穆指出，为后世所称道的尧、舜、禹、汤、文、武，虽皆为人文历史中的杰出人物，但其人其事，传说色彩常胜于纪实，其历史活动仅可称为中国古史的"圣话"，不可视为当时之"信史"。上述诸圣在中国古史中的真实地位和影响力，属于氏族性、集团性、地区性的"一种自然的演进"，尚未跃进达于"因个人之动力而影响历史之时代"。钱氏明言："今若论人物个性之在历史活动中，明显居有主动地位，而此等历史，又确可视之为信史者，就中国古史言，其人其事，皆当自周公始。"[2] 钱穆强调，春秋战国诸子学术非

---

[1] 谢无量编辑《中国哲学史》，上海：中华书局，1916年，"第一编下"第104页。

[2] 钱穆：《中国学术思想史论丛（卷一）》，合肥：安徽教育出版社，2004年，第83页。

骤然而起，实来源于数百年前之周代文化。中国古代文化之渊源，孔子学术之由来，皆在周公；以周公为代表的殷末周初之文化，涵养了春秋战国文化。

钱氏进一步接续日本人林泰辅《周公与其时代》之工作，博考详察周公其人、其事、其学，以见周公思想学术之规模、梗概。其中，"礼乐之制作"一节，略述周公述修先王之功德、礼仪，行其礼、奏其乐，且推其旨意而实习之、广大之，成有周一代之大典。周公制礼作乐，"于一代治绩，发扬其前古未有之光辉者，实在于此"。[1] 钱穆又稽考周公学术思想之大概，说明周公生于文学极盛时代，又从事前古未有之政治活动，师事文王、虢叔等父兄、时贤，其学问既有读书习文又多实地智德之研修。以《诗》《书》而论，周公所作诗篇，不在少数（如《文王》《清庙》等）；而记周公言行最可信据者，莫如《尚书》之《金縢》《大诰》《康诰》等数篇。此外，《周官》《仪礼》《尔雅》，古来称为周公著作。

依高-谢著、钱穆如上叙论，并比照雅斯贝斯、冯友兰之标准，显而易见，作为"哲学家王"之代表、经学著作的"作者"，周公确实堪当中国哲学家之首出者。以"信史"中出现"哲学家"这一切实可征的标准来看，中国哲学史至迟可以从周公算起。

作为"有德有位"的"哲学家王"，周公更是以制礼作乐之政事实践，确立了"周文"的全体大用，从根本上奠定了中国传统文化之制度与典礼根据。王国维在《殷周制度论》中指出，殷周之间的变革，是"旧制度废而新制度兴，旧文化废而新文化兴"之大变革。周人制度大异于商人者，在于其所创始的"立子立嫡之制""庙数之制""同姓不通婚之制"。此三种制度由周公手定，"皆周之所以纲纪天下"的制度。由是制度，乃生"经礼三百、曲礼三千"之典礼。由此制度与

---

[1] 钱穆：《周公》，北京：九州出版社，2011年，第70页。

典礼治理国家，则天子、诸侯、卿、大夫、士各奉其制度、典礼于上，而庶民受其风化于下，于是上下"有恩以相洽，有义以相分，而国家之基定，争夺之祸泯焉"[1]。周公制作之本意与周代文化之所以为"文"者，皆出于亲亲、尊尊、贤贤、男女有别之天下通义，旨在"纳上下于道德，而合天子、诸侯、卿、大夫、士、庶民以成一道德之团体"。[2] 周之制度、典礼为道德之器，二者皆为道德而设，此为周人为政之精髓。殷周之兴亡，实乃有德无德之兴亡。王国维说，中国政治与文化之变革，莫剧于殷周之际。周公手定之制度与典礼，皆为安国家、定民人之大计，"万世治安之大计"。其遂行、利益于后世，为百王不易之制，影响中国传统思想文化，至为深远。

钱穆《周公与中国文化》将周公制礼作乐之最大贡献，归结为其创立封建、宗法、井田等三种制度。在钱穆看来，融合此政治、伦理与经济三者，方成就治道、治体。而三者之中，封建与宗法二制尤与中国传统文化密切关联。周初周公之封建制，尊周室为共主，以周天子为中心而建诸侯，使得天下定于一统。其精义在乎尚礼治，不尚集权而尚分权，使政治渐进于一统。自周公以下，中国才有政治、制度之封建一统，此为周公对中国古史之一"绝大贡献"。周公定宗法之要义，实为确立社会伦理、政治伦理，使得政治制度俯就于社会伦理而存在，使得中国传统文化实属于社会、政治伦理而不属于宗教信仰。周公定宗法，使得政治一统的根柢，于是在下而不在上，在伦理而不在权力。因此，以孝悌为核心的家庭伦理，成为中国社会伦理之根基。同时，封建之统一，最终落实于文教之统一：天下一家、中国一人。钱穆道："周公制礼作乐之最大最深义，其实即是个人道德之确立，而

---

[1] 王国维：《观堂集林（外二种）》上，石家庄：河北教育出版社，2001年，第301页。

[2] 同上书，第288—289页。

同时又即是天下观念之确立也。"[1]《大学》"三纲领八条目"之体系骨骼及精神，皆自周公创封建、定宗法而具有其规模；而"自天子至于庶人，壹是皆以修身为本"之论，示人以道德伦理前无贵贱、高下之"人道平等之大义"。周公明举文王为周室受命之王，表明周之受天命，在乎文王之文德、文治，而不在于武王之武功。此周公修德受命、制礼尚文之意，成为之后儒家天人合一、论政大义所在，亦为中国传统文化之主要观点。周公制礼作乐，继承当时的历史传统而加以创新，其主要工作不啻创建一种新的政治制度，使得中国文明灿然大备，为后世所遵循。

总而言之，周公集三代及"周文"之大成而发展之，确立了中国传统文化之范式基础与文化根基。周公德位兼备，其制礼作乐之深远"政统"影响，已如上言。此外，周公在儒学"道统"中，亦享有崇高地位。举其要者言之，如：孔子、孟子、荀子等儒先皆师法并尊崇周公[2]；韩愈道统说，又以孔子为周公之嫡传；等等。实际上，唐代之前，周公被尊为儒学"元圣"，与孔子并称，在儒学道统中有着不可或缺的重要性。于上可见，无周公无"周文"。作为"哲学家王"的周公及其创制的"周文"礼乐，对中国传统思想文化有着根本而长久之影响。

（三）子学的"周文"根柢

1. 诸子之说，要不出"六经""周文"之范围

东周以降，诸子之说蜂起，然深究其实，诸子共同的文化渊源，

---

[1] 钱穆：《中国学术思想史论丛（卷一）》，合肥：安徽教育出版社，2004年，第86页。

[2] 唐代杨倞曰："盖周公制作之，仲尼祖述之，荀孟赞成之，所以胶固王道，至深至备。"（《荀子》上，长春：吉林出版集团，世德堂刊本，2010年，第6页）可见，当我们以礼乐王道为核心内容梳理先秦儒学脉络时，周公信为儒学、儒家之"元圣"。

不离乎礼乐"周文",同出于"六经"经义。《庄子·天下》开宗明义区分了"道术"不同于"方术",曰:"天下之治方术者多矣,皆以其有为不可加矣。古之所谓道术者,果恶乎在?"梳理上古道术之传后,其文曰:

> 古之人其备乎!配神明,醇天地,育万物,和天下,泽及百姓,明于本数,系于末度,六通四辟,小大精粗,其运无乎不在。其明而在数度者,旧法世传之史尚多有之。其在于《诗》《书》《礼》《乐》者,邹鲁之士搢绅先生多能明之。《诗》以道志,《书》以道事,《礼》以道行,《乐》以道和,《易》以道阴阳,《春秋》以道名分。其数散于天下而设于中国者,百家之学时或称而道之。天下大乱,贤圣不明,道德不一。天下多得一察焉以自好。譬如耳目鼻口,皆有所明,不能相通。犹百家众技也,皆有所长,时有所用。虽然,不该不遍,一曲之士也。判天地之美,析万物之理,察古人之全,寡能备于天地之美,称神明之容。是故内圣外王之道,暗而不明,郁而不发,天下之人各为其所欲焉以自为方。悲夫!百家往而不反,必不合矣!后世之学者,不幸不见天地之纯,古人之大体。道术将为天下裂。[1]

在庄子一派看来,上古道术之全,统天地万物,无所不在;化育人物,厥功至伟。"道术"载于史传典籍,尤以"六经"备载道术运行之迹,合观之,可见此道术之全体大用。及乱世,诸子百家之学,偏得道术之遗风,各用一曲而不能会通,以其好欲自为"方术",上古道术之全,于是郁暗不明而至分离。《汉书·艺文志·诸子略》以

---

[1] 郭庆藩辑《庄子集释》第四册,北京:中华书局,1961年,第1065—1069页。

"诸子出于王官"说绪论百家渊源。其论曰:诸子之说,其言虽势同水火,实相灭亦相生,相反而皆相成。百家推阐其说,各有长短,然合其要归,"亦'六经'之支与流裔"。诸子之道,同归殊途、一致百虑,若能修"六艺"之术,而观诸子之言,舍短取长,则可以通万方之略。于上"天下""汉志"述论可见,子学之本源,皆在于"六经";相较于"道术"渊薮之"六经",诸子"方术"实不过偏得支流而已。

章学诚祖述并进一步发挥"天下""汉志"之说,以为"道体无所不该,六艺足以尽之","战国之文,其源皆出于六艺"。章氏详尽申论此主旨,曰:

> 诸子之为书,其持之有故而言之成理者,必有得于道体之一端,而后乃能恣肆其说,以成一家之言也。所谓一端者,无非六艺之所该,故推之而皆得其所本;非谓诸子果能服六艺之教,而出辞必衷于是也。老子说本阴阳,庄、列寓言假象,《易》教也;邹衍侈言天地,关尹推衍五行,《书》教也;管、商法制,义存政典,《礼》教也;申、韩刑名,旨归赏罚,《春秋》教也;其他杨、墨、尹文之言,苏、张、孙、吴之术,辨其源委,挹其旨趣,九流之所分部,《七录》之所叙论,皆于物曲人官,得其一致,而不自知为六典之遗也。[1]

依章氏之见,诸子之学固非一定服膺"六经"、礼乐、"周文"之教,但就其学术渊源而言,舍"六经"周文所该载之道体,诸子之学将成无源之水、无本之木。可见,先秦诸子之学,会其旨归,确乎为"六经"之支裔流别而已。

---

[1] 章学诚:《文史通义》,上海:上海古籍出版社,2008年,第19页。

2. 孔子是一个"周文"的存在

孔子生于鲁国,此地"宝文王之书,遵周公之典","周礼尽在鲁矣"[1]。孔子幼陈俎豆,终生以克己复礼为念,遭困厄,"累累若丧家之狗"而不去周礼。矢志周文,自信"如有用我者,吾其为东周乎!"[2] 专精周道,竟言"甚矣,吾衰也!久矣,吾不复梦见周公"[3]。晚年归鲁,孔子知周道难行,于是删述"六经",发明"周文"。丘固讨论坟典、追迹二代,然其曰:"夏礼吾能言之,杞不足征也。殷礼吾能言之,宋不足征也。文献不足故也,足则吾能征之矣。"[4]"殷因于夏礼,所损益,可知也;周因于殷礼,所损益,可知也。其或继周者,虽百世,可知也。"[5] 可见,其时夏商二代因文献不足,已难以为继,而周礼因革损益二代之礼,彼时虽衰而未坠于地。孔子生长于鲁国,周文备具,礼乐斯盛。孔子慨叹:"周之德,其可谓至德也已矣。"[6]"文王既没,文不在兹乎?"[7] 又云:"周监于二代,郁郁乎文哉,吾从周。"[8] 又对高足颜渊道:"克己复礼为仁。一日克己复礼,天下归仁焉。"[9] 于上可见,孔子对于"周文",真可谓念兹在兹,终生不去。其"周文"事业之落实,便是所谓"删述'六经',垂宪万世"。概言之,孔子所删、定、约、赞、述者,郁郁乎之"周文"

---

[1]《十三经注疏》整理委员会整理《十三经注疏·春秋左传正义》下,北京:北京大学出版社,1999年,第1173、1172页。

[2]《十三经注疏》整理委员会整理《十三经注疏·论语注疏》,北京:北京大学出版社,1999年,第234页。

[3] 同上书,第85页。

[4] 同上书,第33页。

[5] 同上书,第23—24页。

[6] 同上书,第107页。

[7] 同上书,第113页。

[8] 同上书,第36页。

[9] 同上书,第157页。

也;"周文"者,备载于"六经"之周礼"斯文"也。可见,孔子所以为孔子者,"六经"也,"周文"也。

(四)"周文轴心"

根据《四库全书》等正统观念下的经典权威文献所述,整个中国传统思想文化之根本内容,无疑是以"六经"为核心之经学[1]。如前所述,"六经"实质内容之"周文"礼乐,是整个中国传统之思想文化基因、内核,先秦诸子思想脱胎于"六经""周文",孔子思想更是以"周文"为旨归。"周虽旧邦,其命维新。"(《诗经·大雅·文王》)整个中国传统思想学术史,其发展之大要,不过是不断地返回"六经""周文"之本以求其新命之历史也。经典文献以外,传统金石学"佐经证史",征实不诬地说明了传世文献中"周文"确乎存在、所言不虚。而近代以来中国考古发现,更以持续不断的地下"科学"新发现(尤其是青铜礼器的出土和研究)证明:在上古中国所谓西周"青铜时代",千真万确有一个"郁郁乎"之"周文"存在。[2] 以"二重证据法"观之,礼乐"周文"不能为假、绝非虚文。所有的历史传承物皆证明:唯"六经""周文"承载着中国传统思想文化之基因、命脉与核心,不断地回到"周文""返本开新"是中国文化一直保持其

---

[1] 按照四库馆臣之见,"自'六经'以外立说者,皆子书也"。在《四库全书》中,包括儒家为首的诸子之学,及中国传统道教、佛教之"外学"重要典籍,皆被安排在"子部",以为经史正学之"旁资参考"与"鉴戒"。(四库馆臣之说,见《四库全书总目》上册＜永瑢等,北京:中华书局,1965年,第769页＞)

[2] 从考古发现看,商代青铜器就数量、器型种类、精美程度而言,并不比周代差,有时甚至更好。(参见李济《殷墟青铜器研究》、容庚《商周彝器通考》《殷周青铜器通论》等著作)因此,仅从考古发现的青铜礼器而言,商代亦可当得起"郁郁乎文"。但是,孔子时代,夏商二代即已"文献不足征"。更重要的,自西周以降,整个中国传统思想文化之根本经典淘为"六经""周文",而非其他。商"文"郁郁,最多是当今考古发现中的美好追忆,从未如"周文"般在中国五千年文明史中发挥过主导作用。

独特性和延续性最为重要之根本原因。[1]

进言之，承载"周文"之经学礼乐，其发祥地故在周岐、长安，因而不可避免地有其地域性。然而，经也者，"恒久之至道，不刊之鸿教"，究竟不过"天下之公理"，非一人一地所可得而私之。[2]礼乐之教，外礼仪而内礼义，"人之所以为人者，礼义也"[3]，礼乐备载"经天纬地"之大文，即旨在成就人之所以为人者而已。是故礼教也者，"固不限于为一姓一宗之私而已"（钱穆语）。就此经学、礼乐实质内容及功用而论，"周文"实非"小邦周"地域性知识而已。郑玄解《周易》之"周"云："《周易》者，言《易》道周普，无所不备。"[4]承此旧说，并以中国传统思想文化史史实观之，"周文"之"周"，一则言其发祥于西周故地，再则申言"六经"经义、礼乐教化"周普完备"之普世大用。

---

[1] 现代以来的中国考古发现，尤其是前三代时期的考古发现，可以从所谓"科学实证"新视角，丰富我们关于中国历史特别是上古史的认知。"满天星斗"（苏秉琦语）的"前三代"考古遗存，乃至整个中国考古学成就，固然也可以用地下考古发掘，来接近并辅助说明中国传统思想文化起源及其发展历史。但是，总体而观，就中国历史发展史实而言，西周以下以至清末，在中国传统思想文化中发挥主导作用的，是传世经典文献（而非彼时不知何处的上古遗存），尤其是经史类正统意识形态文献，其中最为核心的部分，便是经学所载"周文"。自上古以讫清末一以贯之的整全"周文"经学，而非近代以来持续的考古断片发现，才是中国传统思想文化之主体、根本和灵魂之所在。

[2]《文心雕龙·宗经》道："经也者，恒久之至道，不刊之鸿教也"。（刘勰：《增订文心雕龙校注》，北京：中华书局，2012年，第27页）《四库全书总目·经部总叙》曰："经者非他，即天下之公理而已。"（永瑢等：《四库全书总目》上册，北京：中华书局，1965年，第1页）

[3]《十三经注疏》整理委员会整理《十三经注疏·礼记正义》下，北京：北京大学出版社，1999年，第1614页。

[4]《十三经注疏》整理委员会整理《十三经注疏·周易正义》，北京：北京大学出版社，1999年，第8页。

许倬云已经认识到了"周文"作为文化的普世意义。他说，西周时期常被视为中国文明之根源。小而有力的周人在取得政权后，宣称自己是壮丽的文化及政治程式的合法管理者。周人发展出庞大的封建系统，确立了传统宗法制的结构，提出了诸如"天命"这样的意识形态观念。实际上，中国许多意义重大的制度，皆产生于西周。此外，最显著的是，在公元前11世纪，被周人称作"中国"（中心王国），或曰"华夏"的建立。"'中国'（*Chung-kuo*）这个概念，同时将'中国'（'China'）定义为一个城邦，一个国家，以及一种文明，从而使得'中国'具备'普世城邦'（'universal state'）之资格。公元前八世纪，周王室政治统治力衰落。然而，'周文'（the Chou culture）从政治衰败中存活了下来，依然是中国文明的基础。"[1] 就"周文"的普世性问题，杜维明也有其洞见。他说，孔子思想中的"郁郁乎文哉，吾从周"，这里的"周"既有很具体的历史内涵，"又有一种在哲学上能够普遍化、规律化的潜力"。"克己复礼"的观念，一般都被理解为复周礼。而在杜氏看来，这个观念的深层含义，"也表达了这样的感受：人所创造的文化是有价值的"。[2]

"周道如砥"（《诗经·小雅·大东》），"大道甚夷"（《老子》）。在告别蔑弃传统之"疑古"态度，纠正既往中国哲学研究"子学路径"的偏狭之后，未来中国哲学创新，应当回到"周文"之大道上来。鉴古知今，欲求中国哲学之"旧邦新命"，当遵循"周文轴心"所展现的历代圣贤儒先所实践了的"返本开新"之正途。具体而论，未来中国哲学研究，当以时下亟须解决的时代思想文化问题为导向，以融贯

---

[1] Cho-yun Hsu and Katheryn M. Linduff, *Western Chou Civilization* (New Haven: Yale University Press, 1988), "Introduction," p. 17.

[2] 参见杜维明：《杜维明文集》第一卷，武汉：武汉出版社，2002年，第330—331页。

古今中西为视域,回到"六经"所载之"周文轴心",创新以经学为核心内容之研究方法论,以期"返本开新"、涅槃重生,开创出中国哲学无限美好之未来。

第三章　中国诠释学的理论建构

创建以经学为主体内容，以诠释学为方法论的"中国哲学诠释学"范式（the paradigm of Chinese philosophical hermeneutics），是今后"以中化西"地重建兼具"中国效度"与"哲学效度"，从而学理合法的中国哲学研究值得探索的重要方向。中国哲学的"中国效度"主体存诸经学。总体而观，经学史实乃经学及其注疏学史。以"六经"及其注疏为主体的中国传统经学文献，呈现出以各种体例、格式，从不同层面诠释经之特点。事实上，释道"二教"及诸子学之文献，最终也从形式上呈现出经典及其注疏的总体特点。因此，欲研究中国传统思想文化之真髓及其现代化问题，必须围绕经典及其诠释问题来展开。

《剑桥哲学词典》将"诠释学"定义为关于解释的技艺和理论之学，又是一种发端于解释问题的哲学类型。纵观诠释学发展史，作为一种哲学形态的"哲学诠释学"，实际上与解经学、古典学、语文学密切关联。全体而观，具有根柢的、完备的哲学诠释学，是从研究文本的整理、解读、理解和解释的理论与方法出发，进而达到对人的本体性认知与实践之哲学。[1]由于文本诠释之可公度性，类比不难得出

---

[1] 西方诠释学及其发展历史的一般性介绍，参见潘德荣《西方诠释学史》（第2版，北京：北京大学出版社，2016年）、潘德荣《诠释学导论》（桂林：广西师范大学出版社，2015年）、洪汉鼎《诠释学：它的历史和当代发展》（修订

结论：以经学诠释问题为主体内容的中国哲学创新，可以通过探索建立"中国诠释学"（Chinese hermeneutics），从而"以中化西"地运用西方诠释学方法与理论，来实现其中国固有思想现代化之学科宗旨，并借之以落实中国哲学的"哲学效度"。

当下海内外皆有学者从事"中国诠释学"的理论建构工作。其中，傅伟勋"创造的诠释学"、成中英"本体诠释学"、刘笑敢"定向诠释学"、黄俊杰"中国诠释学的三个面相"、林安梧"造乎其道的诠释学"、汤一介"创建中国的解释学"、潘德荣"德行诠释学"、洪汉鼎"一种普遍的经典诠释学"等论说，分别从中西哲学的不同视角，展开了创建中国诠释学理论的各种可能性。可以说，创建中国诠释学，代表着当下中国哲学界的一个重要研究方向。[1]

版，北京：中国人民大学出版社，2018 年）、洪汉鼎《当代西方哲学两大思潮（下）·诠释学转向：哲学诠释学导论》（北京：商务印书馆，2010 年）、洪汉鼎主编《理解与解释——诠释学经典文选》（修订本，北京：东方出版社，2006 年）、张汝伦《意义的探究——当代西方释义学》（沈阳：辽宁人民出版社，1986 年）、高宣扬《解释学简论》（香港：三联书店，1988 年）等。英文西方诠释学概论性重要著作，包括 Gayle L. Ormiston and Alan D. Schrift (eds.), *The Hermeneutics Tradition: From Ast to Ricoeur* (Albany: State University of New York Press, 1990), Gerald L. Bruns, *Hermeneutics Ancient and Modern* (New Haven: Yale University Press, 1992), Richard E. Palmer, *Hermeneutics: Interpretation Theory in Schleiermacher, Dilthey, Heidegger, and Gadamer* (Evanston: Northwestern University Press, 1969), Josef Bleicher, *Contemporary Hermeneutics: Hermeneutics as Method, Philosophy and Critique* (London: Routledge & Kegan Paul, 1980), Kurt Mueller-Vollmer (eds.), *The Hermeneutics Reader: Texts of the German Tradition from the Enlightenment to the Present* (New York: Continuum International Publishing Company, 1985), Jeff Malpas and Hans-Helmuth Gander, *The Routledge Companion to Hermeneutics* (London/New York: Taylor & Francis Group, 2015), Niall Keane and Chris Lawn (eds.), *The Blackwell Companion to Hermeneutics* (John Wiley & Sons, Inc, 2016)，等等。

[1] 创建中国诠释学的学术史考察，参见笔者"以诠释学为视域的中国哲学文献学研究"项目的阶段性成果《未来中国哲学导论》（西安：西北大学出版社，

一、以诠释层次、本体论为主的中国诠释学研究

从中国哲学研究一般方法论及本体观念出发的哲学研究，代表着中国哲学界既往中国诠释学相关研究的主流方向。作为中国诠释学的发端，傅伟勋"创造的诠释学"确立了中国诠释学层次理论（level theory）的学理根柢和理论框架。傅氏之后，刘笑敢"定向诠释学"、林安梧"造乎其道的诠释学"，展现了诠释学层级理论的解释力，进一步探索了中国诠释学方法论的若干特点，深化了"创造的诠释学"理论。成中英"本体诠释学"，从"最哲学"的本体观念入手，试图建构一个融汇中西本体观念的创造性、诠释性、本体性的人文主义诠释学，代表着中国诠释学哲学探索的另一个主要进路。

（一）傅伟勋"创造的诠释学"

1976年，傅伟勋（1933—1996）在《中国哲学季刊》发表英文论文《创造的诠释学：道家的形而上学与海德格尔》，正式提出了创新中国哲学研究方法论的"创造的诠释学"（creative hermeneutics）观念，并以该理论"五个辩证的步骤"（five dialectical steps）之方法论，辨析了老子哲学思想的深层意涵。[1]此文的发表，标志着以诠释学理

2018年，第175—211页）。关于中国学术界诠释学研究的全景式考察，参见李清良、张洪志《中国诠释学研究40年》（《中国文化研究》2019年第4期）。2020年年初，洪汉鼎在《中国社会科学》2020年第1期发表论文《诠释学的中国化：一种普遍性的经典诠释学构想》。同年年底，《浙江社会科学》（2020年第12期）和《天津社会科学》（2020年第6期）分别开辟专栏，召集诠释学研究专家，笔谈"何谓中国诠释学"以及讨论"经典诠释学研究"。还有傅永军、牛文君主编论文集《诠释学的突破：从经典诠释学到德行诠释学》（上海：华东师范大学出版社，2022年）。这些皆可看作创建中国诠释学的最新学术进展。

[1] Charles Wei-Hsun Fu, "Creative Hermeneutics: Taoist Metaphysics and Heidegger," *Chinese Philosophy* 3 (1976): 115-143. 按：傅伟勋1972年开始初步思考"创造的诠释学"相关问题（参见 Charles Wei-Hsun Fu, "Lao Tzu's conception of

论资源为主,创新中国哲学研究方法论的"中国诠释学"之诞生。此后,傅伟勋又先后在《创造的诠释学及其运用——中国哲学方法论建构试论之一》(1990年)、《学问的生命与生命的学问》(1994年)、《现代儒学的诠释学暨思维方法论建立课题——从当代德法诠释学争论谈起》(1994年)等著作中,进一步完善及深化了"创造的诠释学"理论。

傅伟勋以十七年的功力精研西方哲学及其历史,然后回归中国哲学,以期创新中国哲学方法论研究。在他看来,中国哲学研究要提高其"哲学"性,必须建构起如西方哲学般齐全、无瑕、严密、明晰的高层次中国哲学方法论。"创造的诠释学"之理论意旨(theoretical intention),便是"专为缺乏高层次的方法论反思的中国思想传统,设法建构有高度适用性的一种方法论尝试"[1]。"创造的诠释学"凡分实谓、意谓、蕴谓、当谓、必谓(或曰创谓)等五个层次,分别涉及对原思想家或原典之校勘考证、语意分析、梳理历史内涵、把握深层义理、理论创新等"五个辩证的层次"(five dialectical levels)。这五个层次之间的关系,既有实谓、意谓、蕴谓之"依文解义",以求原典客观意义,又有当谓、必谓(或曰创谓)之"依义解文",对原典及原作者的批判性继承及创造性发展。"创造的诠释学"之创造性,最显著地表现在诠释者经受时代考验和严格的理论思维自我磨炼,进行各大思想传统的"创造性对谈"(creative dialogue),并以创造性思维(creative thinking)和独具的诠释学洞见,通过推广、深化、修正等

Tao," *Inquiry*, 1973, 16: 1-4, 367-394)。1974年12月6日,傅伟勋在哥伦比亚大学教授俱乐部宣读论文"Creative Hermeneutics: Taoist Meta- physics and Heidegger",正式提出了"创造的诠释学"。(参见傅伟勋:《从创造的诠释学到大乘佛学:"哲学与宗教"四集》,台北:东大图书公司,1990年,第1页;傅伟勋:《从西方哲学到禅佛教:"哲学与宗教"一集》,台北:东大图书公司,1986年,第402页,注3)

[1] 傅伟勋:《从创造的诠释学到大乘佛学:"哲学与宗教"四集》,台北:东大图书公司,1990年,第12页。

形式，突破原典思想家教义，最终成为"足以建立一家之言的创造性思想家"[1]。

傅伟勋以极大的理论创新勇气和学术想象力，将英美日常语言分析、现象学、存在主义分析、哲学诠释学等西方哲学理论资源，与中国传统考据之学、义理之学以及大乘佛学方法论加以融会贯通，最终确立了"创造的诠释学"这一中国哲学研究一般方法论（general methodology）理论框架。"创造的诠释学"以"中国本位的中西互为体用"的开放立场、"批判的继承与创造的发展"基本态度和精神，为基于世界眼光、诠释学根柢的中国哲学研究方法论创新，打开了广阔的视野，奠定了坚实的理论基础。[2]

---

［1］傅伟勋：《从创造的诠释学到大乘佛学："哲学与宗教"四集》，台北：东大图书公司，1990年，第348页。

［2］按：傅伟勋"创造的诠释学"全面表述，参见《创造的诠释学及其运用——中国哲学方法论建构试论之一》（载傅伟勋《从创造的诠释学到大乘佛学："哲学与宗教"四集》，台北：东大图书公司，1990年，第1—46页）、《学问的生命与生命的学问》（台北：正中书局，1994年，第220—258页）、《现代儒学的诠释学暨思维方法论建立课题——从当代德法诠释学争论谈起》（载江日新主编《中西哲学的会面与对话》，台北：文津出版社，1994年，第124—152页）。

笔者"以诠释学为视域的中国哲学文献学研究"项目关于傅伟勋"创造的诠释学"的研究，参见该项目阶段性成果《"创造的诠释学"与未来中国哲学的创造》（《周易研究》2019年第3期，第104—112页）。学界既往对"创造的诠释学"理论得失的相关研究，参见景海峰《从傅伟勋看当代中国哲学辩证的开放性》（载深圳大学中国文化与传播系主编《文化与传播（第五辑）》，深圳：海天出版社，1997年，第128—152页）、景海峰《中国哲学的现代诠释》（修订本，北京：人民出版社，2018年）相关章节，刘昌元《研究中国哲学所需遵循的解释学原则》（载沈清松主编《跨世纪的中国哲学》，台北：五南图书出版公司，2001年，第77—98页）和吴根友、欧崇敬、王立新主编《中国哲学的创造性转化》（昆明：云南人民出版社，2004年）相关论文，刘笑敢《诠释与定向——中国哲学研究方法之探究》（北京：商务印书馆，2009年）相关章节，李聪《傅伟勋哲学思想研究》（长春：吉林人民出版社，2011年）相关章节。

"创造的诠释学"之诠释学层次理论,已经涉及了原典、原作者、诠释者等诠释学三要素,并初步探讨了三者之间的关系。将"五谓"层次类分为"依文解义"与"依义解文"两种诠释方向,实质上是对诠释学循环在诠释活动中作用的理论探索,更内在地具有融贯方法论诠释学与哲学诠释学的理论可能性。

(二)刘笑敢"定向诠释学"

通过探索经典诠释的两种定向(orientation)、进路(approach)及其四个层次,刘笑敢提出了"定向诠释学"这一中国哲学研究方法论。

进入"简明的实验室条件",刘笑敢以王弼注老、郭象解庄为典例,揭示了中国诠释传统中,以经典诠释方式进行哲学体系建构的两种"诠释定向"。①"纯文本定向"的诠释:趋向历史和文本原义为主的历史的、文本的诠释定向。这是一种"顺向诠释"诠释:在不违背原作基本方向的前提下,拉开哲学"新时代的帷幕",创造全新哲学体系的"文义引申式诠释"。王弼《老子注》堪为其典例。此种诠释定向,亦可名之曰"我注'六经'"(或曰"郭象注庄子""注庄""拟构")。②"纯表现性定向"的诠释:是面向当下和未来,以构造、抒发新见为主的当下的、应用的、创新的"自我表现式"诠释定向。如郭象《庄子注》所现,此种诠释表面上借助于"庄生之旨"的外衣,而实际上变幻出了一个与庄子哲学基本基调、风格、方向完全不同的"哲学奇葩",进而将新时代哲学推到一个新的高峰。此种"逆向诠释"定向,亦可名之曰"'六经'注我"(或曰"庄子注郭象""论庄""创构")。[1]

---

[1] 按:两种定向详尽比较,参见《诠释与定向——中国哲学研究方法之探究》"第二章 古今篇——'六经注我'还是'我注六经'?";简要列表说明,参见"关于两种定向的一般表述"及"关于两种定向的各种表述"。(刘笑敢:《诠释与定向——中国哲学研究方法之探究》,北京:商务印书馆,2009年,第62—63页)

刘笑敢进一步指出，"中国的哲学诠释传统的典型形式是以经典诠释的方式进行哲学体系的建构或重构，这一方式包含着'客观'地诠释经典的'原义'和建立诠释者自身的哲学体系的内在矛盾和紧张"[1]。两种诠释定向，从形式上看是冲突的、相反的、无法合一的，但在实际诠释过程中，两种诠释取向却可能在不自觉的情况下，以不同的偏重"混融"、统一在同一部诠释著作、同一个诠释过程之中。因此，"我注'六经'"之纯文本诠释定向与"'六经'注我"之纯表现性定向，实际上是同一诠释过程中同时存在的两种定向或进路。简言之，诠释过程实际是一个过程两种定向。[2]

借助傅伟勋"创造的诠释学""五谓"层次理论，刘笑敢又将两种诠释定向细分为四个诠释学层次。其中，文本性定向的诠释工作，也可称为客观的、历史的取向，可分为两个层次。第一个层次类似于"实谓"层次，是通过训诂、考据，可靠地理解文本历史条件、语言条件及文本内容。该层次不是诠释工作的层次，但提供了诠释工作的必要工具和学术基础。第二个层次约略相当于"蕴谓"层次，是经典诠释工作的主体部分。该层次遵照文本历史背景和文本内容，通过对文本意义的解说、引申、开掘和发展，追求对文本最深刻的理解和最可靠的解释。

纯表现性定向的诠释工作，体现了诠释者的创造性，属于个人表现性定向，或曰现实性取向，亦可分为两个层次。第三个层次约略相当于"当谓"层次。诠释者根据现实需要及个人特殊立场，对经典的意义做出修正、补充、引申、发展甚至改造，从而提出"一般的新思想、新观念"的创造性诠释。第四个层次类似于"创谓（必谓）"，是

---

[1] 刘笑敢：《诠释与定向——中国哲学研究方法之探究》，北京：商务印书馆，2009年，第31页。

[2] 参见上书，第135页。

诠释者通过拟构、创构（包括顺向创构、逆向创构）方式解释经典，从而建构起自己新的思想体系创造性诠释。第三、四两个层次的区分很重要。"因为借经典注释和诠释提出新思想、新观念是常见的现象，而借助注释和诠释建立新的思想体系则是少见而难以成功的，在现代学术体系下，这样做更容易受到质疑。"[1]古代传统亦可进行现代尝试，现代人借用经典诠释来建构新的思想体系，并非没有可能性。

"定向诠释学"两种定向、四个层次理论，对于我们进一步深入研究中国传统经典诠释的方法论特点，尤其是对我们深入理解中国哲学"创造性解释"之学理本质，以及深化中国诠释学层次理论，不无裨益。

（三）林安梧"造乎其道的诠释学"

林安梧"造乎其道的诠释学"，是同时包含"方法学"及"存有学"的中国诠释学架构。就"方法学"一极而言，林氏讨论了"言、构、象、意、道"等五个诠释层级及其相互关系；"存有学"一极与五层级密切关联，分别是"存有的执定""存有的彰显""存有的根源"等"存有三态"。[2]具体来说，第一个层次"言"，是句子层面的解释；第二个层次"构"，是通过把握句子之间逻辑结构而进行的解释；第三个层次"象（想象的发挥）"，是通过图像性的"想象的交汇"，进

---

[1]刘笑敢：《诠释与定向——中国哲学研究方法之探究》，北京：商务印书馆，2009年，第313页。

[2]按：林安梧"造乎其道的诠释学"相关论述，参见林安梧《人文学方法论：诠释的存有学探源》（上海：上海人民出版社，2016年）、《关于中国哲学解释学的一些基础性理解——道、意、象、构、言》（《安徽师范大学学报（人文社会科学版）》2003年第1期）、《"道"、"经典"与"诠释"——"经典诠释"的存有学探源》（《学术月刊》2014年第6期）。林氏最近将"造乎其道的诠释学"进一步推进为以存在为本位，以"道论"为核心展开的"道论诠释学"。（林安梧：《〈易经〉现象学与道论诠释学刍论——以王弼〈明象〉与"存有三态论"为中心》，《周易研究》2020年第2期，第5—16页）

入一种总体的结构性的理解；第四个层次"意"，是通过心灵的指向，而达到的一种深层体会；第五个层次"道"，是通过证悟、体悟，达到与道"浑合为一"的"无言之境"。根植于《老子》"道生一，一生二，二生三，三生万物"说，不可说之"道"是"存有的根源"，"意""象"是"存有的彰显"；"言""构"是"存有的执定"。诠释的五个层级渐次上升，整个诠释过程，"要能够穿过语句的遮蔽，进入结构性的把握；穿过结构的藩篱，进到一种图像的相遇；穿过图像本身的遮蔽（它也有另外的遮蔽），进到心灵意象的体会；再由这里回到道的契悟，一层一层地向上"[1]。诠释活动不能停留在"言"（语句）、"构"（结构）的层次，而是要"得意忘言、以意逆志、志通于道"。达于"道"才是诠释的最终目的，因此，林氏将其诠释学命名为"造乎其道的诠释学"。

以"我注'六经'"与"'六经'注我"为视角，"造乎其道的诠释学"讨论了文本与诠释者之间的关系。"我注'六经'"是由"言""构""象"较低层级，往"意""道"较高层级的由下而上过程；而"'六经'注我"，则是由"道""意"的较高层级，往"象""构""言"的较低层级的由上而下过程。在"我注'六经'"中，"我"是一个一般经验中的"我"；"注"是"我"将道"贯注"到"六经"里面。而在"'六经'注我"中，"我"是达到了绝对的、至高无上的道体之"我"。由于"我"与"六经"合一于"道"，所以，"我"与"六经"最终都是"道"之"注脚"。[2]

林安梧还讨论了解释的"时间历程次序"与"理论逻辑次序"之间的解释学循环问题。"说明（explanation）"活动是自然科学的外在

---

[1] 林安梧：《人文学方法论：诠释的存有学探源》，上海：上海人民出版社，2016年，第108页。

[2] 参见上书，第107页。

因果的表达，"解释（interpretation）"活动则是人文学科内在理由的阐发。解释活动有两种次序：一种是"训诂明而后义理明"的"时间历程次序"，这种解释活动的重点，在于关注解释活动的"实际行动的进程"；另一种是"义理明而后训诂明"的"理论逻辑次序"，这种解释次序，着重于"内在的契入理解"。上述两种解释次序，实际上是解释活动的"一体的两面"。在实际解释过程中，两种次序处于一种彼此互动的"解释学的循环"之中。

"造乎其道的诠释学"之说，既有"言、构、象、意"之形而下的基础，又有"道"之形而上的终极追求。林氏还以达道之"我"与"六经"融通关系，阐发了具有中国哲学特色训诂与义理之间"一体两面"的"诠释学循环"理论。以"见道"为旨归的"造乎其道的诠释学"，在某种程度上补充了"创造的诠释学"没有明确"诠释学循环"观念及其运用，缺失方法论诠释学与哲学诠释学关系讨论等问题。"言、构、象、意、道""五个诠释的层级"说，暗含着文以载道、学以求道的传统诠释活动的意旨，对我们从诠释者"求道""达道"层次理解创建具有中国特色之诠释学层次理论，具有一定的理论参考价值。

（四）成中英"本体诠释学"

成中英"本体诠释学"（onto-hermeneutics）试图整合西方哲学形而上学、知识论与中国的《易》学、儒学、道学、佛学，通过中西本体与文化间的"循环"，探求人生命的整体意义，从而发展出一种创造性、诠释性、本体性的人文主义。"本体诠释学"基本理论框架是"本体""四个核心范畴"和"五个命题"。"本体"是指"存在即存在发生物；存在发生物即存在发生的本到体的过程及其结果"。[1]"四个核心范畴"是指人的理解与知识或信仰发展的四个基本"性向"：外在性、内在性、外在超越性、内在超越性。本体性表现为内在性与外

---

[1]成中英、杨庆中：《从中西会通到本体诠释——成中英教授访谈录》，北京：中国人民大学出版社，2013年，第352页。

在性的统一（知行合一）、内在超越性与外在超越性的统一（天人合一）。四个"性向"构成了人的本体性（人的心灵活动），建立了人的存在，是人类生命活力所在。

"本体诠释学"之"本体"，是基于人对宇宙自我深切经验而有的一种真实存在。"本体诠释学"因之有"五个基本命题"：①人是本体的存在；②人的本体的存在是一个开放的体系；③语言的出现是沟通的需要，也是理解与诠释的需要；④知识是可能的、客观的，但是知识不应该看作是独立于存在或者本体之外的一个范畴，或者被看作是一个不加诠释的绝对信念或理型；⑤人的本体包含了人文（道德）和科技（知识）两个相面，也就是内在性与外在性两个相面，并在超越层面上导向终极价值中真理与智慧的统一。从"本体"以及"五个命题"出发，"本体诠释学"试图把"四个核心范畴""超融"（transcendental integration）为一个整体，创造性整合中西本体论观念，面对人自身的健全的本体的发展，从"对本体"与"自本体"的进路，形成一个"本体诠释圆环"的理解。成氏意欲说明，"人的存在不只是一个科学理性的存在，也不是被抛的存在，也不是仅仅局限于内在根源性的存在，而是在超融的本体诠释的框架下多元地体现他创造性的自身"[1]。

"本体诠释学"继承了哲学诠释学之形而上学的思考特点，试图

---

[1] 按：上述论述，参见成中英、杨庆中《从中西会通到本体诠释——成中英教授访谈录》（北京：中国人民大学出版社，2013年，第350—364页）。成中英"本体诠释学"理论框架相关论述，还可参见成中英主编《本体与诠释》（北京：生活·读书·新知三联书店，2000年）、《新觉醒时代——论中国文化之再创造》（北京：中央编译出版社，2014年），潘德荣、施永敏主编《中国哲学再创造——成中英先生八秩寿庆论文集》（上海：上海交通大学出版社，2015年），等等。另外，在《从中西会通到本体诠释——成中英教授访谈录》（2013年，第364—373页）一书中，成中英对"经典诠释的哲学审查"颇有启发性论点。而其《易学本体论》（北京：北京大学出版社，2006年）中"论'观'的哲学意义与易的本体诠释"等，可大致看作是"本体诠释学"理论之实践。

以中西哲学比较为视域，从"最为哲学"的本体范畴出发，建构出以形上学存在论为根本，融贯本体论与实践的一种具有人文主义特点的中国诠释学论说。从本体论视角创新中国哲学研究，是当下中国哲学界的一个热点问题。[1]"本体诠释学"从哲学诠释学视角研究本体论的一系列学术洞见，无疑对创建世界视域、中国特色的本体论理论，具有重要的理论启发意义。[2]

二、中国诠释学本质的讨论

20世纪90年代末，汤一介从创新中国哲学理论的视角，明确提出了创建"中国解释学"的倡议。之后，学者们便开始从不同学科视角，研究"中国诠释学"（或名曰"中国解释学""中国阐释学"）方法及其特点问题。[3]在中国诠释学领域，汤一介数论创建"中国解释

---

[1] 如陈来《仁学本体论》（北京：生活·读书·新知三联书店，2014年）、杨立华《一本与生生：理一元论纲要》（北京：生活·读书·新知三联书店，2018年）、丁耘《道体学引论》（上海：华东师范大学出版社，2019年）。陈来、杨立华、丁耘等三位学者虽然进路不同，但都取从"最哲学的"本体论方向探索未来中国哲学理论之创新路径。

[2] 按：大致顺着成中英"本体诠释学"理路的，尚可关注赖贤宗中国诠释学研究。在其《佛教诠释学》（北京：北京大学出版社，2009年）、《意境美学与诠释学》（北京：北京大学出版社，2009年）、《儒家诠释学》（北京：北京大学出版社，2010年）、《道家诠释学》（北京：北京大学出版社，2010年）等论著中，赖氏以海德格尔存有思想以及成中英、贝克（H. Beck）等人"本体诠释学"为主，吸收并发挥了中西哲学家之"本体诠释学"思想资源，通过儒释道与美学诠释学研究，总分理论诠释与实践运用两大部分，展开了"中国诠释学"的"四个面向"，以期建构具有中国特色的诠释学。

[3] 中国诠释学视域的研究成果之外，颇不乏从其他学科视角研究中国诠释学的论著。其中，比较有代表性的论著有周光庆的《中国古典解释学导论》（北京：中华书局，2002年）与周裕锴的《中国古代阐释学研究》（上海：上海人民出版社，2003年）。《中国古典解释学导论》梳理了中华文化经典的形成发展、主题特征、表达特征，论述了中国古典解释学的历史发展、典范体式、语言解释、

学",概要论述了建构中国诠释学的方法及中国传统经典诠释学的特点。黄俊杰团结海内外中国诠释学学者的力量,推进了相关论题的深入研讨。黄氏基于孟子诠释学历史研究,对儒家经典解释学特点"三个面相""两种活动"的概括,也对深化中国诠释学理论研究,具有一定的学术参考价值。

(一)汤一介创建"中国解释学"的构想

1998年至2001年,汤一介先后发表数篇论文,表述了其创建"中国解释学"的设想。[1]汤一介说,中国有着长期丰富的解释经典的传统,并形成了多种不同的经典注释方法,但没有一套将"解释问题"作为研究对象,且与西方有所不同的解释理论体系。今后中国哲学发展,应该自觉系统地研究、利用丰厚的中国传统经典注释资源,来创建中国解释学。创建中国解释学,首先,要很好地研究西方解释经典(特别是《圣经》)的历史,以及施莱尔马赫、狄尔泰的解释学理论及

历史解释、心理解释,讨论了董仲舒、王弼、朱熹、戴震之解释方法论。周光庆试图贯通语言学、历史学、心理学的解释方法,通过研究中国传统文化经典的目的、方法和效果,以期建立起一种富有实践意味的"中国古典解释学"体系。《中国古代阐释学研究》试图用阐释学的视角重新审视中国传统学术,以期追寻中国独有的思维和言说方式。该论著以历史编年为序,按照先秦诸子、两汉诸儒、魏晋名士、隋唐高僧、两宋文人、元明才子、清代学者等七个发展阶段,历时地考察了中国传统经学、玄学、佛学、理学、诗学之不同流派中,关于理解与解释的重要观念及其阐释学理论。

以上两种论著皆能在中国传统固有学术脉络中,大致用一种基于语言学、历史学、文献学、文学根底的视角与方法,对中国传统经典解释的方法论特点进行深入的归纳、总结,进而探索这些方法背后所蕴含的中国特有的思维与言说方式。这种偏重于语言学、文献学的中国传统经典解释学研究,无疑对中国诠释学的理论建构具有重要的参考价值。

[1] 按:汤一介创建中国解释学的思考内容,参见汤一介《思考中国哲学》(北京:中国人民大学出版社,2016年)"建构中国解释学问题"篇目下的论文。

其发展，并以之为建立中国解释学的参照系；其次，要系统梳理中国经典注释史，弄清楚不同解释体例的来龙去脉，同时，还不能忽视文献学分支学科在解释经典中的地位。非但如此，真正的"中国解释学理论"，既运用西方诠释学理论与方法系统研究中国历史上的经典注释问题，又在系统梳理丰富的中国经典注释经验之后，发现与西方诠释学理论及方法重大及根本不同之处，"也许才有可能成为一门有中国特点的解释学理论（即与西方解释学有相当大的不同的以研究中国对经典问题解释的理论体系）"。[1] 汤一介在融贯中西的比较视野中，厘清了创建中国解释学理论的工作步骤、关注重点等问题，无疑为创建中国诠释学指明了方向和路径。

汤一介还具体探索了先秦、汉代、魏晋及佛教经典解释学的解释形式问题。他总结了先秦三种具有"很鲜明特点"的经典注释方式：《左传》对《春秋》的"历史事件的解释"，《系辞》对《易经》的"整体性的哲学解释"，以及《韩非子》的《解老》《喻老》对《老子》的"实际（社会政治）运作型的解释"。汤氏又说，汉儒章句之学颇为烦琐，而且荒诞，是"我注'六经'"；魏晋注解之学言简意赅，且有很高的哲理性，则为"'六经'注我"。佛教汉化的翻译，与解释问题相关。解释佛理，有用中国原来观念"配比"了解外来佛教思想之所谓"格义""连类"；而对无法意译词汇之"音义""音训"，也是因对佛经理解不同而有的不同的解释。此外，汤一介还以僧肇是否注《老子》问题为例，说明了"版本学""目录学""考据学"能够考证材料真伪、判定论断是非，对研究经典注释问题"至关重要"。

汤一介创建中国解释学的倡议、构想及其初步探索，明确了中国哲学学科的诠释学创新性方向及方法论原则。他建构中国解释学的系

---

[1] 汤一介：《思考中国哲学》，北京：中国人民大学出版社，2016年，第321页。

列论说,既有高屋建瓴、指示方向的宏观思考,又以子学及三教的诠释学案例研究,提要钩玄地展现了中国解释学的若干特点及形式。需要特别提出的是,汤一介强调了文献学诸学科对经典注释"至关重要"的作用,无疑对基于文献学基础以创建中国诠释学的学术努力,具有重要的指导意义。

(二)黄俊杰中国诠释学类型的"三个面相"与"两种活动"说

黄俊杰认为:"所谓'中国诠释学',是指中国学术史上源远流长的经典注疏传统中所呈现的,具有中国文化特质的诠释学。"[1]以中国传统孟子学解释史为核心,黄氏考察、分析了历代释孟言论之诠释学意涵,进而概括了儒家经典诠释"具有中国文化特色的诠释学类型"的"三个面相"与"两种活动"。[2]

按照儒学"修己以安人"的义理模式,黄氏将儒家经典诠释类型,细分为"作为诠释者(解经者)心路历程表述的诠释学"(hermeneutics as personal pilgrimage)的"第一个面相","作为政治学的诠释学"(hermeneutics as politics)的"第二个面相",以及"作为护教学的诠释学"(hermeneutics as apologetics)的"第三个面相"。第一个面相,是指解释者通过"融旧以铸新"的注经形式,用个人精神经验来解读经典,从而表述其企慕圣域的心路历程之诠释学。在此面相中,解释者将经典解释与个人生命交织为一,经典诠释成了诠释者个人安身立命的"体验的"(experiential)学问,成了一种"为己之学"。由于解

---

[1]黄俊杰:《孟学思想史论(卷二)》,修订1版,台北:"中央研究院"中国文哲研究所,2006年,第468页。

[2]按:中国诠释学学理探研工作之外,黄俊杰还主持了一系列有关中国及东亚经典诠释传统研究计划,主编出版了《儒学与东亚文明研究丛书》。这些计划及丛书中的相关研究,多以中西文化交流及东亚各地文化互动为脉络,致力于从中国学术史源远流长、内涵丰富的经典注疏传统中,发展出具有中国文化特质的诠释学,期望借此以复兴儒学传统,弘扬中华文化理想,值得称道。

释者常用经典来解释他们精神体验的艰苦历程或心得,经典从而被赋予了"实存的"(existential)意义,不再是博物馆待解剖的木乃伊或"口耳之学"。诠释活动起于解释者与经典之间的主体性之断裂。解释者越深入了解自己,越能"与古人偕行","愈合由于解释者与经典之间的'语言性'(linguisticality)与'脉络性'(contextuality)的断裂所形成的鸿沟,而使古今不断为两橛,而千年如相会于一堂"。[1]因此,建立解释者自我之主体性是诠释的首要工作,第一种类型的诠释学居于三种诠释类型首出之地位。

如果说第一面相诠释学是确立了解释者主体性地位的"修己"之学,那么,第二面相与第三面相可以视为解释者主体性舒展两种表现的"安人"之学。第二面相"作为政治学的诠释学",主要指解释者企图通过重新解释经典,"返本以开新"地对他所面对的社会、政治问题提出解决方案的诠释学。面对复杂的政治世界,经典解释者(classical interpreter)常不质直言之,而是比兴以言,借古讽今,通过经典再诠释的形式提出自己的政论。此面相诠释学,以经典诠释寄寓着解释者经世济民政治理想及其对社会、政治世界的展望,是一种"治道"远多于"政道"的道德学。第三面相"作为护教学的诠释学",指解释者以经典注疏作为武器,通过批驳佛、道二教以"激浊以扬清"的方式,为儒学辩护。在各种思潮强烈激荡的情境中,秉持儒家正统观念的解释者,通过重新解释经典排击"非正统"思想,从而彰显其认同的思想系统之正统性。他们批判"非正统"思想的论说,也是经由解释经典的途径,曲折言之,婉转批驳,以证立己说。

中国诠释学的"三个面相",还可以从"认知活动"与"实践活动"的视角加以理解。"认知活动"是指经典解释者在探索未知思想

---

[1] 黄俊杰:《孟学思想史论(卷二)》,修订1版,台北:"中央研究院"中国文哲研究所,2006年,第478页。

世界的兴趣驱使下，通过经典注释事业所进行各种知识活动。"实践活动"则是指经典解释者将经典注疏视为从观念世界通往行动世界的手段。黄氏强调："中国诠释学的基本性质是一种'实践活动'，或者更正确地说，中国诠释学是以'认知活动'为手段，而以'实践活动'为其目的。'认知活动'只是中国诠释学的外部形式，'实践活动'才是它的实际本质。"[1] 涵盖中国诠释学目的与手段的"实践活动"，兼摄"作为内在领域（inner realm）的实践活动"与"作为外在领域（outer realm）的实践活动"的内外两重含义。"作为内在领域的实践活动"，指经典解释者将经典注疏由指向经典的解释，落实到解释者以自己的精神体验贯穿解释始终，并最终别创新解的过程。这是一种通过经典注疏实践，进行解释者身心修养的"为己之学"。"作为外在领域的实践活动"，则是指经典解释者致力于将其通过经典解释所得之精神、思想的体验及信念，落实于外在文化世界或政治世界之中的活动。"认知活动"中潜藏着"实践活动"所渗透和转化的知识，这种知识与经典解释者的生命活动"绝不析而为二"。因此，中国经典解释学是一种"生命的学问"。中国读书人千百年来"百折不回、生死以之"地从事经典解释，并以经典解释成就了中国诠释学源远流长的传统，彰显了中国文化"生命的学问"之特质。

黄俊杰基于孟子学诠释学历史而阐发中国诠释学的"三个面相"和"两种活动"说，符合儒家"修己以安人"的传统正统认知范式，对于我们从"经典解释者"视角出发，来深入理解和把握中国传统经典解释学之特点，颇有借鉴意义。同时，黄氏将经典解释的"认知活动"最后归结为"实践活动"的"内在领域"与"外在领域"之论说，对于我们从实践视角理解经典解释活动，也颇有启发意义。

---

[1] 黄俊杰：《孟学思想史论（卷二）》，修订1版，台北："中央研究院"中国文哲研究所，2006年，第479页。

三、中国经典诠释学的研究

以诠释学学理观之，经学为主体的中国哲学，实为研究经典诠释问题之学。当下中国诠释学界一个核心问题，便是关注经典观念的诠释学意义，并以儒家经典及其诠释经验为主体，探讨创建中国哲学经典诠释学理论。其中，张隆溪较为全面地梳理了经典的诠释学意义相关理论；景海峰分析了儒家经典诠释的若干特点；潘德荣以经典及其诠释特点为主线，分别讨论了训诂诠释学、经典诠释学、德行诠释学议题；洪汉鼎创建了一种普遍性的经典诠释学构想，全面深入地辨析了建构基于经典诠释的中国诠释学理论要点。[1]

---

[1] 海内外经学诠释学研究，是当下中国诠释学研究值得关注的一条路径。其中，韩德森（John B. Henderson）*Scripture, Canon and Commentary: A Comparison of Confucian and Western Exegesis*（Princeton: Princeton University Press, 1991）和 *The Construction of Orthodoxy and Heresy: Neo-Confucian, Islamic, Jewish, and Early Christian Patterns*（Albany: State University of New York Press, 1998），范佐仁（Steven Van Zoeren）*Poetry and Personality: Reading, Exegesis, and Hermeneutics in Traditional China*（Stanford: Stanford University Press, 1991），顾明栋（Ming Dong Gu）*Chinese Theories of Reading and Writing: A Route to Hermeneutics and Open Poetics*（New York: State University of New York Press, 2005），桂思卓（Sarah A. Queen）《从编年史到经典：董仲舒的春秋诠释学》（北京：中国政法大学出版社，2010年），黄俊杰编《中国经典诠释传统（一）：通论篇》（上海：华东师范大学出版社，2008年）和《中日〈四书〉诠释传统初探》（上海：华东师范大学出版社，2008年），林义正《〈周易〉〈春秋〉的诠释原理与应用》（台北：台湾大学出版中心，2010年），郑吉雄《易图像与易诠释》（上海：华东师范大学出版社，2008年），林维杰《朱熹与经典诠释》（上海：华东师范大学出版社，2012年），等等著作，都可以看作中国哲学学界进行经学诠释学研究的初步成果。

哲学学界之外，杨乃乔提出的中国经学诠释学倡议，也是创建以经学为核心内容的中国诠释学研究者应当关注的内容。将中国传统经学与西方诠释学相结合，杨乃乔明确提出了"经学诠释学"（the hermeneutics of Confucian classics）这一观念。以创建"中国古典学"（Chinese classical studies）为旨归，杨乃乔自觉地基于经典观念的中国诠释学研究进路，逐渐开始关注经学，因而多少具有"中国效度"；又因其以哲学诠释学为方法论，从而兼具"哲学效度"。既往中国经典诠释学研究，虽然学者们自觉不自觉地还是采取了"以西观中"进路，但其在古今中西维度中所进行的创造性解释，与其兼具双重效度的学理一道，深契中国哲学学理本质，是重建

进行着中国经学诠释传统与西方诠释学传统的对话。他所主持的以比较文学为主导视域的研究，即是一种跨越古典学、解经学、经学、诠释学、文学等学术界域的综合性研究。相关研究成果，参见杨乃乔主编《中国经学诠释学与西方诠释学》（上海：中西书局，2016 年）、杨乃乔总主编《比较经学：中国经学诠释传统与西方诠释学传统的对话》（上海：上海人民出版社，2018 年）。杨乃乔本人主要从中西诗学比较视域，以跨学科的学术视野，对以诗学为核心的中国经学诠释学若干问题进行了深入研讨。参见杨乃乔：《比较诗学与跨界立场》，上海：复旦大学出版社，2011 年；杨乃乔主编《比较诗学读本（中国卷）》，北京：首都师范大学出版社，2014 年；杨乃乔主编《比较诗学读本（西方卷）》，北京：首都师范大学出版社，2014 年；杨乃乔：《悖立与整合：中西比较诗学》，福州：福建教育出版社，2018 年。

杨氏"经学诠释学"所要解决的问题是：中国经学诠释学的学理如何影响了儒家文学观念？如何推动了中国文化传统的发展？西方诠释学能为中国经学诠释学提供怎样的学术启示和有效的参照？中国经学是中国诠释学的主脉，中国经学诠释学又是中国古典学的主脉。经学诠释学研究努力的方向，就是要自觉地运用西方诠释学理论，来考察研究隐含在中国经学史上丰沛的诠释学思想，进而尝试着建构起中国经学诠释学的理论体系。这种中国经学诠释学理论体系的建构，意在调整与改写西方诠释学在汉文化语境的适用性，"最终使西方诠释学与中国经学诠释学在整合与会通中生成第三种诠释学。这第三种诠释学在学理的构成上具有走向国际学界的普适主义思想（universal ideology）"（杨乃乔主编《中国经学诠释学与西方诠释学》，上海：中西书局，2016 年，第 5 页）。

杨乃乔所倡导的这种跨越与整合中国传统经学与西方诠释学、古典学、解经学等学科理论资源的中国经学诠释学研究路径，无疑是难度极大的一个学术课题。具体考察其现有理论成果，目前来看也多是初步讨论之作。然而，由于这种致力于中国传统经学与西方诠释学对话中，建构起一种具有普适性、世界性的"第三种诠释学"之理论志向，与创建以经学为核心的中国诠释学的学术努力实属同调，是值得关注和借鉴的学术同道。

学理合法的中国哲学研究方法论的重要理论资源。

(一)张隆溪对"经典"之诠释学意义的梳理

张隆溪对"经典"观念之诠释学理论梳理,对于我们创建以经学诠释为核心的中国诠释学,颇有厘清、发明"经典"诠释学内涵之功。张氏主要通过辨析伽达默尔《真理与方法》中的经典观念,以及梳理、总结杰拉德·布朗(Gerald L. Bruns)、威因显默(Weinsheimer)基于伽氏经典观念的进一步阐发,从总体上说明"经典在诠释学上的意义"[1]。

经典对诠释学(张氏所谓"阐释学")的产生和发展有非常重要的作用。"经典包含了一个文化传统最基本的宗教信仰、哲学思想、伦理观念、价值标准和行为准则,而对经典的评注和阐释则是文化传统得以保存和发展的重要手段,所以讨论经典在阐释学上的意义,在文化研究中很有必要。"[2] "经典"在诠释学上的意义,举其要者有:①自然科学过去的东西很快失去价值和意义,而体现人文传统的经典,代表着文化积累的价值而对现在起积极作用;②经典不仅属于特定时空,它还能克服历史距离,而对不同时代、地点的人说话,经典具有"无时间性";③经典是文化传统的体现,经典文本超越时代及其趣味的变化,成为现在与过去联系的最佳途径;④解释者与经典不是主客

---

[1] 张隆溪关于经典的诠释学意义的讨论,参见张隆溪《经典在诠释学上的意义》(载黄俊杰编《中国经典诠释传统(一):通论篇》,上海:华东师范大学出版社,2008年,第1—10页)。此文修订完善版,参见张隆溪《中西文化研究十论》(上海:复旦大学出版社,2010年,第177—191页)。此外,张隆溪对诠释学基本观念的梳理,尤其是从中国和西方跨文化研究角度,讨论东西方文学阐释学问题的普遍性等研究工作,也是我们欲创建世界眼光的中国诠释学理论,应该加以关注的内容。参见张隆溪《阐释学与跨文化研究》(北京:生活·读书·新知三联书店,2014年)、《中西文化研究十论》(2010年)、《道与逻各斯》(南京:江苏教育出版社,2006年)。

[2] 黄俊杰编《中国经典诠释传统(一):通论篇》,上海:华东师范大学出版社,2008年,第1页。

体关系，而是相互对话的参与式关系；⑤经典不是静态的纯粹的过去，不是与解释者无关的外在客体，经典在长期的历史理解中，随时作为当前有意义的事物而存在；⑥经典概念本身必然带有价值判断的成分，经典具有教化作用；⑦经典的权威与影响，绝非来源于非理性的盲从，而恰恰有赖于理性的判断和认识；等等。张隆溪述论和引申的诠释学经典理念，对我们以经学主体内容来研究中国诠释学，有着重要的参考和借鉴作用。

（二）景海峰的儒家经典诠释研究

景海峰中国诠释学研究，主要围绕着诠释学与中国哲学、儒家哲学的关系问题展开。以儒家经典为讨论核心，景氏阐发了中国哲学经典诠释学的若干要点：①儒学史即儒学经典诠释史，儒学在很大程度上是诠释学；②儒家经典诠释分三个阶段，即以汉代经学为代表的"以经为本的时代"，以宋儒《易传》《四书》诠释为核心的"以传记为中心的时代"，以及以清代实学、考据学、今文经学为主要表现形式的"走向多元的时代"；③儒家经典诠释有经、传记、注疏、义理等四个层次之分，其中经为核心，传、记为辅翼，注解、章句、义疏则是"锦上添花"；④儒家经典解释有"以传解经"与"以经解经"两种诠释路径。经的形成过程以及经传之间的关系是十分复杂的，"以经解经"不是语文学意义上的，而是一种通过体悟理解经义，进入经的"理境""意境"当中的解释，等等。尤可关注的是，景海峰借助伽达默尔教化观念及罗蒂（R. Rorty）"教化哲学"思路，批判性反思启蒙理性的认知模式，试图通过强调教化观念的人文性，来彰显并发掘儒家经典之教化本质及其现实出路。[1]

---

[1] 景海峰上述观点，参见如下著作相关部分：景海峰《中国哲学的现代诠释》（修订本，北京：人民出版社，2018年），景海峰、赵东明《诠释学与儒家思想》（上海：东方出版中心，2015年），景海峰《经典诠释与当代中国哲学》（北京：商务印书馆，2016年），景海峰主编《经典、经学与儒家思想的现代诠释》（北京：人民出版社，2015年）。

景海峰关于儒家经典诠释体例及其方法论的探研,以及对儒家经典教化作用的关注,为我们进一步深入探索以经学为核心内容的中国诠释学理论创新,积累了宝贵的理论经验。景海峰将经学置于儒学研究之核心位置,并以诠释学方法及视域为主导,重新反思儒家哲学之内容和形式。这种带有中国哲学范式转化意味的儒家哲学研究理路之转变,促进了汤一介倡导的以建构中国解释学来实现中国哲学研究创新的学术事业。[1]

(三)潘德荣创建经典诠释学的构想

潘德荣精研诠释学,对西方诠释学的历史及学理,知之甚详。与此同时,从20世纪90年代初期至今,潘德荣也一直关注并思考创建中国诠释学的问题。[2]潘氏不仅明确提出创建中国诠释学是当代学者的任务,更站在人类诠释学发展的理论高度,以经典及其诠释问题为核心,先后提出并讨论了训诂诠释学、经典诠释学、德行诠释学等三

---

[1]景海峰促进儒学研究的经典诠释学研究进路转向的学术努力,还可参见其主持召开的"'经典、经学与儒家思想的现代诠释'国际学术研讨会",及其主编的会议论文集《经典、经学与儒家思想的现代诠释》(北京:人民出版社,2015年)。此次会议及出版的论文集,汇聚了海内外当代儒学及中国哲学研究一时之选人物,也包括洪汉鼎、何卫平等从事西方诠释学研究的学者。会议及论文集广泛深入地研讨了经典、经学的诠释学问题,有力地推动了儒学及中国哲学研究的经典诠释学之创新转向。

[2]潘德荣先后出版有专著《文学与诠释》(德文版,1999年)、《诠释学导论》(桂林:广西师范大学出版社,1999年,2015年)、《文字·诠释·传统——中国诠释传统的现代转化》(上海:上海译文出版社,2003年)、《西方诠释学史》(北京:北京大学出版社,2013年第1版,2016年第2版)。此外,他还有译著《诠释学》(理查德·E.帕尔默,北京:商务印书馆,2012年),主编与诠释学有关的论文集《本体与诠释——贺成中英先生70寿诞论文专辑》(上海:上海社会科学院出版社,2005年)、《中国哲学再创造——成中英先生八秩寿庆论文集》(上海:上海交通大学出版社,2015年)。

种中国诠释学观念，为中国诠释学的理论创新做出了突出贡献。[1]

1. 训诂诠释学

通过发明中国传统训诂学的诠释学意涵，潘德荣揭示了中国经典诠释学的若干特点。①西方是注重理解过程中倾听的"语音中心论"，因而发展出了伽达默尔的"倾听哲学"；中国是突出理解过程中"观"的作用的"文字中心论"，于是产生了成中英"观的哲学"。②中国传统训诂学只相当于西方的"注经学"，而不能视同为"诠释学"。但是，在训诂学中，"方法论与本体论已隐含于理解的过程之中。训诂所依据的不仅是技术性的规则，它最深层次的基础乃是本体论意义上的'世界观念'"[2]。③解析训诂实践，可见中国解释传统的方法论具有"意义整体圆融性""循环性""意义的流动性与增长性""模糊性""实用性"等五个主要特点[3]。④《易经》之经典诠释，孕育了中国传统诠释的三个主要特征："解释的辩证性"（其中，"对偶性""运动性""转化性"是辩证性质的三个特点），"解释的应用性"（《易经》解释是对卦象置于特殊场景的应用解释），"解释的价值性"（解释者对文本的解释，旨在阐明其信仰的价值体系、行为规则和社会规范）。[4]

2. 朱熹诠释学思想考辨

朱熹的经典诠释思想，展示了中国诠释传统在理解与解释方法论上的若干特征。①诠释的根据，是以解释经典原义为宗旨。②诠释方

---

[1] 笔者"以诠释学为视域的中国哲学文献学研究"项目关于潘德荣创建中国诠释学的深入研究，参见王宝峰《潘德荣创建中国诠释学的探索》（载傅永军、牛文君主编《诠释学的突破——从经典诠释学到德行诠释学》，上海：华东师范大学出版社，2022年，第20—35页）。

[2] 潘德荣：《文字·诠释·传统——中国诠释传统的现代转化》，上海：上海译文出版社，2003年，第32页。

[3] 参见上书，第60页。

[4] 同上书，第63—77页。

法论原则,在于对经典文本语言文字解释的"句法",与超越语言、基于读者体验的"心法"之间的"理解循环"。③经典诠释的目标,是掌握文本原义(meaning)、作者原意(intention)及读者所悟之义之"一体化三重目标"。④理解经典的部分及其整体内容,须经过从"无疑"到"有疑"再到"无疑"的循环。⑤经典理解的实现,在于理解中的所有因素都圆融和谐,从而达到对"理"的整体理解。

在潘德荣看来,朱熹作为"中国的施莱尔马赫",其诠释学思想和做法,表现出了中国诠释学传统侧重于理解与解释实践活动等特征。虽然朱熹没有构建出一套系统的诠释学理论体系,但其诠释思想中的真知灼见,已经相当深入地探讨了西方诠释学的一系列重要问题。朱熹有诠释学价值的思想,"对于我们建构中国现代的诠释理论体系有着不可忽视的启迪意义"[1]。

3. 以道德价值为导向的中国经典诠释学

潘德荣指出,在理解与解释问题上,中西诠释学本体论及方法论的最大区别在于:现代西方诠释学表现出其道德价值取向的缺失,而在中国诠释传统中,则以价值取向为其核心和基础。基于此见解,潘氏试图以建构"经典诠释学"(the classic-hermeneutics)的形式,来创建和发展出一种植根于中国诠释传统,而又可能贡献于世界诠释学的中国诠释学理论。

经典及其诠释,无疑是道德价值导向诠释学的真正着力点。经典是"文本中的范本","人类智慧之树上结出的硕果"。经典是文化集体自我意识之核心,对塑造民族精神起着至关重要的作用;经典及其解释的历史,是贯穿于一个民族精神传统形成及发展的主线。经典在建构精神世界中具有典范性功能,并对人们的思维与表达方式产生深

---

[1]潘德荣:《文字·诠释·传统——中国诠释传统的现代转化》,上海:上海译文出版社,2003年,第110页。

刻影响。从诠释学意义上来讲，解读一般文本所需技术层面的东西，均可包含在经典诠释理论中。更加重要的是，经典诠释包含了被社会认同的道德和价值取向。因此，以价值取向为核心的诠释学理论，最终就应当是一种经典诠释学理论。

潘德荣的经典诠释学，致力于以道德价值为导向，在中国传统经典诠释经验与西方诠释学理论比较研究视域中，整合出一种融合本体论诠释学与方法论诠释学的"新型诠释学"。当代西方诠释学中，本体论诠释学与方法论诠释学始终处于一种对峙的状态，这阻碍了诠释学的发展。经典诠释学将通过中西不同诠释理念之综合反思，以期在一个更广阔的视野中整合及安顿二者，从而解决本体论诠释学与方法论诠释学之间的对峙，从而促进整个诠释学的发展。潘德荣特别强调，在贝蒂（Emilio Betti）之后，西方诠释学方法论理解理论裹足不前，而中国解经传统的诠释经验，将会对推动诠释学方法论提供重要思想资源与动力。因此，以经典诠释为根本的中国诠释学体系之建构，"对于作为整体的诠释学必然是一种重大的贡献，也会成为西方诠释学家所借鉴的思想资源"[1]。

4."德行诠释学"：中国诠释学及诠释学新探索

顺着创建以道德价值取向为核心的"经典诠释学"来弥补西方诠释学道德价值取向缺失的致思方向，潘德荣近来又将中国传统的"德行"观念与亚里士多德、伽达默尔之"实践智慧"相互融合，进一步提出了"德行诠释学"（De-Xing ＜Arete＞ hermeneutics）新说。[2]

---

[1] 潘德荣：《西方诠释学史》，第2版，北京：北京大学出版社，2016年，第524页。

[2] 潘德荣"德行诠释学"的具体论说，参见潘德荣《"德行"与诠释》（《中国社会科学》2017年第6期）、潘德荣《德行诠释学》（《中国社会科学报》2016年4月26日）、袁文斌和潘德荣《关于德行与诠释的对话》（《陕西师范大学学报（哲学社会科学版）》2019年第2期）。

"德行诠释学"是继方法论诠释学与本体论诠释学之后的一种新型诠释学,"是一种以'实践智慧'为基础、以'德行'为核心、以人文教化为目的的诠释学"[1]。潘德荣注意到,自孔子"删述'六经'"活动开始,中国诠释学就具有鲜明的"立德""弘道"的价值导向性,是一种以阐发"德行"、伦理教化为主旨的诠释活动。孔子所确立的围绕"教化-伦理目的"的诠释活动影响后世甚巨,构成了中国传统诠释活动的本质特征。以诠释"立德"是中国诠释学的根本取向和任务,也是中国诠释学明确不同于西方诠释学之处。因此,中国诠释学就是一种"德行诠释学"。

在西方诠释学中,与孔子的"德行"诠释理念最为相近的是亚里士多德和伽达默尔的"实践智慧"(Phronesis)。实践智慧是诠释学的核心范畴,它直接引导实践,指向"德行"。这一观念真正实现了诠释学的理论与实践的相统一,对于推动诠释学的价值取向具有决定性意义。伽达默尔虽然强调了诠释学的实践特质,却忽略了实践智慧的价值导向问题。潘氏提出"德行诠释学",旨在通过融贯孔子"德行"诠释学观与西方诠释学的"实践智慧"理念,来弥补伽达默尔这种理论不足,进而开创整个诠释学的新途。在兼具理论与实践意义的"实践智慧"理念及注重价值引导的"德行"观念引导下建构"德行诠释学",一方面可以借此以实现中国诠释学的"自我塑造"与"自我升华",另一方面可以解决西方诠释学发展的困境,开拓人类诠释学的新方向。因此,以"德行"为核心的中国诠释学的建构,就是要给现代诠释学一个价值的坐标。以取自中国的"德行"诠释观念所建立起来的中国诠释学,同时也是一种具有世界性意义的新型诠释学。

在中西比较视域中创建"训诂诠释学""经典诠释学""德行诠释学"的构想,将创建中国诠释学的学术努力,纳入了开创世界诠释学

---

[1] 潘德荣:《"德行"与诠释》,《中国社会科学》2017年第6期,第41页。

新格局的视野中考察,大大拓展了中国诠释学及中国哲学研究的格局和境界。不难看出,经典及其价值,是贯穿于潘德荣三种诠释学创新观念的核心内容,而融贯方法论诠释学与本体论诠释学以成就经典之人文教化功能,则是其经典诠释学之实际旨归。

(四)洪汉鼎"一种普遍性的经典诠释学构想"

洪汉鼎熟稔西方诠释学,精研伽达默尔哲学诠释学。以严格的西方哲学诠释学为视角,他对中国诠释学与西方诠释学的关系以及诠释学的中国化问题,提出了诸多重要见解。近年来,以西方诠释学中国化为其学术使命和任务,洪汉鼎开始重点关注中国经典诠释学问题。将中国经学注释经验与当代西方诠释学资源相结合,洪汉鼎提倡以经学现代化为出发点,建构一种沟通古今中西,既不同于中国传统经学又高于西方诠释学的普遍性经典诠释学。[1]

---

[1] 按:洪汉鼎翻译了伽达默尔《真理与方法》(台北:台湾时报文化出版公司,1993 年,1995 年;上海:上海译文出版社,1999 年;北京:商务印书馆,2010 年),著有《理解的真理——解读伽达默尔〈真理与方法〉》(济南:山东人民出版社,2001 年)、《诠释学——它的历史和当代发展》(北京:人民出版社,2001 年)、《当代西方哲学两大思潮(上、下)》(北京:商务印书馆,2010 年。该书下册题名《诠释学转向:哲学诠释学导论》)。另外,洪汉鼎主编有《理解与解释——诠释学经典文选》(修订本,北京:东方出版社,2006 年)、《诠释学与人文社会科学》及《解释学译丛》丛书,还主编有《中国诠释学》系列辑刊。

洪氏关于诠释学与中国经典诠释关系之讨论,以及其关于创建中国经典诠释学的构想,参见洪氏著论文(集)《诠释学与中国经典诠释问题和未来》(载洪汉鼎、傅永军主编《中国诠释学(第九辑)》,济南:山东人民出版社,2012 年,第 1—23 页)、《诠释学与中国经典注释》(北京:北京燕山出版社,2015 年)、《文本、经典与诠释——两条经典诠释之路:中西方比较》(载景海峰主编《经典、经学与儒家思想的现代诠释》,北京:人民出版社,2015 年,第 140—166 页)、《聚焦中国诠释学问题》(载景海峰主编《儒学的当代理论与实践》,北京:人民出版社,2017 年,第 181—204 页)、《诠释学的中国化:一种普遍性的经典诠释学构想》(《中国社会科学》2020 年第 1 期,第 30—46 页)。

1. "经典"与经典诠释学的两种形态

普遍性经典诠释学构想,旨在解决中国经学的哲学化问题。在洪氏看来,解决此难题,学界有"新经学"与"诠释学"两条路径。"新经学"主张摆脱西方哲学的框架和语言,通过整理经学已有的实践和经验,从而焕发传统文化的当代活力[1];走"诠释学"之路者,主张在传统经学经典注释的丰富地基上,建立一种既融合又不同于西方诠释学的具有中国特色的经典诠释学。普遍性经典诠释学走诠释学之

---

[1] 按:目前学界沿着"新经学"方向的学术努力,可关注邓秉元主编《新经学》与姜广辉《新经学讲演录》之"新经学"理念。《新经学》"发刊词"中说,时代逼迫我们反思:"什么才是真正的经学?如何开拓既符合经义本旨,又能引领时代精神的新经学?"在他们看来,作为一种思维方式,经学发展经历了三个时期:自华夏文明之初,经三代、东周而至两汉的"经学的自我发展"的第一期;东汉而至宋明,"经学对佛学的融摄"的第二期;晚明以降至晚清,"经学开始融摄中西"的第三期。接续"现代新儒家"马一浮、熊十力、梁漱溟、牟宗三会通中印西、探索新义理之经学新方向,"新经学"主张回到孔孟清明理性的真正经学,开拓明体达用、继往开来、新新不已、回归经典、体系开放的经学新形态。(参见邓秉元主编《新经学(第一辑)》,上海:上海人民出版社,2017年,"发刊词")

姜广辉"新经学",意在分三步走,最终完成有经学之"根"与"魂"的中国哲学史(或思想史)。姜氏自道其经学之"新",存诸五端:曰从价值观研究经学,理论视域新;曰朝向现代中国以至人类根本利益和历史发展方向,时代意识新;曰实质性突破二千年经学史理论难题,破译思路新;曰抓经典的主旨大义而放训诂、考据,研究取舍新;曰用现代数据库信息技术进行"e考据",治学工具新。欣逢"返本开新"的新时期,姜氏意欲以此"五新"之"新经学",形成结合现代价值理论与传统经学的"一种新学术",使得经现代诠释的经典理念能被今人理解和接受,并融入日常生活之中的"人文信仰"。简言之,"即以'新经学'为平台,重建'人文信仰'"。(参见姜广辉:《新经学讲演录》,北京:中国社会科学出版社,2020年,"自序")

如上两种"新经学"并未主张摆脱西方哲学的框架和语言。但其所谓"新"者,也未明确主张以诠释学视域,展开传统经学研究。如就中国哲学学理而论,这两种"新经学"研究的"哲学效度"显然是有欠缺的。

路,致力于从"中国经典注释经学"到"中国经典诠释学"的转换。此进路,一方面,肯定经学悠久的经典注释传统和丰富的经典诠释经验;另一方面,强调创建中国经典诠释学,既非传统经学,亦非一般西方经典诠释理论,而是一种具有普遍性的经典诠释学。普遍性经典诠释学的最终目标,是力图"在新的更高的世界哲学视域下,批判性地与我国传统经典对话,在此基础上发展自己独特的哲学之路"[1]。

理解诠释学视域下的"经典"之本质,是建构普遍性经典诠释学的基础工作。经典之所以为经典,在于经典所包含的"经典型(Klassischen)"。所谓经典型或古典型的东西,是指那种经过不同时代检验而保存其真理的东西。经典型或古典型的真理并不自在持存,而必须通过历史的参与。历史在保存中存在,保存不只是贮藏,而是不断置于检验、证明之中。经典型中的真理,是通过历史学家研究、再研究的过程,与现在不断进行中介而得以呈现。因此,经典型不只是关于过去的陈述,也有适用于现代人的真理。依此经典型及其存在的本质可见,经典并非一成不变的东西,而是日新又新,不断给我们赢得最新的当代的东西。经典型的规范价值,在于它是不断被检验的真理源泉和生命源泉。经典不是存在,而是活着;经典并不是存在于我们之外,且我们只能对之认知和评价的僵死的东西,而是活在我们心中并与我们合而为一的力量。[2]

"经典"的诠释学真理告诉我们,任何关于经典的诠释,本质上都是一种通过经典不断地与现代视域融合,来开出新的意义和真理。因此,任何经典都是当代的经典,任何经典真理都是当代的真理。所谓经典的普遍性,并不在于它本身能够永恒不变,而在于它通过不断

---

[1] 洪汉鼎:《诠释学的中国化:一种普遍性的经典诠释学构想》,《中国社会科学》2020年第1期,第34页。

[2] 洪汉鼎关于经典型的论说,参见洪汉鼎《诠释学的中国化:一种普遍性的经典诠释学构想》(《中国社会科学》2020年第1期,第39—40页)。

地与现代语境相联系,通过不断地理解和诠释,来实现其不断翻新,从而使其永远是活生生的新的东西。"我们是在与经典作品的不断交谈中获取新生,同时经典作品正是在这种不断交谈中永远新生,生生不息","如果我们记住这一诠释学真理,我想我们中国经典诠释哲学就有新生"。[1]

传统经典诠释学有"独断型诠释学"(die dogmatische Hermeneutik)和"探究型诠释学"(die zetetische Hermeneutik)等两种类型。独断型诠释学是解经学(Exegesis)诠释"圣典"(Kanon)的解释学进路。圣典是信仰的对象,而不是探究的对象,反对解释多元化。这种类型的解释,旨在于卓越文本中找寻早已众所周知的固定意义,并将其作为教导性的真理和指示,应用于当前具体情况。西方诠释学早期发展形式,有诠释《圣经》的神学诠释学和诠释罗马法的法学诠释学,这两种诠释学都是独断型诠释学。"神学诠释学"和"法学诠释学"之后的"语文学解释学"或"普遍诠释学",以"经典"这种认识对象取代了"圣典"这种信仰对象,从而丢弃了独断型诠释学的解经学,发展出了探究型诠释学之诠释学(Hermeneutik)。探究型诠释学是诠释"经典"(Klassik)的解释学进路。经典是探究和认识的对象而不是信仰的对象,它的意义不是绝对真理,而是需要我们不断诠释。探究型诠释学的解释,不是要在文本里找寻不变的、永恒的、固定的意义,而是在一切文本中,找寻不断更新的、富有生命体验的无限意义。

2. 普遍性经典诠释学

洪汉鼎主张从"双重基础"出发,建构一种世界性的、当下最高哲学成就视域下的,异于又高于西方诠释学的普遍性的经典诠释学。所谓"双重基础",一则是西方经典诠释漫长历史和经验中,特别是

---

[1] 洪汉鼎:《文本、经典与诠释——两条经典诠释之路:中西方比较》,载景海峰主编《经典、经学与儒家思想的现代诠释》,北京:人民出版社,2015年,第165、164页。

近现代西方诠释学的理论与方法；再则是中国悠久而丰富的经典诠释实践和历史，尤其是经学中的训诂学、考证学、文字学、文献学、注释学等中国经典诠释理论与方法。

普遍性经典诠释学植根于中国传统经学及经典解释的传统。从孔子"述而不作"开始，中国传统学术研究，就走上了一条诠释学的道路。在两千多年漫长的中国传统学术史中，汗牛充栋的经典及经学注释著作，具有明显的诠释学特征。传统学术史中的汉学与宋学之争、训诂与义理关系辨析、"我注'六经'"与"'六经'注我"的异同等经典解释问题的论辩，都说明中国传统学术史中可能蕴含着能够解决当代哲学诠释学的学术资源。[1]普遍性经典诠释学，就是基于中国传统经学及经典注释的诠释学研究。

普遍性的经典诠释学构想，其要点如下：

（1）经典诠释学是一种新的哲学形态，是在世界哲学对话中获得共识，作为共同视域，在世界最高的哲学视域下研究哲学。普遍性经典诠释学，代表了这样一种关于哲学的观点和态度：任何一种特殊的哲学观点及学说，都是短暂的；唯有经典诠释的哲学之路才会万古长青。

（2）经典包含中外哲学、文学、历史宗教诸领域的经典。经典诠释学是一门广泛的人文社会科学，文史哲学者都可以是经典诠释学的研究者。经典诠释学是世界性的经典诠释学。它让中国学者参与了世界哲学，加入了世界人文精神科学之列。

（3）经典诠释学摆脱了经学的经典圣典化的"独断型诠释学"特征，走上了一条经典永远不断诠释、真理永远不断敞开的"探究型诠释学"道路。经典诠释学主张解释者与经典文本之间一致性的形成是永无止境的过程，并且人与人之间的所有一致性都是以此为前提的。

---

[1] 参见潘德荣：《文字·诠释·传统——中国诠释传统的现代转化》，上海：上海译文出版社，2003年，"总序"第3页。

经典诠释是一条在过去与现在、陌生性与熟悉性、传统与现代之间进行综合或中介的道路，它不再纯粹地接受或原样复制某种精神传统，而是通过与传统的批判性对话发展自己的哲学。

（4）经典诠释学的概念研究，是一种从概念本有的历史意蕴中去发展和丰富其内涵的概念史研究。这种概念史研究不同于词源学研究，词源学虽然也探讨语词的历史起源，但它是由语言科学而不是由语言生命本身所构成的抽象。经典诠释学对传统概念的使用，不是显示博学与古风的展示，也不是一种依据原则而有的构想，而是要通过概念史的研究与对话，在历史源流中再现及发展传统概念。

（5）经典诠释学兼顾存在论与方法论。如保罗·利科（Paul Ricoeur）之见，"短程"理解存在论，采取断绝任何方法论的方式，直接把自身带到存在论层次，指明理解是此在的一种存在方式。这种"短程"，不能为清楚理解文本提供一种工具和评判标准，无法创立与自然科学相抗衡的历史科学。"长程"解释方法论，用始于语言分析的长程补充此在分析的短程，使得解释活动与那些以方法论方式寻求实际解释的学科保持联系。经学经典注释的历史和经验，将有助于建立既考虑存在论又考虑方法论的诠释学。

（6）经典诠释学具有实践哲学的本质。经典诠释学不只研究经典诠释的理论与方法，也包含对经典本身的诠释，前者是对经典诠释活动方法论的反思，后者涉及了人类的整个世界经验和终极关怀的哲学研究。经典诠释学是一种作为哲学的实践哲学，取一种全面的为己与成人的实践观。这是一种以教化手段，通过"对文字传承物的精神占有"，舍弃特殊性、同化陌生性，从而使自身达到人性的崇高，成就一种普遍性精神存在。

不同于之前特别强调哲学诠释学之"哲学性"说法，洪汉鼎近来已开始关注创造既有存在论又有方法论的新诠释学观念。普遍经典诠释学，便是走解释认识论的"长程"以补充此在分析的"短程"，从而将真理与方法连接在一起,来回答何为文本的诠释、诠释的有限与无限如何理解、诠释的真理向度何在、各种对立的解释之间的冲突何以能被仲裁等仅仅强调诠释学"哲学"性所无法圆满解决的诠释学难题。

(五)以经典诠释学开辟中国哲学研究方法论的新道路

如比翼鸟之"不比不飞"(《尔雅·释地》),辨名析理,"中国诠释学"理应包含"中国效度"之"中国"与"哲学效度"之"诠释学",方能成立。既往从事中国诠释学理论建构的学者,主要取西方哲学和中国哲学两个学科方向的研究进路。总体来看,中国哲学进路之学者,往往诠释学学养不足,从而"哲学效度"欠缺;西方哲学进路之学者,常常国学素养不厚,从而"中国效度"有待补足。虽然学术进路和关注内容不尽相同,既往海内外学者创建中国诠释学之两条学术进路,大致还是顺着西方诠释学之中国应用这个"以西观中"的方向和中心论域展开。事实上,无论学术背景及学养如何,学者们在建构"中国诠释学"时,其最初动机,主要还是试图建立起"中国的诠释学"。但从既往的代表性成果来看,大多数研究最终还是取"西方诠释学中国化"的致思方向。缘此方向,导致了相关研究理论思考,最终自觉不自觉地成了为西方诠释学开中国分店——"(西方)诠释学在中国",或者,用中国"诠释"材料来补充说明西方诠释学的某种不足。中国诠释学创建"中国的诠释学"的初衷并未达成。[1]

深究可见,创建中国诠释学,并非要从事西方诠释学中国化的工

---

[1] 德国学者沃尔夫冈·顾彬(Wolfgang Kubin,以下简称"顾彬")颇具挑战性地提出:从历史史实来看,中国思想史中从无"诠释学"之名与实,那么所谓"中国诠释学"(顾氏名曰"中国解释学"),是否只是"一种想像的怪兽"?(参见沃尔夫冈·顾彬:《中国"解释学":一种想像的怪兽?——对理解差异的初步考察》,载杨乃乔、伍晓明主编《比较文学与世界文学(第一辑)》,北京:商务印书馆,2004年,第58—67页)

作，也不是要建构一种不同于西方的诠释学理论。说到底，创建中国诠释学，最终目的是创新中国哲学研究方法论，更新中国哲学研究的内容，进而开拓出中国传统思想现代化、世界化的中国哲学新路。如

在考察傅伟勋、成中英、汤一介建构中国诠释学的既有成果之后，潘德荣对"中国诠释学"宗旨与学理提出了根本性疑问，我们不妨称之为"潘德荣之问"：

> 我们已经开始从多重视角探索建构中国诠释学之路，且已获得值得称道的成果。这些成果，就其内容而言，颇具"中国"诠释学的特色，对中国诠释传统的思想资源进行了深度的挖掘与思考。但是，它们的底色却是西方诠释学，从思维方式到诠释理念，基本上来自西方诠释学的范式，是西方的范式在汉语语境中的运用。就此而言，我们似乎并不是"借鉴"，而是在落实与完善西方诠释学，使中国传统的那种"特殊"的诠释思想融入具有"普遍性"的（西方）诠释学，成为西方诠释学理论的又一个新例证。如果我们的研究仅限于此，还能算是"中国诠释学"吗？这一疑问把我引向了更为基础的诠释问题之思考：中国诠释学的根本宗旨是什么？它区别于西方诠释学的核心概念是什么？（潘德荣：《汤一介与"中国诠释学"——关于建构"中国诠释学"之我见》，《哲学分析》2017 年第 2 期，第 156 页）

潘氏之问，恰恰也是顾彬"想像的怪兽"说实质上要追问的学理问题。正如潘德荣《西方诠释学史》所展现的，从"诠释学"这个术语及这门学问的发展史来看，它无疑是西方思想学术史的产物。谁也不能否认，中国传统学术史上确实从来没有"诠释学"这一术语及这门学问存在。因此，所谓"中国诠释学"、中国传统诠释思想云云，并无征实不诬的史学基础，其学理本质不过是一种"无中生有"的想象而已。因此，没有史学学理合法的"中国诠释学史"和"中国传统"诠释思想。此外，既往中国诠释学研究，其实质不过是以西方诠释学范式，无史实基础的解释出来的"中国传统诠释学"的意义：所谓"中国诠释学"，是西方诠释学范式在汉语语境中的运用，不过是西方诠释学的"中国分店"、中国例证而已。因此，"中国诠释学"之所谓"中国"及其"诠释学"，并无"合法的"学理基础。当下中国诠释学之学理困境是：如果不能回应"想像的怪兽"说及"潘德荣之问"，所谓"中国诠释学"，最终不过是架空而论、无根游谈罢了。顾、潘二人对"中国诠释学"学理的诘问，实与"中国哲学合法性问题"同调。化解之道，就是要按照中国哲学学理本质，建立起兼具"中国效度"与"哲学效度"的"礼义诠释学"。

前所述，学理合法的中国哲学必须兼具"中国效度"与"哲学效度"，遵循"致力于中国固有思想现代化"的中国哲学学科宗旨，沿着"以中化西"的道路前进。未来中国哲学创新之一条可能路径，就是创建融贯经学文献学与西方诠释学理论的中国诠释学。这种新的中国诠释学，一方面，将明确以经学文献确立其"中国效度"之主体与根本；另一方面，通过借鉴整个西方诠释学传统学术资源，尤其是化用以伽达默尔为代表的"哲学诠释学"理论，以证成其"哲学效度"。"礼义诠释学"研究，便是在吸收借鉴中国诠释学既有研究成果基础上，接着傅伟勋"创造的诠释学"的诠释学层次理论框架，以及洪汉鼎等学者以诠释学经典观念为主的诸诠释学洞见讲，建构一种旨在更新中国哲学研究方法论的"中国哲学诠释学"（Chinese philosophical hermeneutics），以期实现中国哲学研究的范式转换，建立起学理合法的中国哲学，最终为人类哲学贡献中国智慧。

第四章　文献与作为"意识形态文本"的经学文献

作为创新学理"合法"的中国哲学研究方法论理论实验,"礼义诠释学"之主旨,在于以经学为主确立"中国效度"基础上,通过"以中化西"地创建兼具方法论诠释学与哲学诠释学的新"(中国)诠释学"以确立"哲学效度"。就"中国效度"一极而言,虽然中国传统经学文献浩如烟海,但以《四库全书》丛书,尤其是《四库全书总目》为代表,"四部"之中,经学的分类及其研究内容和方法,已经成熟、清晰而无歧义。如此来看,以经学为主体的"礼义诠释学",其"中国效度"的经学研究范围和内容殆无疑问。而就"哲学效度"一极来看,如前所述,诠释学与经学有着学理上高度的可公度性,可能成为"哲学化"(philosophize)经学的理论资源。经学文献本质是文本。若以"哲学诠释学"之本体论思考视角观之,经学文献"哲学效度"尚须回答的学理问题是:诠释学何以能够用来"哲学化"本质上是"文本"的中国传统经学"文献",从而实现"礼义诠释学"的"哲学效度"?

一、文本:重建哲学诠释学的基础

确立文本为核心的哲学诠释学研究,首先要完整而全面地理解诠释学发展史及其学科本质。由于海德格尔、伽达默尔之后的诠释学"本体论转向"之笼罩性影响,将诠释学等同于偏重于本体论思考的

"哲学诠释学"(philosophical hermeneutics),似乎在中外诠释学界已成为不言而喻的共识。在哲学诠释学看来,文本是方法论诠释学研究对象,并不具有本体的意义。然而,当我们通观各类西方诠释学史著作时不难发现,自古希腊以降至今,诠释学实际上经历了一个漫长的发展历史。正如帕尔默(Richard E. Palmer)"诠释学的六个现代定义"(1969年),以及洪汉鼎"诠释学作为理解与解释的学科的六种性质规定"(2006年)所共同揭示的那样,作为诠释学现当代发展形态的"哲学诠释学",历史上与解经学、古典学、语文学皆密切关联。因此,历史地、完整地理解"诠释学"及其相关理论,实际上必须包含其发展之诸阶段学科内容。从整个诠释学发展史来看,显而易见,"哲学诠释学"不过是诠释学发展的现当代阶段,它并不能代表整个诠释学的历史和内容。

深究可见,诠释学之哲学性,不应也不能脱离整个诠释学发展历史而孤立存在,并进而得到充分的理解和说明。目前,中外皆有诠释学研究者挑战将诠释学等同于狭义的哲学诠释学的这一主流成见。比如,泽伯姆专题研究作为方法及方法论的诠释学理论。他说,在狄尔泰及其之前,诠释学这一术语仅用于历史人文科学,尤其是对历史人文科学中文本解释活动的一般性反思。因此,海德格尔、伽达默尔把诠释学视为一种新的第一哲学和根本存在论,"暗含了对诠释学原始意义的严重篡改"[1]。在以方法论为主线梳理了西方诠释学历史之后,潘德荣明确指出,诠释学研究如果一味注重伽达默尔一脉的本体论诠释学领域,有点类似于"别子为宗"[2]。泽伯姆、潘德荣批评将诠释学等同于本体论诠释学之洞见,有益于我们从整体上把握诠释学之内

---

[1] T. M. Seebohm, *Hermeneutics: Method and Methodology* (Kluwer Academic Publishers, 2004), p. 1.

[2] 潘德荣:《西方诠释学史》,第2版,北京:北京大学出版社,2016年,"前言"第3页。

容,尤其是以融贯方法论诠释学与哲学诠释学的视角,纠正当下唯以本体论意义理解、讲述诠释学之偏。[1]

跳出仅从哲学诠释学理解诠释学之局限,当我们从整个西方诠释学历史来理解诠释学的时候,就会发现,文本及其诠释问题,实际上构成了诠释学的主体内容和发展主线。[2]事实上,"哲学诠释学"并非一味否认"文本"之于诠释学的重要性。伽达默尔就曾说:"诠释学本来的任务或首要的任务就是理解文本。"[3]保罗·利科更将诠释学定义为:"诠释学是与文本解释相关联的理解程序的理论"[4]。从整个诠释学历史来考察,古典学、解经学、语文学等诠释学发展的诸阶段,从来是以文本诠释为其主要研究内容的。因此,在"哲学诠释学"中"发现文本",其更为重要的诠释学史及哲学史意义是,我们因此找到了贯穿诠释学所有历史发展阶段的、最为不可或缺的根本要

---

[1] 当然,基于全面历史眼光的方法论诠释学对一味强调本体论思考的"哲学诠释学"的纠偏,不应导向彻底否定甚至取消本体论诠释学之结果。诠释学是哲学。作为诠释学的现当代形态,"哲学诠释学"将方法论诠释学提高到了哲学的高度,赋予了诠释学以人文主义的灵魂,从而确立了诠释学的哲学本质。因纠偏而否认哲学诠释学的理论价值和意义,背离了诠释学的旨归,实际上等于取消了诠释学。

[2] 以方法论诠释学为核心理解诠释学历史及其本质,还可关注"斯坦福哲学百科·诠释学,2016年版"。网址:https://plato.stanford.edu/entries/hermeneutics/。

[3] 伽达默尔:《诠释学 I:真理与方法——哲学诠释学的基本特征》,洪汉鼎译,修订译本,北京:商务印书馆,2010年,第551页;Hans-Georg Gadamer, *Truth and Method*, translation revised by Joel Weinsheimer and Donald G. Marshall, 2nd revised edition (New York: The Continuum International Publishing Group, 2004), p. 393。

[4] Paul Ricoeur, *From Text to Action: Essays in Hermeneutics II*, trans. Kathleen Blamey and John B. Thompson (Evanston: Northwestern University Press, 1991), p. 53. 又见保罗·利科:《从文本到行动》,夏小燕译,上海:华东师范大学出版社,2015年,第76页。

素——文本（text）。从诠释学整体来理解其本质，我们或许可以说：没有文本，就没有诠释学，因而也就没有"哲学诠释学"。当我们意识到文本及其诠释问题，才是贯穿整个诠释学历史的主脉时，就会发现：以"文本"为核心的诠释学研究，将会串起方法论诠释学与哲学诠释学，从而克服一味讲本体论的"哲学诠释学"所导致的相对主义、主观主义等问题，从而成为促进"哲学诠释学"进一步发展的动力。实际上，保罗·利科"文本诠释学"的一系列理论和观念，即旨在以文本为核心重建"哲学诠释学"。利科的诠释学研究，开拓了基于文本的"哲学诠释学"新路，代表着"哲学诠释学"之前沿性进展。

"文本诠释学"的诠释学创新路径，高度契合"礼义诠释学"以经学文献为核心，"以中化西"地创建"（中国）诠释学"的理论要求。深入反思并借鉴作为"哲学诠释学"的"文本诠释学"理论成果，无疑是"（中国）诠释学"值得探索的重要致思方向，也是"礼义诠释学""哲学效度"之所系。而通过批判性继承与创造性发展中国传统经学无比丰富的文本诠释经验、方法、理论洞见，更有可能为人类诠释学乃至人类哲学，做出植根于中国传统思想资源的理论贡献。

二、"文献"：记载中国传统文化的文本

以文本为视域，确立"文献"之诠释学意义，是"礼义诠释学"的理论基石。如前所述，中国哲学学理，在乎以兼具"中国效度"与"哲学效度"、"先中国，再哲学"的创造性解释，"以中化西"地致力于实现中国固有传统思想文化之现代化。依此学理，中国固有传统思想文化之"中国效度"，无疑是中国诠释学、中国哲学之根本内容和研究前提。述古而观，传统思想文化，载之于文献、文物等历史传承物。中国传统思想文化现代化，要通过对历史传承物的诠释活动，才有可能实现。我们可以借助哲学人类学的观念，来理解历史传承物的诠释学意义。如卡西尔（Ernst Cassirer）之见，人是文化的动物，所有

的文化形式都是符号形式（symbolic forms），因此，人是符号动物而非理性动物。以"文化符号观"看待人，才能打开人通往文明之新途。[1]借用卡西尔的哲学人类学见解，我们不妨说：人是文化的存在，文化载之于历史传承物。对中国传统文化的诠释，最终就是对历史传承物这一记载中国传统文化符号的诠释。

（一）"文献"本原

全体而观，记载中国传统文化的符号，有物质性的遗物、遗器、遗迹、遗址等"文物"，但更为重要的中国传统文化符号，是记载中国传统文化的文本——"文献"。在现代一般性文献学论说中，"文献"一词几乎已成为"记录一切知识的载体"的代名词。[2]但是，正如张舜徽所指出的，"'文献'既是一个旧名词，自有它原来的含义和范围。我们今天既要借用这一名词，便不应抛弃它的含义而填入别的内容"[3]。述古而观，"文献"确乎有着其基于中国固有传统文化的特定含义与范围。以今人眼光泛化地看待"文献"这一传统概念，实际上从根本上解构和消除了这一术语所包含的独特的中国文化的内容。从学理上讲，我们唯有从中国传统学术史固有脉络中贞定和理解"文献"的含义和范围，庶几才有可能得"文献"之真义，并进而学有根柢地探讨"文献"之诠释学及哲学理论价值。

"文献"一词，最早出现在《论语·八佾》：

> 子曰："夏礼，吾能言之，杞不足征也；殷礼，吾能言之，

---

[1] Ernst Cassirer, *An Essay on Man: An Introduction to a Philosophy of Human Culture* (New Haven/ London: Yale University Press, 1944), p.26.

[2] 关于"文献"一词的考辨，尤其是"文献"内涵从古至今的变化的梳理，参见司马朝军主编《文献学概论》（武昌：武汉大学出版社，2010年）之"导论：第一节 文献：从传统到现代的转换"。

[3] 张舜徽：《中国文献学》，上海：上海古籍出版社，2009年，第3页。

宋不足征也。文献不足故也。足，则吾能征之矣。"[1]

这段话不仅仅表现了孔子好古敏求、文献征信之学术态度，更为重要的是，它从词源学意义上传达了"文献"的最初消息，包含着"文献"的基因性的含义及其范围。郑玄注曰："献，犹贤也。我不以礼成之者，以此二国之君文章、贤才不足故也"[2]；朱熹《论语集注》云："文，典籍也。献，贤也"[3]；刘宝楠《论语正义》道："'文'谓典策，'献'谓秉礼之贤士大夫"[4]。可见，按照传统的理解，"文献"之原始意义，包含了"文"（文章、典籍、典策）与"献"（贤才、秉礼之贤士大夫）两层意思。也就是说，"文献"是书面典籍与秉礼贤良士大夫之合称。进一步理解《论语》中"文献"一词原始意涵，更为关键的是"文"与"献"之最终指向：据此二者以"证成"夏、商二代之礼。显然，对东周时代的孔子而言，二代之礼，实即前孔子时代的"传统文化"。准此解读，"文献"本义，即是指承载前孔子时代礼乐传统文化之典籍与秉礼贤良之士。

以"文献"考证夏、商二代礼乐文化之宗旨，在《论语·为政》及《礼记》之《礼运》《中庸》等处亦可旁证。[5]《汉书·艺文志》明

---

[1]《十三经注疏》整理委员会整理《十三经注疏·论语注疏》，北京：北京大学出版社，1999年，第33页。

[2] 同上。

[3] 朱熹：《四书章句集注》，北京：中华书局，1983年，第63页。

[4] 刘宝楠：《论语正义》上，北京：中华书局，1990年，第92页。

[5]《论语·为政》："子张问：'十世可知也？'子曰：'殷因于夏礼，所损益，可知也；周因于殷礼，其损益，可知也。其或继周者，虽百世，可知也。'"（《十三经注疏》整理委员会整理《十三经注疏·论语注疏》，北京：北京大学出版社，1999年，第23—24页）《礼记·礼运》："言偃复问曰：'夫子之极言礼也，可得而闻与？'孔子曰：'我欲观夏道，是故之杞，而不足征也。吾得《夏时》焉。我欲观殷道，是故之宋，而不足征也。吾得《坤乾》焉。《坤乾》之义，《夏时》之等，吾以是观之。'"（《十三经注疏》整理委员会整理《十三经注疏·礼记

确指出,《八佾》中孔子关于文献的言说,是要在"周室既微,载籍残缺"之际,以文献考证之功,"思存前圣之业"。[1]《史记·孔子世家》更是以历史性的眼光,看清了孔子据"文献"工作以复兴三代礼乐文化之实质:

> 孔子之时,周室微而礼乐废,《诗》《书》缺。追迹三代之礼,序《书传》,上纪唐、虞之际,下至秦缪,编次其事。曰:"夏礼,吾能言之,杞不足征也;殷礼,吾能言之,宋不足征也。足,则吾能征之矣。"观殷、夏所损益,曰:"后虽百世可知也,以一文一质。周监二代,郁郁乎文哉。吾从周。"故《书传》《礼记》自孔氏。[2]

孔子采古《诗》三千余篇,去其重,取可施于礼义者,得三百五篇,皆弦歌之。"礼乐自此可得而述,以备王道,成六艺。"[3]《庄子·天运》载,孔子对老聃说:"丘治《诗》《书》《礼》《乐》《易》《春秋》六经,自以为久矣,孰知其故矣。"[4]《孔子家语·本姓解》曰:"孔子生于衰周,先王典籍,错乱无纪,而乃论百家之遗记,考正其义,祖述尧舜,宪章文武,删《诗》述《书》,定《礼》理《乐》,制作《春秋》,赞明《易》道,垂训后嗣,以为法式,其文德著矣。"[5] 于此可见,孔子"文献"工作之矢的非他,实际就是借"文献"以复兴

正义》中,北京:北京大学出版社,1999年,第664—665页)《中庸》云:"仲尼祖述尧舜,宪章文武"。于上可见,孔子所"祖述""宪章"者,不外乎三代之礼而已。

[1]参见班固:《汉书》第六册,北京:中华书局,1962年,第1715页。
[2]司马迁:《史记》第六册,北京:中华书局,2013年,第2332页。
[3]同上书,第2333页。
[4]郭庆藩辑《庄子集释》(全四册),北京:中华书局,1961年,第531页。
[5]《孔子家语》,王国轩、王秀梅译注,北京:中华书局,2011年,第447页。

传统礼乐文化及先王之道。而这一理想,最终落实于"删述'六经'"的具体"文献"工作。可见,孔子"文献"工作的最终目的,就是通过参稽考证来整理"六经",并借之以弘扬先王之道,彰显先王文德。

(二)"文献"的诠释学实质

孔子之后,以"文献"为名而集传统"文献"工作之大成者,首推《文献通考》。马端临在《文献通考》自序中,辨析、总括"文献"之名,曰:

> 凡叙事则本之经史,而参之以历代会要,以及百家传记之书,信而有证者从之,乖异传疑者不录,所谓"文"也。凡论事则先取当时臣僚之奏疏,次及近代诸儒之评论,以至名流之燕谈,稗官之记录,凡一话一言可以订典故之得失,证史传之是非者,则采而录之,所谓"献"也。[1]

马端临指出,"文"取历代经史、会要、传记以"叙事";"献"采臣僚、诸儒、名流、稗官之"论事"言谈。显然,《文献通考》之"文献"观,完全继承了孔子"文献"之典策、贤才之二要义。从卷帙浩繁的《文献通考》的大体内容来看,其总以礼乐典章为核心,详细记载了起于黄帝,经周秦而至两宋的礼乐兵刑之制、赋敛选举之规等历代典制之演变。总体而观,《文献通考》中"文"与"献"看似庞杂的内容,实则还是以礼乐王道为其主导,以经学礼义为其贯穿始终之主线。深究其实,马端临之"文献",不过是孔子"文献"内容之放大版而已。

总而言之,从孔子发端至马端临《文献通考》集其大成,"文献"一词的本义如下:①以礼乐为主的中国传统文化的载体。在孔子的上下文,主要指的就是夏商二代礼乐传统文化;在《文献通考》中,是

---

[1] 马端临:《文献通考》第一册,上海师范大学古籍研究所、华东师范大学古籍研究所点校,北京:中华书局,2011年,"自序"第3页。

上古至两宋，以礼乐为主体之中国传统文化。②有书面典籍和贤良言说两类形式。前者主要指的是承载礼乐典章制度的典籍，后者则是熟知并能解答礼乐制度的贤良之士。③以"六经"为代表的经学为其主体，主要承载的是以礼乐政刑为核心内容的先王之道。

在孔子时代，"文"与"献"皆与上古传统文化有关，其形式上的区别，在于一个是书面记载，另一个是口头叙述。及至《文献通考》，虽然仍然做原始意义上的"文"与"献"的区分，但马端临之所谓"献"，实质上早已成为"书面记载的话语"这一表现形式。事实上，如《论语》《传习录》《朱子语类》等著述所展现的那样，其内容本质虽然是当时哲人话语之"献"，然而，当这些话语被记录下来成为书面语之后，也就都实质上成为"文"了。进言之，以"文献"原始意义观之，我们今天所能看到的所有关于中国传统文化的"文""献"，都是以"文"这一书面语的形式呈现。因此，综括"文献"如上本质特点，文献可以看作是"由文字记录的书面材料"[1]；而就文字本质而论，"文字是记录语言的符号"[2]。总结上述"文献"的要义，我们可以进一步将"文献"概括为：文献是指书面记载的中国传统文化的语言符号。保罗·利科对"文本"的定义是："文本是由书写而确定了的话语。"[3]基于此定义，我们可以进一步用诠释学视角如此定义"文献"：文献是记载中国传统文化的文本。

自孔子确立"文献"原始意义，并通过"删述'六经'"确立"六

---

[1] 孙钦善：《中国古文献学》，北京：北京大学出版社，2006年，第1页。

[2] 裘锡圭：《文字学概要》，修订本，北京：商务印书馆，2013年，第1页。

[3] 保罗·利科：《诠释学与人文科学：语言、行为、解释行为》，孔明安、张剑、李西祥译，北京：中国人民大学出版社，2012年，第107页。又见Paul Ricoeur, *Hermeneutics and the Human Sciences: Essays on Language, Action and Interpretation*, edited and translated by John B. Thompson (Cambridge: Cambridge University Press, 1981), p. 107。

经"文献之时起，经学文献就成为文献之主体。因仍《庄子·天下》及《汉书·艺文志》《四库全书总目》等中国传统学术史绪论道要之言，中国传统思想文化的核心文献是"六经"以至于"十三经"，其中《周易》为其他诸经之根本。经学集大成式的呈现，是诸"四库全书"类丛书中的经部文献。而总观诸子子学，其思想皆发源于"六经"。诸子子学对待"六经"，或如儒家起到发扬、助益作用，或如法家、墨家持批判、贬斥立场，总归为疏通、发明及相反相成二途，皆不能脱离"六经"而言说。因此，确立中国哲学研究之"中国效度"基础，作为中国原创的"中国一系的一般哲学"（张岱年语），总体上当以经学为其主导与核心内容。详言之，全面研究中国哲学文献，无论是整理层次的版本学、校勘学、目录学，解读层次的文字学、音韵学、训诂学、考据学，还是理解层次的历史学、考古学（文物学）、金石学、图谱学，解释层次的注释学，实践层次的伦理学、政治学，等等，皆围绕着经学之"经义""礼义"这个中心展开。植根于中国传统学术分类并加以发明之，中国哲学文献主体是儒学的经史之学，也包括散布于子学及集部中讨论经学经义论题之文献。[1]因此"礼义诠释学"之"文献"新观，及上述关于中国哲学文献的理解，可以将"中国哲学文献"定义为：中国哲学文献是指以经学为主体内容，以诠释礼义、经义为主题的文献。

---

[1] 佛教文献在中国传统文化中亦占据着重要的地位，但是，一则其产生于印度，为"西方"学说而非中国原创；再则哲学是人文学科，佛教文献本质上属于宗教学的研究内容，不宜成为中国哲学文献研究之对象。道教文献虽然属于中国原创，但也应当放在宗教学范围之内研究。由于中国传统社会中后期儒释道"三教"关系相互交融、影响的事实的存在，中国哲学文献研究，也不可能完全舍弃释道"二教"文献。总体来看，释道"二教"对于中国哲学文献研究的价值，在于辅助说明及理解中国哲学文献，借以深化相关研究。比如，借助理解"二教"理论，深化对宋明理学的理解和研究；通过厘清"二教"学理及其与儒教的关系，深化儒教社会中正统异端之辨的学理及社会意义；等等。

三、作为"意识形态文本"的经学文献

经学文献包括经本身以及历代儒先经诠之传、注、章句、义疏等。追根溯源,经学本为"周文"经世致用之"官学"。孔子"删述'六经'",标志着作为"私学"的经学出现。自兹以降,整个中国经学史就在官学与私学的张力中存在。总体来看,作为私学的经学学术研究,固然有其因应时代"诠释学困境",独立于官学经学诠释进路之外的研究进路及内容。但是,经学经世致用的本质特点,使得最终能够传世的私学经学文献,与作为直接落实于典章制度中的官学经学有着或多或少的关联。而数大儒经诠,如程朱理学,最早是以经学私学的样态存在,但最终上升为承载国家意识形态之官学经学。

因此,经学文献固然有其学术研究的一面,但是,就"六经"经学本身,及以《五经正义》、三部"大全"、《四书章句集注》等经学主体文献而论,经学及其诠释有着非常明确的现实教育、教化之功能与作用。经学固然有私学与官学两种存在样态,且有相互影响的关系,但就经学之教育、教化旨归,主体上还是落实于官学及其制度化的安排。因此,经学文献明显地具有"意识形态文本"(ideological text)的特点。

(一)中国传统经学的意识形态化特点

1. 周、孔经学的政教之用

按照传统经学史的说法,经学思想发端于西周,"六经"皆与周公有关。按照李威熊的看法,虽然在周公的时代,"六经"尚未完全定型,但已经在政治生活与社会上发挥着劝诫及教化之用,受到社会的普遍注意。因此,"中国经书的形成,周公是居于极重要的地位","说周公是开经学之先河一点也不为过"。[1] 周公之后,孔子继承并发

---

[1] 李威熊:《中国经学发展史论》上册,台北:文史哲出版社,1988年,第51页。

展了周公事业,通过"删述'六经'"的经学文献整理工作,确立了中国哲学经学文献之根本。孔子虽非周公那样的"哲学家王",但如皮锡瑞所言,孔子所以能为万世师表,在于他删定"六经"所阐发的"维世立教"之微言大义,实可为万世之准则。"六经"乃孔子教之所在,"孔子为万世师表,'六经'即万世教科书"[1]。于此可见,周孔事业本质上就是"六经"文献事业。经学发端处,即已攸关政教风化之事。

2. 两汉经学会议的法典本质

汉武帝"罢黜百家,独尊儒术",尊崇经书,建元五年(前136年)设五经博士[2]。自此之后,经学便在中国传统社会中,发挥着国家意识形态文献之重要作用。汉代的石渠阁、白虎观两次经学会议,非常典型地反映了官学经学的研究状况。西汉宣帝甘露三年(前51年)的石渠阁经学会议,与东汉章帝建初四年(79年)的白虎观经学会议,皆为皇帝诏令博学鸿儒讲论"五经"异同,并亲自"称制临决"的经学重大事件。这两次国家组织的经学学术会议议程是:先由皇帝提出应该讨论的经学学术问题,然后由当时的经学大师"讲议'五经'异同",并就经义问题展开深入细致的讨论,以求得出一致的看法。诸儒讨论经义的结果,写成诸经经义"议奏"上呈皇帝;如有议而未决的经义问题,则由皇帝做出最后的裁决。最后,将议奏的统一看法与皇帝决断的经义,以国家"钦定的法典形式"(侯外庐语)予以颁布,并借以统一人们的思想。从传承至今的《白虎通义》观之,会议讨论的经义,涉及国家政治制度及社会文化生活的方方面面,也以辨名析理的方式,论定了伦理道德之确定内容。[3]

---

[1] 皮锡瑞:《经学历史》,北京:中华书局,2004年,第6页。

[2] 按:关于汉魏时博士官的详细考察,参见王国维《汉魏博士考》(载《观堂集林(外二种)》上,石家庄:河北教育出版社,2001年,第104—130页)。

[3] 按:关于白虎观会议、《白虎通》的考辨及其哲学研究,参见皮锡瑞《经学历史》(北京:中华书局,2004年,第77—80页),刘师培《白虎通义源流考》

如皮锡瑞之论述，两汉为经学的"昌明"与"极盛"时代，汉代独尊儒术之后，专崇经术，实行孔教："皇帝诏书，群臣奏议，莫不援引经义，以为据依。国有大疑，辄引《春秋》为断。一时循吏多能推明经意，移易风化，号为以经术饰吏事。汉治近古，实由于此。盖其时公卿大夫士吏未有不通一艺者也。"[1]马宗霍（马巨）道："汉代经学本是意识形态之学，故从意识形态予以发挥，本是讲授经书的正道。"[2]两汉经今古文学两次重要的经学会议表明：与周、孔之于经学关系相类，两汉整理与研究经学固然也可以是儒者个人的学术工作，但经学更是儒教社会中国家意识形态的重要载体。经学之用，时刻攸关政治、社会、文化、生活，并与道德风化密切相关；

（载陈立《白虎通疏证（下）》，北京：中华书局，1994年，第783—787页），侯外庐《汉代白虎观宗教会议与神学法典〈白虎通义〉——兼论王充对白虎观神学的批判》（载《侯外庐史学论文选集（上）》，北京：人民出版社，1987年，第397—428页）、《汉代白虎观宗教会议与神学思想》（载侯外庐、赵纪彬、杜国庠、邱汉生《中国思想通史（第二卷）》，北京：人民出版社，1957年，第223—247页），季乃礼《三纲六纪与社会整合——由〈白虎通〉看汉代社会人伦关系》（北京：中国人民大学出版社，2004年）。

以"石渠礼议""石渠议""石渠礼"名目保存于《通典》中的议礼论说，尚有11条（分别见《通典》（二）第1998、2105、2208、2244页，《通典》（三）第2455、2472、2504—2505、2512、2581、2636、2695页。杜佑：《通典》（全五册），北京：中华书局，1988年），可见石渠奏议之大概。如，"汉《石渠礼议》：戴圣曰：'大夫在外者，三谏不从而去，君不绝其禄位，使其嫡子奉其宗庙。言长子者，重长子也，承宗庙宜以长子为文。'（嫡妻之长子也。）萧太傅曰：'长子者，先祖之遗体也。大夫在外，不得亲祭，故以重者为文。'宣帝制曰：'以在故言长子。'（吴徐整问曰：'妇人为君之服周，则诸侯夫人亦于天子服此也。其闻丧之仪，衣麻之数，哭泣之位，变除之节，如周制将复有异耶？'射慈答曰：'其畿内诸侯夫人，有助祭之礼，则始丧之时，悉当到京师，复当还耳。其畿外诸侯闻丧，则当于路寝庭发丧，夫人当堂上也。变除之节，皆如周服之制也。'"（杜佑：《通典》（三），第2472页）

[1] 皮锡瑞：《经学历史》，北京：中华书局，2004年，第67页。
[2] 马宗霍、马巨：《经学通论》，北京：中华书局，2011年，第223页。

经义的研讨,从来不仅仅是学术问题,而最终会归结于经世致用的现实问题。

3.《五经正义》的政治作用

有汉以降以至清代,儒家思想占据了国家意识形态的主导地位。与之相适应,经学文献也就成了承载意识形态之核心文献。经学最为重要的文献,莫不与意识形态有关。例如,《五经正义》之编纂,从贞观十二年(638年)至永徽四年(653年),历时十六个春秋,先有唐太宗主导其事、费心尽力,后有唐高宗绍续、完善之,以成其功,堪称钦定、御纂类经书之楷模。有学者推尊《五经正义》,至谓其流传千古,"是经部书中第一要籍"[1]。唐太宗之所以编纂《五经正义》,是因为在他看来,载于经学的尧、舜、周、孔之道,"如鸟有翼,如鱼有水,失之则死,不可暂无耳"[2]。于是,唐太宗诏令颜师古考订"五经"文字,命学者研习;又命孔颖达与诸儒参稽儒先众说、撰定"五经"义疏,并诏定书名为《五经正义》。《五经正义》凡170卷,系汇总、删定两汉、魏、晋、南北朝及隋朝众家经注而成,总体而观之,"博综古今、义理该洽"(唐太宗语)。唐代通过编纂与颁行《五经正义》,实现了南北经学的统一,进而实现了思想和政治的统一。之后,《五经正义》又成为明经科举考试的经典依据,对唐宋及之后的社会政治与思想学术,产生了至为深远的影响。[3]皮锡瑞评价《五经正义》:"夫汉帝称制临决,尚未定为全书;博士分门授徒,亦非止一家数;以经学论,未有统一若此之大且久者。"[4]可见,较之汉代,唐

---

[1]吕友仁:《孔颖达〈五经正义〉义例研究》,上海:上海古籍出版社,2019年,第497页。

[2]司马光:《资治通鉴》13,北京:中华书局,1956年,第6054页。

[3]对《五经正义》的全面研究与评价,参见张宝三《五经正义研究》(上海:华东师范大学出版社,2010年)。

[4]皮锡瑞:《经学历史》,北京:中华书局,2004年,第139页。

代官修《五经正义》从经学文献的编纂到其制度化的实践,进一步深化及发展了经学的意识形态的重要特点。

4. 明代三部"大全"与程朱理学的官学化

明朝初年《五经大全》《四书大全》《性理大全》的编修,是又一次由国家组织经学文献整理的重大事件。三部"大全"的编纂,从明太祖洪武元年(1368年)动议开始,至明成祖永乐十三年(1415年)完成为止,前后历时四十七年,凡260卷。[1]明成祖表明了编纂三部"大全"之意旨,在于明经求道。其曰:"'六经'者,圣人为治之迹也。'六经'之道明,则天地圣人之心可见,而至治之功可成。'六经'之道不明,则人之心术不正,而邪说暴行侵寻蠹害,欲求善治,乌可得乎?"[2]明成祖敕令胡广、杨荣等群儒,广博择取先儒成书及其论议、格言,以"发明经义者取之,悖于经旨者去之"为义例,编就了类聚成编之三部"大全"。在明初两位皇帝看来,圣人之道明与不明,是天下治乱的关键所在。因此,为讲明圣人之道,他们敕命编修"五经""四书",欲借"大全"之纂修,羽翼、倡明"六经"之道,绍承先圣之统,维持世教,垂范后世。

三部"大全"皆以阐明程朱理学为其宗要。《五经大全》之《周易大全》《书经大全》《诗经大全》《春秋大全》《礼记大全》皆据程朱经传为其主干,类皆属于程朱理学著作。《四书大全》包括《大学章句大全》一卷、《或问》一卷,《论语集注大全》二十卷,《孟子集注大全》十四卷,《中庸章句大全》二卷、《或问》二卷,总名为《四书大全》。《四书大全》全名《四书集注大全》,就其编纂体例而言,

---

[1] 关于三部"大全"的理学史研究,参见侯外庐、邱汉生、张岂之主编,张岂之修订《宋明理学史》(中)(西安:西北大学出版社,2018年,第731—762页)。

[2] 朱彝尊:《经义考》卷二百五十六,收入《钦定四库全书荟要》第241册,长春:吉林出版集团有限责任公司,2005年,第590页。

不过是朱熹《四书章句集注》体例的放大版；就其实质内容来看，所采诸儒经注，范围于发明朱熹《四书章句集注》之说而已。《性理大全》以宋代理学家为主，汇编了宋代理学中讲明"道法"与"心法"的著作和言论。《性理大全》所采"先儒"中，程朱理学学者占半数以上；其有关性理之语录，体例效仿《朱子语类》名目，内容亦多程朱学者之论。总体而观，程朱理学是三部"大全"的主干和核心内容。

永乐十三年，明成祖颁布《四书大全》《五经大全》于天下学校，废除古代注疏，而以"大全"为明代士子应科、制义之准绳。随着程朱理学成为官方认可的正统思想之标准，程朱理学终于从一家一派的经学与经义的学术见解，上升到了国家的意识形态。自此之后，明清两代"家孔孟而户程朱"，天下士子无不诵习"大全"而其他诸儒之说尽废。三部"大全"的编纂及颁行，尤其是其上升为八股取士中"代圣贤立言"之"正学"标准后，程朱理学终于成为"一道德而同风俗"的理论指导。三部"大全"的颁行，奠定了有明一代学术的根柢和规模，致使"由汉至宋之经术，于是始尽变矣"[1]，"其意义犹之汉武帝的罢黜百家、独尊儒术"[2]。

5. 钦定《四库全书》与经学主体文化

按照中国传统社会正统的学术观，在传统浩如烟海的文献之中，经学占据着主导地位。以文献编纂学观之，中国传统文献虽然门类众多、内容庞杂，但《隋书·经籍志》以降，皆收束于经史子集"四部"分类之中。清代以"四部"为体例编纂、整理的《四库全书》，是中国历史上最后一次由官方组织的对整个传统文献集大成式的整

---

[1] 永瑢等：《四库全书总目》上册，北京：中华书局，1965年，第302页。
[2] 侯外庐、邱汉生、张岂之主编，张岂之修订《宋明理学史》（中），西安：西北大学出版社，2018年，第773页。

理。[1] 清朝乾隆皇帝（1711—1799）即位之初，便诏令中外搜访遗书，令儒臣校勘"十三经""二十一史"，欲以"羽翼经训、垂范方来"。1772年，乾隆下诏敕修丛书《四库全书》。之后，下令征召、购求全国各地之书，又充分利用内府藏书，尤其是辑取《永乐大典》书籍，最终得书计凡12900余种，16.8万余册，为编辑《四库全书》奠定了文献基础。之后，乾隆亲自主持编纂，裁定经史子集分类原则，并定丛书名为《四库全书》。

乾隆又敕令建立"四库全书馆"，设置总裁、总阅、总纂、总校等各类纂修官员，亲自遴选纂修人员，确定全书编纂体例，乃至抽阅、审检样书，奖罚馆臣，等等。"四库全书"之为"钦定"，可谓名实相符。参与其事的纂修人员，主要有纪昀、陆锡熊、邵晋涵、周永年、姚鼐、任大椿、戴震等极一时之选的著名学者，加之乾隆亲力亲为、

---

[1]《四库全书》文化工程之外，经学在清代有了重大的发展。清代之所以成为"经学复盛时代"（皮锡瑞），一个重要的原因，就是因为最高统治者"稽古右文"，极为重视经学。康熙、乾隆等亲自主持，编纂了大量"御纂""钦定"类经书，计凡有《御纂周易折中》《钦定书经传说汇纂》《钦定诗经传说汇纂》《钦定春秋传说汇纂》《御纂周易述义》《御纂诗义折中》《御纂春秋直解》《御纂孝经集注》《钦定周官义疏》《钦定仪礼义疏》《钦定礼记义疏》《日讲四书解义》《日讲书经解义》《日讲易经解义》《日讲春秋解义》《日讲礼记解义》《日讲四书解义》。此类经书"兼采汉、宋先儒之说，参考异同，务求至当"。其撰述"事必有征，义必有本，臆说武断，概不取焉"，堪为"治经之津梁，论古之枢要"。相关论述，参见江藩《国朝汉学师承记》（北京：中华书局，1983年，第4—5页）。有清御纂诸经，代表着当时最高学术水平的经学"意识形态文献"。

此外，法纳兰性德、徐乾学编纂的《通志堂经解》之前例，继《十三经注疏》之迹，阮元、王先谦先后主持编纂的《皇清经解》（一名《学海堂经解》）与《皇清经解续编》（一名《南菁书院经解》《续清经解》），收录清儒一百六十余人、四百余种解经之作，堪称集有清一代经学学术研究之大成之作。两部"经解"与《四库全书·经部》一道，大大地推进了清代经学之复兴与繁盛，全面展现了中国传统经学研究水平。

严加督导，保证了丛书高水平的学术质量。总体而观，《四库全书》1772年从开始征书，至1790年文渊、文溯、文源、文津、文宗、文汇、文澜等七阁全部七套丛书庋藏完毕，历时近二十年而成。每套书计凡102架，6144函，36275册，2290916页，997000000字。该旷古丛书之成，广大悉备地呈现了中国传统文献之精华，实现了乾隆"从此四库七略，益昭美备"之纂修初愿。诚如杨家洛所言，《四库全书》全面整理了中国传统文化典籍，以丛书体裁表现出了"中国人的知识世界"，是中国文化"最大的一宗文化遗产"，也是"世界之重大的文化遗产"。[1]

《四库全书总目》系《四库全书》修书过程中产生的一部目录著作，凡200卷，代表了中国传统目录学最高成就。《四库全书总目》主要系汇总库书诸书提要而成，其编写体例由乾隆亲自裁定。总目体例大致为：先列作者爵里，以论世知人；次考本书得失，权众说异同；又详订、辨析文字增删、篇帙分合，巨细不遗；终昭彰作者人品学术之醇疵，用著劝惩。《四库全书总目》继承并发展了刘向、刘歆以降，历代官修、私撰目录学著作之优长，沙里淘金，全面而细致地梳理了中国传统学术要籍，致广大而尽精微地展现了中国传统目录学"辨章学术，考镜源流"之用，确乎堪为中国传统文献"学术之宗，明道之要"。清人张之洞云："将《四库全书总目提要》读一过，即略知学问门径矣。"[2] 杜泽逊说："'四库全书'已经诞生二百多年，二百年间对中国学术研究影响最大最深的实际上是《四库全书总目》二百卷。"[3]

---

[1] 参见杨家洛：《四库全书综览》《四库全书通论》，载《四库全书学典》，上海：世界书局，1946年。

[2] 张之洞：《读书宜有门径》，载《輶轩语·语学第二》，武汉：崇文书局，2016年，第26页第2面。

[3] 魏小虎：《四库全书总目汇订》一，上海：上海古籍出版社，2012年，"序"第13页。

《四库全书总目》实可谓中国传统文献及学术思想入道之门。

《四库全书》馆臣之"四部"文献编纂体例为：①经部文献。凡分十类，计有周易、尚书、诗经、礼、春秋、孝经、五经总义、四书、乐、小学。馆臣在经部"总叙"中，以汉学与宋学为主脉，以"学凡六变"为线索，极为精要地梳理了经学发展史。②史部文献。凡分十五类，以"正史"为首，确立其他史书编纂体例之大纲。其他十四类中，参考正史纪传者，计有八种，分别为编年、纪事本末、别史、杂史、诏令奏议、传记、史钞、载记；参考正史诸志者，计有五种，分别是时令、地理、职官、政书、目录；参考正史论赞者一种，即史评。③子部文献。计有儒家、兵家、法家、农家、医家、天文算法、术数、艺术、谱录、杂家、类书、小说家，以及"别教"之释家、道家，凡十四类。④集部文献。类分为五，分别是楚辞、别集、总集、诗文评、词曲。

在四库馆臣看来，"四部"之中，经部文献"可以正天下之是非"，最为重要。史部文献"可以明古今之成败"，为经学之道的运用。学者"研理于经，征事于史"，即可确立学术根本。而经史之外的学术，"皆杂学也"。子部文献，是"'六经'以外立说者"之文献，总体上是"六经"之支流别裔。其中，儒家明道之言，"要可与经史旁参"；至于其他诸子百家真伪相杂、醇疵互见之说，以及虽不合于圣人之道却足以自立者，可博收而慎取，存之以为鉴戒。[1] 至于集部之文章辞赋，于求道之事则远矣。

显而易见，经学文献毫无疑问在"四部"文献中处于主导与核心之地位。事实上，经部文献成为中国传统全体文献之核心，并非四库馆臣之首创体例，而是中国整个文献学历史的一个基本史实。孔子"删述'六经'"弘扬王道，确立了经学在文献学的核心地位。自兹以

---

[1] 参见永瑢等：《四库全书总目》上册，北京：中华书局，1965年，第769页。

降,通观历代正史之《艺文志》《经籍志》等官方正统学术史、文献学史类著作,就会发现,经学一直占据着中国传统学术史及文献学史的中心和主导的地位。孙钦善指出,中国古文献学史一个显著的特征,就是始终以经学史为其核心内容。之所以如此,就是因为中国传统社会中,儒家被尊奉为正统,经学自然成为古文献学及整个学术研究的中心。[1]基于上述中国古文献学历史史实而论,我们可以简明地说:中国文献学的研究,主体上就是中国经学文献的研究。

总而言之,以经学为主体与灵魂的中国传统文献,其最为重要及影响深远的文本,多为"钦定""御纂"类文本。从其内容实质来看,此类文本皆属于"意识形态文本",多呈现为统治者亲与其事的丛书、类书之"大文本"(great text)。编修此类文献之旨归,皆指向"稽古右文,聿资治理"(乾隆语)之经世致用的现实实践。此类"钦定""御纂"文本,适可以用"意识形态"理论,来深入理解其作为"意识形态文本"之本质特点。

(二)"意识形态"观念与经学文献

西方学术有着很长的"意识形态"(ideology)观念研究历史,但从法国启蒙学者特拉西于1796年最早提出这一观念至今,关于"意识形态"的理解和定义,始终莫衷一是、聚讼不已。[2]伊格尔顿(Terry Eagleton)说:"从字面意义上说,意识形态是指有关观念的研究或知识。这个概念以此方式属于18世纪启蒙运动的伟大梦想:像

---

[1] 孙钦善:《中国古文献学史》上,修订本,北京:中华书局,2015年,"绪言"第5页。

[2] 关于西方意识形态理论发展历史及其重要理论的全面介绍,参见汪行福、俞吾金、张秀琴《意识形态星丛——西方马克思主义的意识形态理论及其最新发展态势》(北京:人民出版社,2017年), Terry Eagleton, *Ideology: An Introduction* (London: Verso, 1991), Terry Eagleton, *Ideology* (London: Longman Publishing, 1994)。

描绘身体运动那样，我们有可能以某种微妙的精确性来描绘人类的思想。"[1] 但是，单纯的字面义，不足以反映"意识形态"观念意涵的多样性及复杂性，学界至今并没有就"什么是意识形态"这一问题达成一致看法。因此，目前还没有具有唯一性而又内涵充分的意识形态定义。

伊格尔顿随机列举了十六种当下学界关于"意识形态"的定义，包括：①社会生活中意义、符号和价值的产生过程；②具有特定社会群体或阶级特征的思想体系；③有助于使占统治地位的政治力量合法化的思想；④有助于使统治政权合法化的错误思想；⑤有系统的歪曲交流；⑥为某一主体提供地位；⑦社会利益驱动的思想形态；⑧身份思维；⑨社会必要幻觉；⑩话语与权力的结合；⑪有意识的社会行动者理解他们世界的媒介；⑫行动导向的一整套信念；⑬语言真实与现象真实的混淆；⑭符号闭合；⑮个体生存不可或缺的媒介社会关系结构；⑯社会生活借以转化为自然现实的过程。[2] 伊格尔顿在梳理了"意识形态"观念的发展史后指出，在不同视角及方法论背景下，诸

---

[1] Terry Eagleton, *Ideology* (London: Longman Publishing, 1994), p. 1.

[2] Terry Eagleton, *Ideology: An Introduction* (London: Verso, 1991), pp. 1-2.

按：虽未设定唯一定义，伊格尔顿又以六种不同的途径，大致论述了"意识形态"概念，并揭示了这个概念的若干特质（同上书，第28—31页）：

①意识形态是社会生活中观念、信仰和价值观产生的一般物质过程。此定义在政治上和认识论上都是中立的，并且接近"文化"一词的更广泛的含义。在这里，意识形态或者说文化指的是一个特定社会中象征性的行为和象征性的过程的整个综合体。②意识形态象征着特定的、具有社会意义的群体或阶级的条件和生活经历的思想和信仰（无论是真是假）。此处的"意识形态"非常接近"世界观"的概念。③意识形态在对立的利益面前，维护与合法化自我社会群体的利益。这种意识形态可以被看作是在一个发生冲突的话语场域中，一种特殊的"行动导向"话语。④意识形态强调占据主导地位的统治者的利益，便于统一社会形态。这不是统治者的强加，而是要确保下层阶级和群体的参与。这种意识形态在认识

多具有"家族相似性"（family resemblances）的观念虽然难以达成一致，但这并不意味着意识形态观念本身失效、无用。他相信，"如果一种意识形态理论确有价值，那就在于它有助于阐明把濒死而有实效的信仰解放出来的过程"[1]。确乎如此。哲学理论及观念的有效性，关键在于其解决问题的解释力和实践效果。从"以中化西"的视角看，意识形态上述诸多内涵，皆对我们理解经学文献的历史和本质，有着高度的适用性和解释力。

"礼义诠释学"尤其关注马克思主义的经典及教科书中关于意识形态之论述，并以之确立意识形态观念之具体内容。马克思在《德意志意识形态》中说："统治阶级的思想在每一个时代都是占统治地位的思想。这就是说，一个阶级是社会上占统治地位的物质力量，同时也是社会上占统治地位的精神力量"[2]；"思想、观念、意识的生产

论上保持中立。⑤意识形态通过刻意扭曲和掩饰，有助于合法化统治集团或阶级的思想和信仰。⑥意识形态强调虚假的或欺骗性的信仰，不是来自统治阶级的利益，而是来自整个社会的物质结构。

正如伊格尔顿之言，上述六个方面对"意识形态"概念的描述和论说，呈现出这个概念无从回避的"阶级基因"（class-genetic）。此即是说，意识形态终究是统治阶级话语的表现。这就意味着，由于要保证统治阶级的利益与合法性，刻意的歪曲、欺骗性的意识形态是必要的。除非现实本身发生实质性变化，否则不可能通过个人提供真实的描述来代替虚假的描述，从而使得意识形态发生实质性的转变。意识形态这种反理性的特征，并非说明它完全不考虑理性。意识形态的理性表现在：意识形态话语是由尽可能多的人在尽可能不受支配的情况下，积极参与讨论这些问题而产生的。

伊氏上述关于意识形态概念阶级基因的揭示，以及对这个概念理性与否问题的考察，对于我们深入理解作为意识形态文本的经学文献的解释学问题，具有重要的理论启发及参考价值。

[1] Terry Eagleton, *Ideology: An Introduction* (London: Verso, 1991), p. 224.
[2] 中共中央马克思恩格斯列宁斯大林著作编译局编译《马克思恩格斯选集》第一卷，北京：人民出版社，2012年，第178页。

最初是直接与人们的物质活动,与人们的物质交往,与现实的语言交织在一起的。人们的想象、思维、精神交往在这里还是人们物质行动的直接产物。表现在某一民族的政治、法律、道德、宗教、形而上学等的语言中的精神生产也是这样"[1]。在马克思主义的经典教科书中,马克思主义的意识形态理论,是放在"社会的文化结构"中论述的。所谓文化结构,"是指哲学、政治法律思想、道德观念、宗教观念、艺术等社会意识的联结方式"[2]。文化结构又称"意识形态的上层建筑"。从与经济结构的关系看,意识形态属于与科学有着不同的规范的、系统的社会意识。可见,意识形态是指与科学相区别的,表现于艺术、道德、政治思想、宗教、哲学中的社会意识和文化结构。基于此一意识形态的定义,所谓意识形态文本,就是指表现艺术、道德、政治思想、宗教、哲学中的社会意识和文化结构的文本。如前所述,文献是记载中国传统文化之文本。因此,以经学为核心的记载中国传统思想文化的意识形态文本,亦可具体称为意识形态文献。

作为"意识形态文献",经学文献具有如下主要特征:

(1) 与中国传统文化密切关联。作为中国传统文化核心、灵魂、命脉之载体的经学,其主导性及产生重大影响的文献,皆表现为"钦定""御纂"类这样代表着占据统治地位的统治阶级思想的文献。此类意识形态经学文献之内容及其运用,涉及中国传统文化中的哲学、政治法律思想、道德观念、宗教观念、艺术等意识形态的方方面面,塑造了深具人文特质的中国传统文化的"文化结构"。

(2) 代表着统治阶级利益的正统思想文化观念。从周公制礼作乐、初立经学之本开始,从官学和私学两个层面,经学从来都是严于正统

---

[1] 中共中央马克思恩格斯列宁斯大林著作编译局编译《马克思恩格斯选集》第一卷,北京:人民出版社,2012年,第151—152页。

[2] 李秀林等主编《辩证唯物主义和历史唯物主义原理》,第5版,北京:中国人民大学出版社,2004年,第114页。

异端之辨。孟、荀之拒杨、墨，就是要辨异端以弘扬先王之道；程朱理学与陆王心学，虽然两派互有辩驳，但都严于判教，坚守儒学礼教的根本立场，而皆对释道二教之蹈空履虚断然拒斥。《四库全书》"著录"有益风教之文献，而将记载异端邪说文献斥入"存目"，完全体现了这种经学正统异端观念对传统文化全面而深刻的影响。

（3）表现为"大文本"、"权威文本"（authoritative text）、"经典文本"（classical text）。意识形态文献是中国传统社会制度的文献依据，涉及现实生活的方方面面。因此，意识形态文献的呈现形式往往是"六经""十三经""大全""全书"等诸如此类的类书与丛书形式，从形式上是大而全的"大文本"。此外，意识形态文献承载了官方统治者的正统思想，并直接成为现实社会文化生活中判断是非曲直的标准，加之法律、规章等制度化的实施保障，又使得其具有"权威文本"的特点。最后，经典是文明主体思想内容的载体，也是文化及精神生活的灵魂与核心所在。意识形态文献显然是中国传统思想文化的经典，属于"经典文本"。

（4）作为意识形态文献的经学解释，有着解释权及解释的统一性问题。上升为意识形态文本的经学，解释权属于统治者和统治阶级。作为私学的经学学术研究，固然可以见仁见智、是非彼此，但是，一旦涉及作为意识形态文本的官学经学解释，则力求统一性、可操作性，以达成统一思想、安顿人心及维护社会秩序的作用。前述两汉经学会议、科举八股制义、程朱理学的官学化等经学史实践，皆说明经学中解释权及解释统一性问题的重要性。

（5）具有指向政教及现实生活的强烈实践性。经明行修、通经致用，从来是经学的旨归所在。中国传统学术史中，经学的研习，从来不单纯是"智的爱好""概念的游戏"。所谓"修己以安人""修齐治平""推天道以明人事"等中国传统经学礼义道要之言，皆说明经学是实践之学。而基于经学的政治、道德、教育、法律等制度化的安排，更说明经学是攸关治国平天下之现实需要的。

　　总而言之,人是文化的动物,同时也是社会的动物。"文化结构"视角下的"意识形态"观念,展现了作为"文化社会动物"之人之所以为人的特质。作为"意识形态文本"的经学文献,从根本上确立了中国人的文化基因,承载着中国文化之核心内容及其历史的、社会的实践过程。传统因诠释而展现、存在及发展。当我们明确了中国传统文化载之于文献,尤其是经学文献以及经学中最为重要的"意识形态文本"时,就方法论意义而言,实现中国传统文化现代化这一中国哲学宗旨问题,便明确地落实于以"意识形态文本"为核心的经学文献的诠释学方法论问题了。

第五章 "礼义诠释学"纲要

创建以经学文献为根本内容的中国哲学文献学，其最终目的，是建设以诠释学为视域、兼具"中国效度"与"哲学效度"的中国哲学诠释学（Chinese philosophical hermeneutics）之一般方法论。因此，就学理研究次第而言，厘清"诠释学"及"方法论"这两个观念，是本著作研究题中应有之义。

一、"诠释学"与作为哲学方法论的诠释学

（一）"诠释学"名辨

关于 hermeneutics（hermeneutik）一词的汉译译名问题，在中国哲学界依然是一个有争议的论题。该词的中文译名，现有"诠释学""解释学""阐释学""释义学"等四种译法。洪汉鼎、何卫平、孙周兴、张隆溪、成中英、景海峰、张江等学者，对 hermeneutics 一词中文译名问题进行了比较深入的讨论。[1]大致言之，既往关于 hermeneutics

---

[1] 分别以四种名称命名的论文、书籍，参见张汝伦《意义的探究——当代西方释义学》（沈阳：辽宁人民出版社，1986年）、高宣扬《解释学简论》（香港：三联书店，1988年）、张隆溪《阐释学与跨文化研究》（北京：生活·读书·新知三联书店，2014年）、金克木《谈诠释学》（《读书》1983年第10期）、洪汉鼎和傅永军主编《中国诠释学》（济南：山东人民出版社，2003—2016年）。洪汉鼎、何卫平、孙周兴、张隆溪、成中英、景海峰、张江等七位学者关于 hermeneutics 译名问题的讨论，参见洪汉鼎《关于 Hermeneutik 的三个译名：诠释学、解释学与

（hermeneutik）译名问题的不同观点，源于学者们试图通过该词名实关系的讨论，表述其关于这门学问本质的看法。参与相关讨论的学者们虽然学科进路不一、各执一词，但讨论的最后落脚点，大多是在伽达默尔"哲学诠释学"理论背景下，讨论与"hermeneutics（hermeneutik）内涵相符合的汉译译名问题。如前所述，正如《剑桥哲学辞典》的定义，hermeneutics是关于解释的技艺和理论之学，又是一种发端于解释问题的哲学类型。依此定义，解释（interpretation）无疑是 hermeneutics（hermeneutik）这门学问之哲学核心。凡站在纯粹哲学立场的学者，也常常以"解释"为研究和论说 hermeneutics（hermeneutik）之核心内容。因此，何卫平坚持以"解释学"翻译 hermeneutics（hermeneutik），确乎是对这个概念哲学性之坚守。然而，正如泽伯姆、潘德荣所见，仅以"解释学"来理解 hermeneutics（hermeneutik）这门学问、翻译这个名词，不足以概括 hermeneutics（hermeneutik）的整个发展历史及其全幅内容，从某种意义上说，甚至是对它的"歪曲"与"别子为宗"。

  本著作采用"诠释学"这一海内外大多学者认可的译法，但又赋予这个定义以新的内涵。如洪汉鼎之考辨，hermeneutik 这个词来源于古希腊，本义为传达、翻译、解释和阐明的技术。而近现代西方诠释学家用此古希腊名词命名这个学科，主要是为了尽量传达出古代的遗风，特别是古代人的思想倾向和思维方式。在中国古代文化中，"诠

阐释学》（《哲学研究》2020 年第 4 期），伽达默尔《诠释学 II：真理与方法——补充和索引》（洪汉鼎译，修订译本，北京：商务印书馆，2010 年，"译后记"第 852—855 页），何卫平《理解之理解的向度——西方哲学解释学研究》（北京：人民出版社，2016 年，第 1—18 页），孙周兴《试论一种总体阐释学的任务》（《哲学研究》2020 年第 4 期，第 20—22 页），张隆溪《阐释学与跨文化研究》（2014 年，第 3—45 页），成中英、杨庆中《从中西会通到本体诠释：成中英教授访谈录》（北京：中国人民大学出版社，2013 年，第 215 页），景海峰《中国哲学的现代诠释》（修订本，北京：人民出版社，2018 年，第 1—9 页），张江《"阐""诠"辨——阐释的公共性讨论之一》（《哲学研究》2017 年第 12 期）。

释"一词是最接近这一概念内涵的词,因此,应当用"诠释学"这一古雅而又意蕴深厚的译名来对译 hermeneutik。更加重要的是,"诠释学"可以包含西方解经学、中国经学那样的既有存在论又有认识方法论的诠释学。这种将解释活动的认识论、方法论与本体论结合起来的诠释学,将是一种普遍而更有效的诠释学。中国漫长的经典注释的历史和经验将在其中大有用武之地。

因仍洪汉鼎"诠释学"译名之见而推及中国哲学研究,本著作采用"诠释学"这一更加契合以经学为主的中国哲学研究主旨之译名。具体来讲,其理由在于:一则,单独"解释"一义,不足以涵盖以经学文献为根柢,兼及古典学、解经学、语文学等多层次全幅"诠释学"视域之中国哲学经学文献研究的全部内容;再则,致力于中国固有传统思想文化现代化的学科宗旨,使得中国哲学研究之前提和基础,存之于中国传统固有的"思想倾向和思维方式"。用"诠释"一词,显然更符合中国哲学的宗旨和这种意涵。从词源学的角度来看,"解释学"与"诠释学"译名仅一字之差,其区分关键就在于对"诠"字的理解。[1]

---

[1] 按:张江力主用"阐释学"翻译 hermeneutics,其理据即出于对"阐""诠"二字的辨析。在张氏看来,中国古代有两条"阐释"路线:重训诂之"诠"与重意旨之"阐"。"诠"之核心要义及其定位,在于其面向事物本身,坚守"诠"之实、细、全,由训诂而证成"义与意","散发着民族求实精神之光";"阐"之核心要义定位,则在其向外、向显、向明,坚持对话、协商之基本诉求,此公开性、公共性,"闪耀着当代阐释学前沿之光"。张氏认为,"阐"尚意,"诠"据实,两条阐释路线,各有其长,互容互合,互为表里。"阐"必据词而立意,据实而大开,由"小学"而阐大体,不违本真;"诠"须不落于碎片,立大体而训"小学",应时而释,须不拘旧义。"阐诠学之纲",在乎"诠,具也",具以确立未来阐释学之坚实基础;"阐,开也",开启阐释学未来之宽广道路。(参见张江:《"阐""诠"辨——阐释的公共性讨论之一》,《哲学研究》2017年第12期)张江"阐""诠"名辨,有益于我们从词源学意义上,厘清二名词之异同。深究其论说旨意,张江主张"阐""诠"二者各有所长、相互为用,也是《四库全书总目·经部叙》之经学汉、宋方法论说之另一种说法。

《说文解字》载:"诠,具也。"[1] 高诱《淮南子·诠言》注云:"诠,就也,就万物之指,以言其微,事之所谓,道之所依也。"[2]《淮南子·要略》道:"《诠言》者,所以譬类人事之指,解喻治乱之体也,差择微言之眇,诠以至理之文,而补缝过失之阙者也。"[3] 可见,"诠"之本义,是指通过详尽、全面的解释,深入细致地阐发事物的道理,明确人事治乱的根本,从而趋利避害,以利社会治理。"解释"固然是作为"哲学诠释学"之核心和灵魂。然而,欲基于文本而进行"详尽而深入"的"解释",必然会涉及文本之整理、解读、理解、实践等其他层次方法及内容。就此而论,追根溯源、辨名析理,用"诠释学"这一名称,显然更能圆融地、全面而完整地处理诠释学各个层次之间的关系,尤其是能够理顺"诠释"总名与诠释之"解释"层次之间的关系。本著作旨在融贯方法论诠释学与哲学诠释学,创建一种源于中国诠释传统的诠释学及哲学新形态,故以"诠释学"这一译名,标示其"哲学效度"。

从中国传统学术史来看,"诠释"一词,已成为概括经典注疏特征约定俗成的说法。《中国基本古籍库》"诠释"一词远远多于"阐释"("诠释"634条、"阐释"成词者不及20条);又,《四库全书总目》"四部"皆有"诠释"词条,经部几乎全以"诠释"反复说明经学注疏之特点,且其内涵兼及汉、宋经诠方法。显然,使用"诠释"而非"阐释"来概括中国传统经典(尤其是经学)注疏传统,更有学术根柢,更具"中国效度"。进言之,张江主张"阐释学"译名,显然还是意在强调"阐释"之对话性、主体间性、开放性之若干当代"哲学诠释学"的特质。而正如前所论,一方面,历史地、完整地理解"诠释学","哲学诠释学"只是其当代发展阶段,而非诠释学的全幅内容;另一方面,欲开拓包含方法论诠释学与哲学诠释学之诠释学新路,用"诠释学"一词显然更加圆融和具有涵盖性及解释力,也更有利于创新性地呈现中国传统经典诠释之"哲学效度"。

[1] 许慎:《说文解字》,北京:中华书局,1963年,第53页。
[2] 何宁:《淮南子集释》中,北京:中华书局,1998年,第991页。
[3] 何宁:《淮南子集释》下,北京:中华书局,1998年,第1449页。

(二)作为方法论的诠释学

泽伯姆专题研究作为方法及方法论的诠释学。在他看来,方法是由人类活动发展而来的经验,依据在经验中发展而来的方法,我们就可以达到想要的效果,而不需要进行进一步的批判性反思。而科学活动的目的是得到知识,知识具有主体间公认的客观性特点,即通过相同的程序就能够再次得到相同的结果。科学活动的这种情况,只有在批判性理论反思中才能被展现出来。反思某个研究共同体的实践活动,确定获得自身客观性的方法的适用范围与界限,可称之为方法论。诠释学本质上是一种人文科学的研究,它的研究反思对象是古往今来的生活世界及其不同的文化背景。在诠释学中,最为重要的是证明普遍客观性方法论的一般诠释学。泽伯姆说,19世纪诠释学家认识到,在一般诠释学中,可以作为客观性及证伪方法论首要指导原则的,便是诠释学层次论说。[1]可见,泽伯姆主要从一般诠释学方法论意义上说明人文科学之方法及方法论特征,并特别强调了诠释学层次理论在一般诠释学中的重要性。

以西方哲学史为据,傅伟勋对哲学方法论进行了全面反思。他说,在西方哲学中,哲学方法论主要分为一般的(general)与特殊的(particular)两种。所谓特殊的方法论与独创性哲学家的思想内容息息相关。比如,黑格尔的辩证法、胡塞尔的现象学。与特殊方法论不同,哲学中的一般方法论,则是一种非特定哲学主张所独占,超越特定思想立场不带任何实质内容的纯然方法论。一般方法论的旨趣,在于为有意传承并发展前哲思想,或者着意于新创哲学思想的学者,提供具有普遍应用可能性的思维方法或哲理诠释进路。比如,逻辑、语意学、原哲学。一般哲学方法论与特殊哲学方法论之间可以相互转化。

西方哲学史上的一流哲学家,都有一套特殊的方法论用以创建自

---

[1] T. M. Seebohm, *Hermeneutics: Method and Methodology* (Kluwer Academic Publishers, 2004), pp. 153-154.

己独特的思想体系，而不是将一般方法论转为自己的特殊方法论。但与此同时，特殊方法论上升为一般方法论，非但无损原有哲学体系，反而能彰显原有特殊方法论之价值与贡献。特殊方法论是否能转变为一般方法论，视特殊方法论之扩充可能性与普遍化可能性而定。以方法论哲学观观之，傅氏"创造的诠释学"，便是试图"过滤"现象学方法、日常语言分析法、辩证法、哲学诠释学方法这些哲学特殊方法论，使之最终转变为一种"作为一般方法论的创造的诠释学"。"创造的诠释学"的核心内容，就是五个辩证的层次：实谓、意谓、蕴谓、当谓、必谓（或曰创谓）。[1]

（三）创建中国哲学研究的方法与方法论体系

近代以来治中国哲学史的学者，基本上形成了一种共识：以西方哲学标准观之，中国传统思想中虽无哲学之名，但有哲学之实；中国传统思想之所以显得不够哲学，是因为中国传统思想家缺乏系统的理论表述而已。[2]

---

[1] 傅伟勋：《从创造的诠释学到大乘佛学："哲学与宗教"四集》，台北：东大图书公司，1990年，第6—12页。

[2] 如，冯友兰说，中国哲学家之书，较少精心结撰、首尾贯穿，故论者多谓中国哲学无系统。然而，系统有形式的系统与实质的系统之分。一个哲学家之哲学可称为哲学，必须有实质的系统。中国哲学家之形式上的系统虽不如西洋哲学家，但是，他们都有自己实质上的系统。因此，讲述中国哲学史"之一要义，即是要在形式上无系统之哲学中，找出其实质的系统"。（冯友兰：《中国哲学史》上，上海：华东师范大学出版社，2000年，第10页）张岱年认为冯氏此说"实为不刊之至论"（张岱年：《中国哲学大纲》，北京：中国社会科学出版社，1982年，"自序"第18页）。

值得关注的是，劳思光之中国哲学史写作，特别关注"中国哲学史的方法问题"。劳氏在讨论了哲学史写作的"系统研究法""发生研究法""解析研究法"之后，专门提出了以还原每一哲学理论"基源问题"为意旨的"基源问题研究法"，并以此法为准，进行了他的中国哲学史写作。（参见劳思光：《论中国哲学史之方法》，载《新编中国哲学史》第一卷，桂林：广西师范大学出版社，2005年，第1—12页）

傅伟勋以中国哲学的哲学性为反思对象,进一步深入探讨了哲学方法论及诠释学层级观念在中国哲学研究中的重要性。傅氏著有《西洋哲学史》[1],又长期在西方从事哲学教学与研究,是故对整个西方哲学有着全面而深入的理解和把握。与此同时,作为华裔学者,他又有着相当程度的中国传统思想学养。因此,他更容易从比较视野看清楚中国传统思想和西方哲学之异同。在傅氏看来,哲学思想之哲学性不在于哲学的结论,而在乎哲学思维的程序及其方法论。以此观之,中国传统思想之所以缺乏哲学性,是因为中国传统思想家往往是通过经典注释的方式进行哲学思维,常常以思想家个人的直观体验表达其哲学结论。至于系统地反思哲学方法及思维程序,从来不在中国传统思想家考虑之列。相较于西方哲学以周备而严密的思维程序来解决哲学问题,中国传统思想显然缺乏高层次方法论的反思。

傅伟勋认为,中国传统思想之所以缺乏哲学性,其根本原因就是中国哲学没有高层次的方法论。因此,提高中国哲学哲学性的必然途径,就是要创建高层次的中国哲学方法论。傅伟勋不仅以其中西比较的视野,深入地探索了中国传统思想缺乏高层次的方法论问题,还进一步以其颇具根柢与想象力的"作为一般方法论的创造的诠释学",为解决这一问题提供了具有启发性的思想实验(thought experiment)。从其理论意向(theoretical intention)来看,"创造的诠释学"就是以傅氏所谓"批判的继承与创造的发展"诠释学态度,站在中国本位的中西互为体用的立场上,"专为缺乏高层次的方法论反思的中国思想传统,设法建构有高度适用性的一种方法论尝试"[2]。

本著作所确立的"礼义诠释学"理论,致力于创建中国哲学研究的方法论体系,就此而论,它首先是一种哲学研究的"特殊方法论"。

---

[1]傅伟勋:《西洋哲学史》,台北:三民书局,1965年初版,2013年第3版。
[2]傅伟勋:《从创造的诠释学到大乘佛学:"哲学与宗教"四集》,台北:东大图书公司,1990年,第12页。

此外，由于这种方法论体系的诠释学哲学根基与古今中西的比较视域，决定了这种方法论具有扩充可能性以及普遍化可能性。因此，就方法论本质而言，"礼义诠释学"既是一种中国哲学研究的"特殊方法论"，也是一种致力于人类哲学研究创新的"一般方法论"。

需要特别说明的是，本著作旨在为未来中国哲学的创新提供一种基于经学文献学的方法论反思，而不是要以教科书的形式梳理中国哲学文献研究方法。方法层面的中国哲学文献学，主要涉及整理、解读、理解、解释、实践的中国哲学文献实际操作之经验总结。而上升到方法论层面，中国哲学文献学与中国哲学诠释学则主要是通过对文献学方法经验的批判性反思，来为创新中国哲学研究方法提供新的方法论指导。当然，这种基于新的中国哲学诠释学的方法论范式，一方面，不能脱离具体的经验方法而凭空反思；另一方面，新的方法论范式，势必要运用于具体的文献学实践，并且需要个案性的研究，以证明其理论的适用性和有效度。因此，本著作之后关于"礼义诠释学"每个层次的具体论述，大致分为"方法简述"和"诠释学方法论相关"等两部分内容展开。在具体论述过程中，也会以《大学》等文本为例，简要说明相关理论之诠释学实践意义。

二、中国哲学诠释学之层次性

中国哲学诠释学的层次性，既是中国经学文献具体内容与本质特点所决定，也与以文本为核心的哲学诠释学的内在理路密切相关。

（一）以注释学为核心、汉学宋学为层级的经学文献学

经学是中国传统文献之主体与核心，传统文献学诸学科皆与经学密切有关。从中国传统文献学的历史来看，经学文献学可谓无所不包，举凡版本学、目录学、校勘学、编纂学、辑佚学、考证学、辨伪学、注释学等文献学相关科目，皆属于经学研究领域。而与经学整理和研究密切相关的知识，比如文字、音韵、训诂、名物、典章制度、乐律、

文学、历史、天文、地理等，更当为经学家所必备。如此看来，研究中国经学文献，实在是一项跨越并整合整个中国传统文献学学问的工作。这显然是一项看似不可能完成的繁难工作。

然而，当我们深入了解经学内容的实质之后，这种跨学科、多维度的经学文献学研究，并非没有操作的可能性。这是因为：一则，经学典籍是一定的。虽然经学文献号称浩如烟海、汗牛充栋，但就其核心经典而论，无非是"六经"。在经学历史中，由"六经"演变出了"五经""七经""九经""十经""十二经""十三经"，甚至所谓"十四经""二十一经"。[1] 但是，深究其实，由"六经"以下以至"十三经"，实在不过是以"六经"为核心不断扩充的结果而已。而"六经"之中，更以《周易》为其他"五经"之根源。因此，经学文献，放之则烟海浩渺；收束到其根本，不过是"六经"，甚至是《周易》这一核心。

再则，经学文献学所涵盖的所有文献学分科，并非平行并列、杂乱无章的堆砌。顺着《四库全书总目》"经部总叙"申说，经学文献研究中"互为胜负"的汉学与宋学研究路径，实际上说明了版本学、目录学、校勘学、编纂学、辑佚学、考证学、辨伪学等诸"汉学"学科，是经学文献研究之"根柢"与"征实不诬"之基础。而注释学实可看作发明"汉学"义理之"宋学"，是经学文献研究之"高妙"与"精微"所在，也是经学研究旨归之所存——阐明并推行"天下之公理"。此外，正如经学宿儒戴震所说，欲求"六经"圣人之道，必当沿着"由字以通其辞，由辞以通其道"，以及"始乎离词，中乎辨言，

---

[1] 关于经书范围的历史沿革及具体经书书目，参见朱维铮编校《周予同经学史论》（上海：上海人民出版社，2010年，第586—592页）、司马朝军主编《〈四库全书〉与中国文化》（武昌：武汉大学出版社，2010年，第18—21页）。

终乎闻道"之次第上升的经学文献解释路径进行。[1]由此可见,以经学文献解释为核心,文字、音韵、训诂、名物、典制等"小学",实与求古圣人之心以得道之经学旨归密切关联。

当代学者汪耀南、董洪利以注释学及古籍的阐释问题为主线,有机贯穿及梳理了传统文献学诸门类之文献学研究,大致展现出了解释学在整个文献学中的核心地位,及以注释学总领整个文献学学科体系研究之有效性与可行性。[2]因此,从中国经学史来看,研习致广大而尽精微的中国经学文献学,其正确方向,当是以经学解释问题为核心,展开跨学科及具有层级性的研究。

(二)方法论诠释学的层级性

当我们以文本为核心考察西方诠释学方法论时,就会发现,跨学科及层级性研究,尤其是分析文本层级,探究不同层级之方法论及其相互关系,实际上也是西方诠释学家讨论的问题,构成了诠释学研究的一项重要内容。如沃尔夫(Friedrich Augst Wolf)提出的文本的语法的、历史的、哲学的"三层次解释理论",阿斯特(Georg Anton Friedrich Ast)强调的文本之历史的、语法的、精神的"三层次理解理论",泽伯姆对"诠释学的层级理论"的专题讨论,等等。这些诠释学家以跨学科的学术视野,关注了文本理解及解释的层级问题,并对诠释学方法论层级理论进行了初步探讨,大致展现了诠释学层级分析方法的解释力,为我们进一步深化此专题之研究,开拓了先路。

特别重要的是,傅伟勋融贯古今中西,颇具想象力和原创性地提

---

[1]参见戴震:《戴震文集》,北京:中华书局,1980年,第164—165、216—217页。

[2]汪耀南:《注释学纲要》,北京:语文出版社,1991年第1版,1997年第2版;董洪利:《古籍的阐释》,沈阳:辽宁教育出版社,1993年。

出"创造的诠释学"之"五谓"层次理论,可以说确立了诠释学层级理论之架构和模式。他以"创造的诠释学"为方法论,对儒释道哲学的一系列实证性研究,亦可见这一理论对中国传统思想的高度适用性和解释力,以及对创造和发展中国哲学方法论体系的重要理论创新价值。

三、"礼义诠释学"的五个层次及其相互关系

纵观整个西方诠释学历史,以文本为核心之诠释学研究,实际已经涉及了文本之整理(textual criticism)、解读(explanation)、理解(understanding)、解释(interpretation)、实践(action)等五个层次的内容。当我们深入中国传统文献研究领域时,也不难发现,中国文献及其理解与解释的各种体例,以及"疏通"与"发明"、"汉学"与"宋学"、"我注'六经'"与"'六经'注我"、"考据之学"与"义理之学"等经学研究路径及方法,也完全体现出了一种文本诠释跨学科、层级性的特点,可与西方诠释学层次理论对观。事实上,中国哲学文献研究的全体内容和方法论,完全可以文本之整理、解读、理解、解释、实践等五个层次加以系统化的整理、概括和提升。

基于以文本为核心的诠释学见解并汲取诠释学层次理论之洞见,本著作对"诠释学"的定义是:诠释学是以文本解释为核心,涉及文本整理、解读、理解、解释、实践等五个层次的哲学方法论体系。基于此"诠释学"定义,本著作对"中国哲学诠释学"的定义是:以经学文献为主要内容,以解释为核心,涉及文献整理、解读、理解、解释、实践等五个层次的中国哲学方法论体系。

在批判继承与创造发展傅伟勋"创造的诠释学""五谓"层次理论基础上,以新的"中国哲学诠释学"为视域,本著作特别提出"礼义诠释学"理论。该理论以文献的整理、解读、理解、解释、实践等五个渐次升高、循环往复的诠释学层次为主体内容,试图以经学解释

为核心内容，将文献学、语言学、历史学、哲学等相关人文学科融为一体，致力于通贯并兼容诠释学之语文学、解经学、古典学内涵，最终创建出一种打通方法论诠释学与本体论诠释学理论隔阂，又兼具"中国效度"与"哲学效度"的"中国哲学诠释学"之理论总纲。"礼义诠释学"最终旨在为未来中国哲学的学术创新，奠定坚实的文献学方法论之理论基础。

第六章　整理层次

经学文献是中国哲学诠释学的根基和贯穿所有诠释层次的主线。"礼义诠释学"之整理层次，是要首先通过经学文献整理工作，为其他诠释层次的展开奠定文献基础。中国哲学文献的整理工作，主要与目录学、版本学、校勘学等三种文献学方法密切相关，也涉及辨伪学、辑佚学、编纂学、索引学等学科相关内容。

一、方法简述

基于文献整理的方法，与浅层目录学、版本学、校勘学、辨伪学等传统文献学相关。

（一）浅层目录学

中国传统目录主要分为官修目录（如《四库全书总目》）、史志目录（如《汉书·艺文志》《隋书·经籍志》）、私撰目录（如《郡斋读书志》《直斋书录解题》）等三种。目录学是进入传统文化之大门。传统目录学之深层大用，在于"辨章学术，考镜源流"，实为"学术之宗，明道之要"（章学诚《校雠通义》）。在文献整理层次，"部次甲乙"之浅层目录学，主要发挥其搜求与择取整理所需的文献之用。浅层目录学之用，可以帮助整理者从诸多方面展开文献整理工作：广泛搜求文献的不同版本，以目录著录有无判断文献真伪，以目录学史考辨文献篇目分合，据目录记载访求亡佚文献，等等。

(二) 版本学

版本学是对文献形式的研究。就文献整理而言，版本工作主要是指在目录工具书的指引下，找寻尽可能多的文献异本，梳理版本源流以确立校勘工作的工作本与对校本。版本学最重要的观念是"善本"。善本有文物和市场意义上的善本与学术研究的善本的分别。如张之洞所言，学术善本之义有三：无缺卷、未删削之"足本"；精校精注之"精本"；旧刻、旧钞之"旧本"。所谓善本，"谓其为前辈通人，用古刻数本，精校细勘，付刊不讹不缺之本也"[1]。文献整理工作的最终成果，就是要形成这种学术善本。

(三) 校勘学

校勘学主要研究通过校勘工作形成学术善本的方法。通过目录学与版本学方法确立工作本与对校本之后，校勘的主要工作就是通过校勘学方法"精校细勘"出学术善本。陈垣《校勘学释例》中的"校法四例"为文献学界公认校勘方法通则："对校法"以同书祖本与别本对读，标注异同；"本校法"以本书前后互证，抉摘异同，辨识谬误；"他校法"以前后左右之书校本书，以正本书讹谬；"理校法"，数本互异且无古本可据，以学植、义理定本书是非正误。[2] 中国传统的经书校勘，分民间与官方两类。民间勘刻经书，主要是商业或学术行为。而传统官方校勘，如刘向、四库馆臣等校刊经籍，校书郎等官员专职校理典籍、订正讹误，说明官方经书校勘，事关教育风化，唯当谨慎从事。

校勘是文献整理的核心工作，目录与版本学的知识和方法，皆是校勘工作的准备和前提条件。此外，辨伪是指通过辨伪方法（如（胡应麟《四部正讹》中的"辨伪八法"、梁启超《中国历史研究法》中

---

[1] 张之洞：《读书宜有门径》，载《輶轩语·语学第二》，武汉：崇文书局，2016年，第25页第1面。

[2] 参见陈垣：《校勘学释例》，北京：中华书局，1959年第1版，2004年新1版，第129—134页。

的"辨伪十二公例")来辨别文献真伪,以确定文献之作者与成书年代。辨伪是文献整理的前期准备工作之一。[1] 辑佚是指搜求、征集散亡文献之方法,该工作与目录学、版本学、校勘学方法密切相关,是文献整理的重要辅助方法。编纂是指按照一定的体例、义例,对文献进行编排整理的方法。文献编纂一般有着明确的现实指向性,它是对原始文献的二次整理与运用。在文献整理层次,索引学发挥着目录学书目指引的作用,是传统目录学的有益补充。

二、诠释学方法论相关

(一)中国哲学文献的"作者"及其复杂性

"礼义诠释学"以"中国哲学文献"作为诠释学的核心内容,并围绕这一核心来理解与确立文献的作者与诠释者。从文献的产生顺序而言,自然是先有作者,才有文献。然而,当文献这一"记载中国传统文化的文本"呈现在诠释者面前时,作者已经成为一系列文本符号及其所包含的意义——文本中的作者始终有待诠释者来确认。因此,就文献诠释次序而言,我们不妨说先有文献,后有文献的作者。时空间距的存在,以及历史上各种复杂的文献形成过程,使得文献的作者问题,并非一个简单而又显而易见的问题。比如,《礼记·乐记》的作者

---

[1] 按:传统伪书,主要见于子部、集部类文献。近代以来"疑古"派学者主要试图通过辨伪手段来推倒"六经"与先王之道,其疑经之见解,越来越为当代考古发现所证伪。此外,由于经学主体文献属于中国传统的"意识形态文献",其文献之真伪早有考辨定论。更为重要的是,经学"意识形态文献"在中国传统社会中发挥着治国平天下的现实指导作用。即便有所谓文献之伪,如"十六字心传",也不能借之以全面否定经学"意识形态文献"在中国传统社会中的重大作用。

本著作对辨伪方法的辨析,以及对"疑古"派以辨伪手段推翻中国传统文化经学根柢的批判,见于本书第一章"述古:中国哲学研究的诠释学态度"等处,此不赘述。辨伪对于子部、集部文献整理与研究而言,意义重要。但是,由于以上所述原因,对于以经学文献尤其是经学意识形态文献的整理而言,辨伪的作用有限。所以,本著作并不把辨伪学当作主要的文献整理方法来处理。

问题。据《汉书·艺文志》和《隋书·音乐志》，可以推定《乐记》为公孙尼子所撰；但同样据《汉书·艺文志》，也可认为是河间献王刘德与毛生等儒生杂采《周官》及"诸子言乐事者"编成《乐记》；而《乐记》中有七百余字与荀子《乐论》相同，认为《乐记》系荀子所作者，亦不乏人。此外，还有人据《汉书·艺文志·杂家》有《公孙尼》一篇，断定《乐记》为汉武帝时公孙尼所作。居中调和、折中诸家之说者，更认为《乐记》系综合孔子以降至西汉中期以前儒家论乐之作。[1]《乐记》的作者到底是孔子弟子公孙尼子还是汉武帝时的公孙尼，是荀子还是河间献王刘德？显然，作者断代之差异，将从根本上影响对此文献之解读、理解、解释及实践。于此可见，确立《乐记》的作者这一文献整理的看似不大的问题，却将直接决定着《乐记》诠释各个层次的诠释导向和呈现内容，事实上成为整个诠释活动的根本问题。

文献是有作者的，但文献作者并非自明，而是需要辨认，需要考证，乃至需要存疑。而一旦作者存疑，在某种意义上就等于诠释活动的终止。比如，《列子》作者的存疑，就导致了近代以来道家思想研究中先秦列子哲学思想的缺席。近代以来疑古思潮打倒经学的一个重要策略，就是否认历史上正统言说中关于经书的作者问题。比如，否认"十翼"为孔子所作，导致了近百年来学者皆以《论语》讲孔子哲学，而不敢以作为"六经"的作者来讲孔子哲学这样一个严重的后果。如金景芳所言，如此一来，"孔夫子变成了空夫子"。

这样看来，确认经学文献的作者，不仅仅是一个中国哲学文献整理的基础问题，更是一个如何接续中国传统思想文化根脉的重大问题。确立经学文献作者问题的致思方向和解决思路，就是要以尊重传统、返本开新的诠释学"述古"态度，以"二重证据法"等科学理性的文献考证辨伪方法，来解决经学作者的问题。特别需要强调的是，由于

---

[1]《乐记》作者的考辨，参见人民音乐出版社编辑部编《〈乐记〉论辩》（北京：人民音乐出版社，1983年）及王锷《〈礼记〉成书考》（北京：中华书局，2007年）相关部分内容。

以历代"正经正史"为代表的"经典文本""意识形态文本"形塑了中国传统思想文化之主体,产生了至为深远的重大影响,所以,在辨伪考证过程中,当以此类文献作为辨伪考证的主体根据和判断标准。无论如何,意识形态文献事关治化和文明的存续,且荟萃了当时知识界的最高水平学者的共识,这总是要比个别学者的一得学术之见更为完备与周全。脱离意识形态文献这一中国传统学术之大本大源,而汲汲于一家学者的尖新之见以定文献是非,如果不是乡曲固陋之见,至少是失之偏颇、不足为道之论。

(二)文献载体的诠释学意义:以《大学》版本问题为中心

传统文献主要有甲骨、金石、简牍、锦帛、纸张、电子等载体。这些不同的文献载体形式,对中国哲学诠释学的研究,皆有不同程度的影响。比如,传统金石文献"佐经证史"的诠释学作用,以石经形式存世的《熹平石经》《开成石经》《清石经》所发挥的作为意识形态文献标准的传播之用,在"二重证据法"视域下,安阳甲骨、青铜彝器、郭店楚简、上博简、清华简对开展科学方法下之中国哲学研究的突出贡献,等等,皆表现了中国哲学文献的不同载体,对中国哲学文献研究的重要影响。

先秦是中国哲学重要文献的成熟时期,该时期中国哲学文献的重要物质载体形式是简牍。简牍文献的制作与书写,对中国哲学文献诠释影响不可谓不大。诚如冯友兰所言,由于简牍的材质"极为夯重",故作者著书立言务求简短,往往仅将结论写出。此著书方法,后来成为风尚。后世作者,虽然已经不受此物质条件的限制,而依然因仍这种著书立说方式,而不予以改变。[1]实际上,也正是由于简牍材质"夯重",中国上古文献只能以单篇形式著述与流传;同时,由于简书制作工艺的特殊性,在制作与使用过程中会产生错简、脱简等对文献

---

[1] 参见冯友兰:《中国哲学史》上,上海:华东师范大学出版社,2000年,第7页。

诠释影响极大的问题。《大学》"古本"与"改本"这一宋明理学史上重要的学术文献公案，实际上就发端于竹书载体特有的错简、脱简所引发的诠释学问题。

北宋二程子认为《礼记·大学》（所谓"古本"）原文有错简，于是两兄弟订正"其间先后有失序者"，作《明道先生改正大学》《伊川先生改正大学》以改正《大学》正文，此为《大学》"改本"之始。[1] 朱熹特重《大学》，终生以之，临殁不已。他接续二程修订《大学》之遗业，以为《大学》原文非但有错简，还有脱简。于是，朱熹在二程"改本"的基础上，重新次序《大学》原文，分列经传，发为章句。朱熹又以为传文第五章有脱简，乃自补"格致传"，并以所补之部分当作"《大学》之始"，"明善之要"，初学者"当务之急"。[2] 作为《四书章句集注》重要组成部分及科举考试的标准文献，《大学章句》影响明代思想甚巨，并引起了明代心学思想的反弹。王守仁即从《大学》版本问题出发，对《大学章句》提出严厉批判。他说，《礼记·大学》古本乃孔门相传旧本，记载着圣人本末一贯之学，"其书止为一篇，原无经传之分"。朱熹怀疑古本有脱误，而以己意改正补辑之，又另分经传而私补新传，如此"旧本析而圣人之意亡矣"。在王氏看来，《大学》古本本无脱误，亦无缺传可补。古本无"格致传"，适可说明《大学》之要，"诚意而已矣"，"以诚意为主，而为致知格物之功"。[3] 阳

---

[1] 参见程颢、程颐：《明道先生改正大学》，载《二程集》下，北京：中华书局，2004年，第1126—1129页；《伊川先生改正大学》，载《二程集》下，2004年，第1129—1132页。

[2] 参见朱熹：《大学章句》，载《四书章句集注》，北京：中华书局，1983年，第1—13页。两宋以降以至民国，《大学》改本之事不断，形成了中国经学历史上具有独特思想史意谓的版本学事件。参见李纪祥：《两宋以来大学改本之研究》，台北：学生书局，1988年。

[3] 参见王守仁：《大学古本序》，载《王阳明全集（新编本）》第一册，杭州：浙江古籍出版社，2011年，第258—259页；《年谱一》，载《王阳明全集（新编本）》第四册，第1261页。

明学主良知诚意，是由内而外之学；朱子之学讲究纲领条目，其学理存诸由外而内以至于"一旦豁然贯通"。二子学术宗旨殊途，自然影响到他们关于《大学》版本的看法。但是，东周文献的简牍形式，以及由此可能出现的错简及脱简问题，无疑是程朱改正脱误、整理改本，以及阳明力复古本之文献学活动及观念得以展开的文献载体基础。

（三）电子文献对中国哲学文献学研究的重大学术意义

电子文献（此处"文献"依然是指"记载中国传统文化的文本"这一意涵，下同）的使用，将给中国哲学文献学与诠释学带来革命性的变化。电子文献指通过计算机及网络技术存取的文献。就目前可见的影响而论，电子文献将对中国哲学文献研究发挥如下重大作用[1]：

（1）随着计算机的普及，海量电子文献数据库的建立以及网络搜索之普及，文献之记录、存储、获取、传递、检索等传统上依靠人工及物质场所展开的文献学工作，都已经发生了翻天覆地的变化。仅举文献整理而言，比如，"引得"与"索引"这样的传统文献整理的重要基础性工作，都已被高效精确的电子索引所取代，因此，传统"引得学""索引学"已大大降低了其实际作用。

（2）随着海量文献版本数据库的建立，以及计算机自动文献整理技术的成熟，文献的校勘、编纂、标点、校注等整理工作，皆可由计算机自动完成。这对于从事哲学观念及理论创造，又不得不从海量文献整理工作开始的中国哲学诠释学工作者而言，无疑具有极为重大的学术价值和现实意义。比如，传统的汉学家文献考据工作，往往以征

---

[1] 关于中国文化典籍数字化研究，以及计算机技术对古籍整理与开发的研究，参见王立清《中文古籍数字化研究》（北京：国家图书馆出版社，2011年）、毛建军主编《古籍数字化理论与实践》（北京：航空工业出版社，2009年）、常娥《古籍计算机自动校勘、自动编辑与自动注释研究》（芜湖：安徽师范大学出版社，2013年）、黄建年《古籍计算机自动断句标点与自动分词标引研究》（芜湖：安徽师范大学出版社，2013年）、王雅戈《古籍计算机自动索引研究——以民国农业文献自动索引为例》（芜湖：安徽师范大学出版社，2013年）。

引海量文献来表现其学术功底,又以细致入微的考辨建立其学术高度与深度。因为电子文献的出现,征引海量考据文献这一过去可能耗尽汉学家终生精力的事情,现在任何人皆可在瞬间完成。而通过对这些文献的排比、梳理,不需要太过深厚专业学养的学者,也可以取得远远超过依赖于传统方法治学学者的学术成就。[1]

---

[1] 黄一农从天文学向人文学研究领域的成功转型,就是依赖于氏所谓"e考据"的方法而实现,堪为电子文献改变学术研究方向与可能的范例。黄一农对文史学界影响甚大的"e考据"之说,从一个侧面说明了电子文献对中国传统思想文化研究的重大影响,及其可能对中国文献学研究的革命性意义,对认识深化电子文献颇具启发意义。

如黄氏所说,在我们无从回避的电子时代研究环境下,"文科的研究环境与方法正面临千年巨变","如何让传统与数字相辅相成,以扩大掌握原典的能力及解释材料的深度,将是新世代学者最大的挑战"。黄氏提出,由于网络、电子资料库、图书馆现代化、出版业兴盛等现代传媒要素的出现,新一代考据者会在很短时间内掌握前辈学者未曾寓目的材料。借助这些电子手段所获取的材料,考据者可以填补历史细节的隙缝,迅速判断以前待考的疑惑及矛盾。黄氏认为,"e考据"最重要的作用是帮助学者迅速与大量原典对话,并展开深度学习与研究。面对海量电子文献,"e考据"最难的是构思可行性高的解决问题的逻辑论辩过程。"e考据"可以使成熟的学者如虎添翼,但是,研究者若内力不足且基本功不够扎实,也很容易浪费有用的材料。黄氏的《两头蛇:明末清初的第一代天主教徒》与《二重奏:红学与清史的对话》两部著作,展现了"类似于复原古陶"的"e考据"工作,可能达到超越前辈学者的学术广度和深度。上述黄氏"e考据"说简述,参见黄一农《两头蛇:明末清初的第一代天主教徒》(上海:上海古籍出版社,2006年),尤其是该著"自序";黄一农《二重奏:红学与清史的对话》(北京:中华书局,2015年),尤其是"第一章 e考据时代的红学研究"及"第十三章 红学的未完成交响曲"。

深究其实,黄氏的"e考据"主要还是在用海量多维度的史料,来进行某一史实的查遗补缺、拼接式复原的考证工作,其方法本质是一种细致入微的细化"e考据"。事实上,今后电子文献的运用方向,应该从"致广大"与"尽精微"两个层面展开,庶几能开拓"e考据"及电子文献运用的大格局与新境界。比如,本著作"周文轴心"一章,便是运用"e考据"手段,在海量文献中对传统"述古"观进行了全面、深入的梳理、概括和研究之后的理论成果。

（3）本著作着力关注作为意识形态文献的"大文本"。按照传统的研究方法，如果想对这些以类书、丛书形式存在的浩如烟海的文献进行整体或者专题研究，完全是不可想象的。但是，由于中国传统主要的"大文本"都已经实现了电子化且有比较成熟的使用软件，过去皓首穷经的工作，现在可能在瞬间完成。[1]因电子文献的存在及"数字人文"事业的发展，对意识形态"大文本"的整体与专题的深入研究，不再是遥不可及的梦想；开拓中国哲学致广大而尽精微研究的新视域，由至为广博深厚的汉学根柢而达到极端高妙而精深的宋学境地，已经是触手可及的事情。

（4）电子文献将使基于海量文献的"大而化之"的中国哲学宏大叙事成为可能。"大文献"数据库的大数据及计算机编程处理，会使得一些极具根本性的传统观念，比如仁、义、理等，有可能通过远远超过传统考据学家所可能想象的广度和深度展开。当这种"大而化之"的研究能够涵盖传统所有经典文本、意识形态文本的时候，我们以"中国传统思想文化"为名目的宏观叙事，将更加深入细致，从而也将更为全面、客观、真实。"选出而叙述之"范式的中国哲学研究，是以片面化、碎片化研究为其根本特点的，这种研究无疑支离破碎化了真正意义上属于"中国传统"的东西。范式转换之后，以"述古"态度展开的中国传统思想文化研究，一定是一种基于"大文本"的全面的、整体的研究，其叙事方式，也一定是一种致广大而尽精微的宏大叙事方式。这种宏大叙事的可能性及其深入程度，将取决于我们运用电子文献的广度、深度，也取决于计算机编程及网络、电子手段所带来的速度和进度。

电子文献在中国哲学文献学与中国哲学研究的运用，目前尚处于

---

[1] 比如"爱如生'典海'数字平台"之"中国基本古籍库""四库系列数据库""中国方志库""中国金石库"等电子文献数据库，几乎将中国传统重要文献网罗殆尽。

开始阶段。可以预期的是,随着电子文献技术的进一步发展以及对其应用的方法及方法论的深入反思和实践,势必会对中国哲学文献学研究带来革命性的变化。因文献载体形式而影响中国哲学文献学乃至整个中国哲学研究者,莫大于电子文献。

(四)作为诠释者的整理者

中国思想史上有成就的重要思想家,皆从事中国哲学文献的整理与研究工作。周公制礼作乐,创始"六经"事业;孔子以删、定、赞、修义例整理上古文献,通过"删述'六经'",使得周文礼乐不坠于地;孟子整理《诗》《书》,通晓"五经";荀子传承"六经"诸经,阐发经学礼义;董仲舒精研《春秋》,提揭春秋大义;朱熹遍注"五经",整理《仪礼经传通解》,临殁不已;戴震以深厚的文献学功底,作《孟子字义疏证》。于兹可见,虽然中国思想史上也有明末王学"狂禅派"束书不观之极端现象存在,但总体而观,重视经学文献整理,着意于经学礼义的阐发,是中国思想史上有作为的思想家理论创新的主流选择。如前"述古态度""周文轴心"所述,中国哲学之"返本开新"工作,一以贯之地表现为中国传统思想家在确立文献整理工作这一"根本"之后,才得以时代问题为视域、以创造性解释为方法的"开新"。从中国思想史来看,凡轻视文献工作而试图蹈空履虚地发表高明见解者,类皆属于无根游谈,难以取得重大而有深远价值的理论成果。

中国传统思想家通过整理文献、诠释经书来阐发自己哲学见解这一现象,可以从"作为整理者的诠释者"这一诠释学视角加以理解。在伽达默尔的"哲学诠释学"与"视域融合"理论中,由于将人的理解与解释活动视为人的本体性存在方式,所以,诠释者始终是"哲学诠释学"之核心。傅伟勋的"创造的诠释学",虽然也重视经典,但其本质上是试图以一种"主体间性"的诠释关系来建构其诠释学理论框架。深究其实,"创造的诠释学"之诠释学根本要素,依然是面对经典(及其作者)的诠释者,而非是有待诠释的经典。从既往以哲学进路创建中国诠释学、解释学的诸位学者的思路来看，大多数学者也是顺着伽达默尔"哲学诠释学"路线，坚持诠释学中诠释者的核心地位。于此可见，在"哲学诠释学"上下文中，对诠释者的研究，是哲学诠释学哲学性之根本保障。

在方法论诠释学视域中，文本、作者、诠释者等三者共同构成了诠释学的三要素。三者之中，文本是诠释活动的物质对象和前提，作者是文本中有待唤醒的诠释者的对话者，而诠释者是以当下时代问题为视域和动力，通过整理、解读、理解、解释、实践等诠释活动激活文本、唤醒作者的理论创制者。以"礼义诠释学"观之，诠释者不是一个单一的身份，而是在不同的诠释层次中，分别化身为整理者、解读者、理解者、解释者以及实践者等五种身份，五重身份之总和，方能成就方法论诠释学中"诠释者"之身份。具体到中国哲学诠释学的诠释学整理层次，诠释者即为中国哲学文献的整理者。作为文献整理者的诠释者，不同于单纯的文献整理者。作为单纯的文献整理者，刘向刘歆父子、四库馆臣整理文献的成就可能远远超过孔子、朱熹。孔子、朱熹的文献整理工作之所以不同于刘向刘歆父子、四库馆臣，就在于前者是哲学家的文献工作而后者是文献学家的文献工作。就诠释学层次而言，文献学家的文献工作止于整理层次，而对哲学家而言，整理层次的文献工作仅仅是其诠释工作的开始。

第七章　解读层次

中国哲学文献解读，主要是指对经学文献字面意义的解读。这种解读既包括通过文字学、训诂学、音韵学等三种中国传统"小学"方法对经学文字音、形、义的解读，也包括通过考辨史实、典章制度等来解决经学字面意义疑难的考据学解读。

一、方法简述

（一）经部"小学"

在中国传统文献学历史中，"小学"一直属于经部。经部"小学"体例，起于《汉书·艺文志》，其"小学"所列十家四十五篇内容，皆属于"六书""六体"类字书，备载"六艺"群书文字。[1]《隋书·经籍志》开始，在字书之外，把训诂、音韵类著作也列入"小学"。[2] 晁公武认为，"文字之学"其实皆属于"小学之类"，总分三类："体制之书"（《说文》之类）、"训诂之书"（《尔雅》《方言》之类）、"音韵之书"（沈约《四声谱》、西域反切之学）。[3]《四库全书》经部"小学类"尊法古义，"以《尔雅》以下编为训诂，《说文》以下编为字书，

---

[1] 班固：《汉书》第六册，北京：中华书局，1962年，第1719—1723页。
[2] 魏征：《隋书》第四册，北京：中华书局，1973年，第942—947页。
[3] 晁公武：《郡斋读书志校证》上，上海：上海古籍出版社，1990年，第145—146页。

《广韵》以下编为韵书"[1],最终集大成式地确立了经部"小学"的体例与内容。本著作主要研究对象为经学文献,因此,因仍中国传统文献学做法,以文字学、训诂学、音韵学内容,作为中国哲学文献"解读层次"之核心内容。

(二)文字学

"小学"中的文字学,是指主要研究经学文献文字字形之学。许慎曰:"依类象形故谓之文,其后形声相益即谓之字。"[2]以《说文解字》为代表的字书,其主要研究内容包括:①文字字体,如所谓"八体",即大篆、小篆、刻符、虫书、摹印、署书、殳书、隶书;②文字结构、性质,如所谓"六书",即象形、指事、会意、形声、假借、转注。除此之外,文字学还研究文字的形成、字形的演变、文字的载体等与文字字形相关之内容。[3]正如《四库全书》所著录,《说文解字》及其注解,以及《五经文字》《九经字样》等石经字书[4],皆与经学文字

---

[1] 永瑢等:《四库全书总目》上,北京:中华书局,1965年,第338页。

[2] 许慎:《说文解字》,北京:中华书局,1963年,第314页。

[3] 文字学通论类论著,参见陈梦家《中国文字学》(修订本,北京:中华书局,2011年)、高明《中国古文字学通论》(北京:北京大学出版社,1996年)、裘锡圭《文字学概要》(修订本,北京:商务印书馆,2013年)。

[4] 与石经字书相关之《五经文字》《九经字样》之具体内容,参见《钦定四库全书荟要》第78册(长春:吉林出版集团有限责任公司,2005年,《五经文字》见第1—42页,《九经字样》见第43—53页)。

作为意识形态经学文献的特殊形式,石经字书值得格外关注。经学文字在经学诠释中具有基础性地位。统一经文文字便可统一经学文献,进而统一思想,发挥经学作为意识形态文献的现实作用。可见,作为意识形态文献,"五经本文"文字攸关儒教社会中现实正统学术以及现实风化之事。因此,历代统治者不乏石经刊刻之举。如,汉灵帝熹平年间的《熹平石经》(包括《周易》《尚书》《鲁诗》《仪礼》《春秋》《公羊传》《论语》等七经);曹魏正始年间的《正始石经》(包括《尚书》《春秋》《左氏传》等三经);刊始于唐文宗大和七年(833年)、成于开成二年(837年)的《开成石经》(又名《雍经》,包括《周易》《尚书》《毛诗》《周礼》《仪礼》《礼记》《春秋左氏传》《公羊传》《穀梁传》《孝经》《论语》《尔

解读密切相关。

　　字书之用，并非小事。郑樵道："圣人之道，惟藉六经。六经之作，惟藉文言。文言之本，在于六书。"[1]因此，欲明经术，其本在于传"六书"、振"小学"。正如孙星衍所说，《说文解字》类字书之作，在于使人明字体、识古文，最终以求得"五经"之本义。许慎明言："盖圣人不空作，皆有依据。今'五经'之道昭炳光明，而文字者，其本所由生。"[2]暴秦烧灭经书、涤除旧典之后，古文由此而绝。世之穿凿巧说者，以私意定文字是非，惑乱经书。许慎"五经无双"，深谙解经之要道。在他看来，文字之正道，在于言必遵修旧文而不穿凿。许慎集毕生精力作《说文解字》，分别部首，尽收文字，欲"理

雅》等十二经）；刊始于后蜀孟昶广政年间的《广政石经》（又名《孟蜀石经》《后蜀石经》《成都石经》，包括《周易》《尚书》《毛诗》《周礼》《仪礼》《礼记》《春秋左氏传》《公羊传》《穀梁传》《孝经》《论语》《孟子》《尔雅》等十三经）；刊成于北宋嘉祐年间的《嘉祐石经》（又称《开封府石经》，包括《易》《诗》《书》《周礼》《礼记》《春秋》《孝经》《论语》《孟子》等九经）；刊始于南宋绍兴年间的《绍兴御书石经》（又称《宋高宗御书石经》《宋太学御书石经》，包括《易》《书》《诗》《春秋左氏传》《礼记（中庸、大学、学记、儒行、经解五篇）》《论语》《孟子》等七经）；刊于清乾隆年间的《乾隆石经》（包括《周易》《尚书》《诗》《周礼》《仪礼》《礼记》《春秋左氏传》《公羊传》《穀梁传》《论语》《孝经》《尔雅》《孟子》等十三经）。历代石经刊刻问题研究，参见张国淦《历代石经考》（北京：燕京大学国学研究所，1930年）、贾贵荣辑《历代石经研究资料辑刊（全八册）》（北京：北京图书馆出版社，2005年）。

　　如上历代刊刻经学石经之举，说明"五经"文字历来受到统治者的重视。在儒者传习过程中，"五经"文字难免出现异文、讹伪，给经文字义，进而对经学经义、礼义的理解带来混乱。因此，由官方统一刊定经文文字，并刻之于石，颁布于学官，传之久远。如此，天下经学研究者有所依归，便可统一学术进而达成"书同文"之现实教育、教化之用。

[1] 郑樵：《通志二十略》上册，王树民点校，北京：中华书局，1995年，第233页。

[2] 许慎：《说文解字》，北京：中华书局，1963年，第320页。

群类，解谬误，晓学者，达神恉"[1]。许氏更深发文字之大用，曰："文字者，经艺之本，王政之始。前人所以垂后，后人所以识古。故曰：本立而道生，知天下之至赜而不可乱也。"[2] 于此可见，传统字书实乃经学礼义之始，学者求道之根本——文字学信非小技，不可轻忽。

（三）音韵学

"小学"中的音韵学，指专门研究中国古代汉字语音的学问。东汉魏晋时期，翻译佛经者以梵文拼音原理发明了反切法用以给汉字注音，标志着汉语音韵学的诞生。音韵学最重要的著作，就是韵书。韵书主要用以满足人们写作诗词、韵文时，查检韵脚之需要。官方颁布的韵书，如《广韵》《集韵》《洪武正韵》，主要用于科举考试中的诗赋考试。科考中的诗赋用韵，由礼部职掌，对声律有着非常严格的要求，考生"毫发弗敢违背"，因此，中国传统官颁韵书，实际上发挥着意识形态文献统一思想的作用。[3]

音韵学与经学有着密切的关系。当音韵学知识被运用于释读经学经典时，音韵学遂成为中国传统经学"小学"类中的一种。在有些学者看来，经学"小学"之中，音韵较之文字，更为根本。司马光云："备万物之体用者，无过于字，包众字之形声者，无过于韵。"[4] 顾炎武道："读'九经'自考文始，考文自知音始。"[5] 音韵学于经学之大

---

[1] 许慎：《说文解字》，北京：中华书局，1963年，第316页。

[2] 同上。

[3] 音韵学介绍著作，参见高本汉《中国音韵学研究》（北京：商务印书馆，2014年），王力《汉语音韵学》（北京：中华书局，2014年），唐作藩《音韵学教程》（第5版，北京：北京大学出版社，2016年），张世禄、杨剑桥《音韵学入门》（上海：复旦大学出版社，2009年），等等。

[4] 司马光：《〈名苑〉序》，载《温国文正公文集》卷第六十四，"四部丛刊"景宋绍兴本。

[5] 顾炎武：《答李子德书》，载《亭林文集》卷三，"四部丛刊"景清康熙本。

用，在于寻求三代"六经"之古音以正经文。三代"六经"之音，失传已久。后世之人由于不懂古字音韵，当其以今之音韵读古字不通时，动辄以当世之读音，轻改古经文字。唐明皇因读音不协而改动《尚书》经文之字，便是一个典例。毫无疑问，因不懂古音而"率臆径改"经书，是从根本上对经学的破坏。顾炎武因之感叹："嗟夫！学者读圣人之经与古人之作，而不能通其音；不知今人之音不同乎古也，而改古人之文以就之，可不谓之大惑乎？"[1]

《诗经》孔子皆弦歌之，以求和《韶》《武》之音。可见《诗经》与音韵学关系最为密切。事实上，辨析上古音韵，是理解《诗经》经义之必然要求，更是实现《诗经》以歌咏而成就乐教功能的前提。此外，通过理解《尚书》《周易》中韵文来疏通经义，以同音假借字来进行"音训"，等等，都说明了音韵学对于经学研究的重要性。钱大昕说："古人以音载义，后人区音与义而二之，声音之不通而空谈义理，吾未见其精于义也。"[2] 于此可见，音韵之学绝非以存古音为目的，而是为了通过古音以求经义。

（四）训诂学

"小学"中的训诂学，是指解释及疏通经学中古今、异域、疑难字词意义之学。训诂学与经学密切相关，其最重要的著作，即"十三经"之一《尔雅》。《尔雅》古称周公所著，而孔子、子夏递相增益，内容涉及字词释解、自然万物、人伦器物、花鸟虫鱼，皆为解释"五经"字义而设。《尔雅注疏》凡 10 卷 19 篇，是"尔雅"类著作中最为重要的意识形态文献。钱大昕特别强调了"尔雅"类训诂著作对于经学研究的重要性："夫'六经'皆以明道，未有不通训诂而能知道

---

[1] 顾炎武：《答李子德书》，载《亭林文集》卷三，"四部丛刊"景清康熙本。
[2] 钱大昕：《〈诗经韵谱〉序》，载《潜研堂集》卷二十四，清嘉庆十一年刻本。

者。欲穷'六经'之旨，必自《尔雅》始。"[1]总体而观，由《尔雅》而衍生的"雅学"类古书，以及《经典释文》《经籍纂诂》等训诂名著，亦不外训释经学字义之作。[2]

训诂类著作之用，在于"训释五经，辨章同异"，"通畅古今之言，训道百物之貌"，可以使研习经学者，知经文"指意归乡"，"博览而不惑"。因此，就中国哲学文献研究而言，训诂学诚为"传注之滥觞""经籍之枢要"，堪当"九流之津涉，六艺之钤键"。[3]在钱大昕看来，非训诂无以明道。治经之正道，在于通经博物、精研古训、立论有本，既不师心自用，亦不为一人一家之说所囿。与之相反，凡废训诂而高谈名理者，实不过是空言说经、游谈无根之辈而已。钱氏总结道："有文字而后有诂训，有诂训而后有义理。诂训者，义理之所由出，非别有义理出乎训诂之外者也。"[4]明经之本在于疏通、发明经书义理，义理之明，舍字义而无从谈及。诂训字义之学，实为经学义理之本。

（五）考据学

此处的考据学，指的是对与经学文献诠释活动相关的内容进行考证的学问。考据学可分为广义和狭义考据两种形式。广义的考据学，包括对版本、目录、辨伪、辑佚、校勘、文字、音韵、训诂等所有涉

---

[1]钱大昕：《与晦之论〈尔雅〉书》，载《潜研堂集》卷三十三，清嘉庆十一年刻本。

[2]《尔雅》及"雅学"类著作简介及研究，参见邵晋涵《尔雅正义》（重庆：重庆师顾堂，2015年），《四库全书总目·小学类·小学类一》，窦秀艳《中国雅学史》（济南：齐鲁书社，2004年）。

[3]此段节引汇总之引文，出于《尔雅注疏》（北京：北京大学出版社，2000年）、《经典释文》（收入《钦定四库全书荟要》第77册，长春：吉林出版集团有限责任公司，2005年）之语。

[4]钱大昕：《〈经籍纂诂〉序》，载《潜研堂集》卷二十四，清嘉庆十一年刻本。

及文献整理及解读层次内容的考证。狭义的考据学,专指对文献所涉及的历代名物、典章制度、人物生平、史实、天文地理等所进行的考证。[1]从广义上来讲,中国哲学文献考据是对以经学文献为主体的,涉及整理与解读层次所有学科内容的考据;就其与"小学"三科内容的区分而言,则主要是指对经学文献进行上述狭义考据学内容的考据。

考据是中国文献学历史上文献学家普遍运用的方法,尤以两汉、清代为盛。依照来新夏之见,考据学的方法主要分为本证法、旁证法、理证法等三类。①本证法亦称内证法,主要指利用所考文献本身所载之事实、典章、征引资料、文体与字句、学术思想等来考定文献中的问题与矛盾之处。②旁证法亦称他证法、外证法,具体内容又分书证与物证两种。书证法主要指利用所考文献之外的文献资料来考证,主要包括对堪以相互订正以及穷搜博采以求是订正等二法。物证法是指以文献以外的遗迹、金石等"实物"来勘正文献的方法。③理证法指在缺乏内证、旁证依据的情况下,考据者完全根据个人学识以推理判断的考据方法。理证法是一种水平高而危险大的考据方法。[2] "来氏三法"之外,现代学者还总结出了归纳法、演绎法、数学考证法等文献考据方法,以及严谨求实、多闻阙疑、无征不信、广征博引、小心

---

[1] 按:孙钦善说,中国古文献学史虽然流派众多,但从基本倾向和学术性质上来分,只有考据学派和义理学派两种。义理学主要是对文献思想内容的剖析与探求,而考据学则是指对文献形式方面的文字、音韵、训诂、版本、目录、校勘、辑佚、辨伪诸学及其相关内容的考实之学。(参见孙钦善:《中国古文献学史》上,修订本,北京:中华书局,2015年,"绪言"第5页;孙钦善:《中国古文献学》,北京:北京大学出版社,2006年,第20页)孙氏此处所述考据学内容,涉及了传统文献学的全部科目,实质上等于说考据学即文献学(孙氏《中国古文献学》基本上就是在讲考据学的诸学科内容,对义理学只有非常简略的无关紧要的涉及)。于此可见,广义考据学实际上涵盖了传统意义上文献学所有学科的内容。

[2] 参见来新夏:《古籍整理讲义》,厦门:鹭江出版社,2003年,第184—188页。

求证等考据的原则,皆对从事文献考据之事有益。[1]

中国哲学解读方法以"小学"三科为主、考据学方法为辅。"小学"虽然一分为三,实则相互为用;考据固可独自成类,亦可通贯"小学":四者总归为经学之根本。《说文解字》信为字书,然正如许慎所言:该书"六艺群书之诂,皆训其意"[2],其有训诂之用,显而易见。深究《广韵》《集韵》等韵书之实,也完全可以把它们看作是以韵母次序排列的文字、训诂之书。如此说来,以"小学"整体观之,文字、音韵、训诂三者实在是"一而三、三而一"的关系[3]。王鸣

---

[1] 参见项楚、罗鹭主编《中国古典文献学》,北京:中国人民大学出版社,2013年,第175—182页。

王鸣盛《十七史商榷》序中,总结其考据"十七史"之经验,将考据之要义,发为"总归于务求切实之意",可谓狭义意义上考据学道要与宗旨之言。而其对自己考据工作之自况,真切而生动地展现了考据学"来氏三法"之实况,堪为考据工作之楷模:

> 恒独处一室,覃思史事,既校始读,亦随读随校,购借善本,再三雠勘,又搜罗偏霸杂史、稗官野乘、山经地志、谱牒簿录,以暨诸子百家、小说笔记、诗文别集、释老异教,旁及于钟鼎尊彝之款识、山林冢墓、祀庙伽蓝碑碣断阙之文,尽取以供佐证,参伍错综,比物连类,以互相检照,所谓考其典制事迹之实也。(王鸣盛:《十七史商榷》上,上海:上海古籍出版社,2013年,"序"第2页)

考据不仅仅是方法,更重要的是实践。王氏自况,道尽了传统考据之艰辛与不易。当然,在当下电子文献时代,通过"e考据"(黄一农语)所展开的工作,已经从根本上彻底改变了传统考据工作的艰困面貌(参见"整理"章关于"e考据"的相关论说)。

[2] 许慎:《说文解字》,北京:中华书局,1963年,第320页。

[3] 按:王鸣盛说:"声音固在文字之先,而即文字以求声音,则当以文字为定。"进而他又说:"古人之意不传,而文则古今不异。因文字而得古音,因古音而得古训,此一贯三之道,亦推一合十之道也。"(王鸣盛:《小学考序》,载《潜研堂集》卷二十四,清嘉庆十一年刻本)可见,在王鸣盛看来,文字贯通"小学"始终,且贯通的次第是由文字而音韵而训诂。以诠释学视域观之,此"小学"次第,实可看作以文本(文献)为核心的文本诠释学解读路线。

盛道:"小学者,经之始基。"[1]又申之曰:"经以明道,而求道者不必空执义理以求之也,但当正文字,辨音读,释训诂,通传注,则义理自见,而道在其中矣。"[2]从狭义考据的实质内容来看,考据实可视之为训诂之扩大版。明经所以求道,"小学"之文字、训诂(考据)、音韵三学,明经之学也。

二、诠释学方法论相关

(一)克服诠释学"间距"的"解读四学"

诠释活动始终是文本与诠释者之间的活动。整理层次所形成的善本,为整个诠释学活动提供了物质对象与基础。当诠释者作为文献整理者完成"善本"的诠释学整理工作之后,他就要转换身份,成为探究"善本"字面意义的解读者。

间距(distanciation)是诠释学得以成立的前提和能够展开的条件。[3]从文本诠释学的视角来看,文本是有字面意义的,文本的字面

---

[1] 王鸣盛:《蛾术编》上,上海:上海书店出版社,2012年,第2页。

[2] 王鸣盛:《十七史商榷》上,上海:上海古籍出版社,2013年,"序"第1—2页。

[3] "间距"是诠释学一个核心概念,伽达默尔及保罗·利科皆有论述。本著作试图借助并化用保罗·利科关于"间距的诠释学功能"之见,以说明"解读四学"之于化解诠释学间距之功用。

伽达默尔强调,诠释学的"真正位置",就存在于解释者和原作者之间由于"历史距离"所造成的"一种不可消除的差异"。诠释学的时间距离是产生新的理解的源泉,也提供了创生新的意义的可能性。"时间距离"可以被看成是"理解的一种积极的创造性的可能性"。这种时间距离对于理解的重要性,也就是"时间距离的诠释学意义"。(伽达默尔:《诠释学Ⅰ:真理与方法——哲学诠释学的基本特征》,洪汉鼎译,修订译本,北京:商务印书馆,2010年,第411—424页)在《间距的诠释学功能》一文中,保罗·利科把文本置于间距性问题框架的核心。在他看来,不同于伽达默尔之解释者与原作者的"主体间的交流"的特殊情况,文本是主体间交流中"间距的范式";文本展现了人类经验的历史性,存在于间距并通过间距交流的本质特征。利科从作为话语的语言实现、作为结构性作

意义不会自然呈现而有赖于解读者的解读。如保罗·利科所言，文本是由书写记录下来的话语。当话语固化为书写时，话语已经成为脱离其语境的独立存在物。文本的字面意义之所以需要被解读，就是因为当文本的意义诠释活动开始时，话语与书写之间产生了"间距"。诠释学中的解读活动，就是解读者力图回到文本的"书写现场"，在文本书写的语境中来探求文本的原始字面意义。"间距"主要表现为"时间间距"与"空间间距"两种形式。因此，文本字面意义解读的实质，就是解读要克服诠释的时间与空间的二重"间距"，从而抵达文本的"书写现场"，以求得对文本字面真实意义的把握。

从诠释学的意义上讲，中国哲学文献学中的"解读四学"（"小学"三科加上考据学。当将此四种学问具体运用于解读经学文献时，名之曰"解经四学"。下同），皆可看作克服时空间距以解读文献字面意义之学。陈弟在《毛诗古音考》"自序"中说："时有古今，地有南北，

品的话语的实现、话语及其作品中说与写的关系、作为世界筹划的话语功能、作为自我理解媒介的话语以及话语作品等总计五个方面，说明了在人类经验的历史性核心之处，间距所发挥的积极的和创造性的功能。参见 Paul Ricoeur, *Hermeneutics and the Human Sciences: Essays on Language, Action and Interpretation*, edited and translated by John B. Thompson (Cambridge: Cambridge University Press, 1981), pp. 131-144。大致来看，伽达默尔是要说明，"时间距离"是诠释学产生以及理解活动得以展开的前提条件。不同于伽氏主于解释者与作者主体间的考察，利科要论证，文本说明了人类经验的历史性是通过间距得以展现的。

如穆尔（Henrietta Moore）所梳理，保罗·利科将发展出如下四种"间距"概念的形式：①书写话语意义多于话语本身；②作者的意图和文本的意义不再保持一致；③文本与直接听众有了间隔（gap），而面向所有未知观众；④文本缺失了话语产生环境中的"确证参照物"（ostensive reference）。参见 Christopher Tilley (eds.), *Reading Material Culture* (Oxford: Basil Blackwell, Ltd, 1990), pp. 93-94。"间距"是诠释活动展开的必要条件；诠释活动的意义，就是为了克服人类文化活动的时空"间距"。从利科上述四种"间距"形式看，克服诠释"间距"，意在探求文本的字面以及内在的"客观意义"，主要涉及文本的语言性解读与历史性理解等两个层次。

字有更革，音有转移，亦势所必至。"[1] 经学文献之话语，发端于邈古传说时代，历经三代而至"六经"备载之周文，其"间距"于今者，动辄以数千年计。加之经文话语之字体、音韵、故训，数千年间曲折传衍，经书本文与历代诠释之作层层累积，以及经学地域南学、北学之分，等等因素，这就造成了非常复杂的经学文献时间的与空间的诠释学"间距"。因此，面对"超长时空间距"的经学文献，倘若不借助于"解读四学"，断无可能进入经学文本。戴震明言："经之至者道也，所以明道者其辞也，所以成辞者字也。由字以通其辞，由辞以通其道。"戴震批判道，宋儒讥讽训诂之学，轻视语言文字，实在是"渡江河而弃舟楫，欲登高而无阶梯"。解经之正途，首在于求字义、通语言。施行之法，在于"本六书，贯群经，以为定诂"，"每一字必求其义"；解经者必从事于字义、制度、名物之考据，始有可能通"六经"之语言。[2] 文以载道，经学最终固然是求道之学。然而，舍"解读四学"，将无以克服经学文献浩若汪洋、高比泰岳之"超长时空间距"。

经学文献是整个中国传统文献的中心，作为意识形态的经学文献更是对整个中国传统思想文化有着笼罩性的影响。职是之故，我们不难发现，几乎所有与中国传统文献学相关的学科，都是以经学文献作为其核心研究内容，此于两汉经学与乾嘉汉学尤为典型。具体到"解读四学"，与之相关的经学研究成果，可谓汗牛充栋。这就保证了当我们从文字、音韵、训诂、考据四学进行经学文献解读的时候，皆能从儒先前贤的成果中深入细致地展开相关领域的研究。

克服经学解读的"超长时空间距"，我们尤其应该关注《四库全书》这一中国文献学历史上最为重要的"大文献""意识形态文献"。这是因为，它精选了整个中国传统文化中几乎所有重要经典，是集部

---

[1] 陈弟：《毛诗古音考》，收入《文渊阁四库全书》第239册，台北：台湾商务印书馆，1986年，"自序"。

[2] 参见戴震：《戴震文集》，北京：中华书局，1980年，第216—217页。

晋涵、戴震等极一时之选的精英学者集体智慧的结晶,又经"钦定""御纂"的严格把关,代表着中国传统学术的全幅重要内容和学术文化最高水平。"超长时空间距"需要《四库全书》这种超大体量的"大文献""意识形态文献"去克服。

(二)"解读四学"与"语法解释"

诠释学解读层面主要处理经学文献的字面意义,其诠释活动的两大要素是经学文献与解读者。解读只处理经学文献的字面意义,不涉及对文献作者的理解问题。因此,在解读层次中,经学文献始终是独立于解读者之外的客观物质性存在。也正是这个原因,当我们在用"解读四学"处理经学文献之"间距"问题时,其诠释学关系始终是解读者与文献之间的主客体关系,而非伽达默尔在处理"时间距离"观念时所主张的解释者与原作者之间的主体间性关系。解读的这种主客体关系的存在,决定了经学文献这一客体一定有着不依赖于解读者的客观意义(objective meaning)存在。从方法论意义而言,经学文献的解读活动,就是解读者依照严格的"解经四学"之方法寻求经学的客观意义的过程。

"解读四学"解读经学文献字面客观意义的意旨,实可与施莱尔马赫(Schleiermacher)的"语法解释"(grammatical interpretation)对观。施氏将解经学的理解法则扩大到对所有文本的理解,因而建立了一种"一般诠释学"(general hermeneutics)。[1] 施氏在其一般诠释学

---

[1] 施莱尔马赫诠释学思想的主要内容及其一般性介绍和研究,参见 Friedrich Schleiermacher, *Hermeneutics and Criticism* (translated and edited by Andrew Bowie ＜Cambridge: Cambridge University Press, 1998＞), Paul Ricoeur, "Schleiermacher's Hermeneutics" (*The Monist*, vol. 60, no. 2 ＜April 1977＞, pp. 181-197),洪汉鼎主编《理解与解释:诠释学经典文选》(北京:东方出版社,2001年,第22—73页),洪汉鼎《当代西方哲学两大思潮》下册(北京:商务印书馆,2010年,第467—479页),潘德荣《文字·诠释·传统——中国诠释传统的现代转化》(上海:上

中，重点区分了语法解释与心理学解释等两种解释的趋向。就"语法解释"而论，施氏认为，诠释学之"理解"，首先是对表达思想的语言的理解，因此，诠释学必须建立在作为语言知识的语法学基础之上。就其表现形式而言，语法解释是一种外在的、客观的语言解释。语法解释最重要的规则有二：其一，是对语言使用者及其最初读者所属的语言环境的解释；其二，是对语词所属的语言系统之于语言意义的解释。

从"礼义诠释学"来看，施氏所谓"语法解释"，主要涉及文本之语言及语词的语法解读问题。因此，施氏之"语法解释"应归属于解读层次。"解读四学"实可以用"文以载道，道不离文"来概括其"语法解释"意义。此即是说，一方面，"文以载道"。作为文献思想内容的"形而上之道"，必须落实于文献语言层次之上。没有对表述道之文献的语言层面的解读，道就不可能存在。因此，文字、音韵、训诂、考据，是从语言这一最为基础的层次上来奠定道之根基。另一方面，"道不离文"。"解读四学"对经学文献的字面意义的语言学解读，是解读者主体通过解读方法展现文献客观意义的过程。经义之道的形而上意义，不能脱离经学文献语言学的客观意义而凭空立说。虽然从文献的字面意义来确立其客观意义有着非常复杂的文献学问题，但是，"解读四学"的具体方法，都是指向解读文献原始意义（从而是客观意义）的。强调文本解读，是中国传统经学诠释的所谓"汉学路径"。该路径对经学解读方法的倚重，以及由此"实事求是"方法而形成的追求经文本义的信念，最终确证了经学的文献学根柢。而其在文献基础上所解读出来的征实不诬之经义，是经学最终发挥教育、教化之用的根本保障。

海译文出版社，2003年，第78—110页），潘德荣《西方诠释学史》（第2版，北京：北京大学出版社，2016年，第247—269页）。

（三）"小学"与语言哲学、诠释学

"小学"是确立中国哲学诠释学中国特色之重要学术资源。潘德荣特别指出，与西方建立在拼音文字上"语音中心论"诠释学不同，中国诠释传统"如果可以名之为文字中心论的话，显然与以形、音、义的联结为特征的汉字有着不可分割的关系"[1]。潘氏对中国诠释理论传统"文字中心论"这一基本特征的揭示，说明了解读汉字形、音、义之文字学、音韵学、训诂学方法，对建构中国哲学诠释学理论有着莫大的干系。以传统"小学"成就重新审视中国哲学诠释学方法与方法论的建构问题，意义重大。清代是传统"小学"之极盛时期。有清一代汉学（或曰朴学），名家辈出，文献理论及实践成绩斐然。总结清代汉学成就，尤其是以诠释学之整理与解读层次发掘此期文献学理论与实践的诠释学意义，当是今后建设中国特色诠释学理论的重要工作。

解读层次之"小学"，亦可与傅伟勋"创造的诠释学"之"意谓"层次对观。总体而观，解读层次与"意谓"层次的共同之处在于，两者都是要处理文本的字面意义。二者的区别在于：①解读是以经学文献为核心，"意谓"以子学典籍为主；②解读层次中，解读者与经学文献是主客体关系，"意谓"中诠释者与原典作者是主体间性关系；③解读层次中，解读者通过"解经四学"之传统文献学方法，力求经学文献之表面客观意义（formal and objective meaning），"意谓"主要指诠释者尽量客观地梳理原典思想家的本义（the original meaning）与真义（the true meaning）。值得关注的是，"意谓"层次主要采用英美哲学界日常语言分析法，强调通过脉络分析（contextual analysis）、逻辑分析（logical analysis）、层面（或次元）分析（dimensional analysis）等三重"析文诠释学"（linguistic-analytic hermeneutics）方法，以获

---

[1]潘德荣：《文字·诠释·传统——中国诠释传统的现代转化》，上海：上海译文出版社，2003年，第1页。

取原典原原本本的客观意义。傅伟勋这种以西方语言哲学方法探求原典客观意义的思考，对于解读层次扩大理论视野、深化经学文献客观意义探求的方法论研究，具有重要的理论启发意义。深化"小学"与西方语言哲学之间的关系，当凸显中国哲学诠释学"哲学效度"的重要努力方向。

吴根友以"人文实证主义"的说法，来概括总结以戴震、段玉裁、焦循、阮元为代表的乾嘉学派"小学"方法的总体特点。在他看来，乾嘉学者们的实证方法，表现在以音韵、训诂、文字学、版本校勘、历史事实真相的考据等方法，来恢复经典原貌、发掘经典原义、还原历史真相。这些具有求真、求实"实事求是"精神的方法，具有人文主义实证性的特质。吴根友还认为，戴震所主张的字以通词、由词通道的途径，将中国传统思维方式由"求善"转向了实证化的"求真"，可称为"语言哲学的路径"。以戴震为代表的乾嘉汉学的这种转向，可以名之曰"18世纪中国哲学的语言学转向"。[1]

"小学"三科中蕴藏着未来中国哲学创新可资利用的丰富资源。如果我们认可乾嘉汉学是中国传统文献学研究的巅峰，而语言哲学又是当今西方哲学之主流的话，那么，在古今中西视域中实现中国固有传统思想的现代化，当可以从"小学"尤其是乾嘉诸子文献学思想中，"以中化西"地开辟出中国语言哲学创新之路。此外，汉字在"小学"三科中的核心地位，以及极为丰富的中国传统"小学"学术资源，无疑对我们发展出中国特色的文本诠释学，确立了坚实的"中国效度"之根柢。以"小学"观之，未来中国哲学可能创新的方向有

---

[1] 参见吴根友：《第八章 由字通词，由词通道——18世纪中国哲学的语言学转向》，载郭齐勇、吴根友主编《近世哲学的发展与中国哲学的创造转化》，北京：中国社会科学出版社，2014年，第319—362页；吴根友：《第三章 人文实证主义与乾嘉学术中的现代性因素》，载吴根友、孙邦金等《戴震乾嘉学术与中国文化》下册，福州：福建教育出版社，2015年，第1136—1158页。

二：①以"小学"为主体的中国语言哲学；②以汉字为核心的经学文献诠释学。总而言之，"小学"将在未来中国哲学文献学研究，以及未来中国哲学理论创新中，占据重要的基础性地位。

第八章 理解层次

中国哲学文献理解,主要是指理解者对经学文献经义本义和作者原意的历史性理解。理解旨在寻求文献内容方面所承载的客观意义。文献的理解,与目录学、历史学、考古学、文物学、金石学、图谱学密切相关。

一、方法简述

(一)深层目录学

欲在中国传统学术史固有脉络中真切理解经学文献,必先从传统目录学寻求入道之门。理解层面的目录学主要发挥"辨章学术,考镜源流"的文献学作用,是理解经学文献的"学术之宗,明道之要"。从解读层面上升到理解层面,诠释者从解读者变身为理解者。此时,诠释者(理解者)主要通过发挥目录学之经学思想学术史之作用,以期全面内在地理解经学文献的原意和本义。

从传统目录学的体例来看,目录学之内容和功用,实有浅层与深层之分。目录学著录文献名、作者、卷数、考辨版本、传承等内容,皆属于目录学浅层之用。如前"整理"层次所示,目录学浅层功用,即是"部次甲乙",为文献整理者广搜异本、考辨真伪,提供文献目录之工具书指引。深层目录学之用,则在于考证文献内容、梳理学术脉络、论衡学术得失、评判学术价值等,类属于对文献内容的深层理解。全体而观,深层目录学的内容及功用有二:一方面,"辨章学术,考镜源流",实际上可以看作提要钩玄的中国传统学术史著作;另一方面,就其从思想高度"折衷六艺,宣明大道"而言,目录学完全是理解中国传统思想文化的"学术之宗,明道之要"。[1]王鸣盛说:"凡读书最切要者目录之学,目录明方可读书,不明终是乱读。"[2]王氏又曰:"目录之学,学中第一紧要事,必从此问涂,方能得其门而入,然此事非苦学精究,质之良师,未易明也。"[3]王氏之论,完全是目录学得道者之言。理解中国传统思想文化及其经学文献,必自目录学而入,方得其门径。

传统目录学著作有官修、史志、私撰等三类表现形式,其中,如《钦定四库全书总目》这类官修目录更值得关注。《钦定四库全书总目》乃乾隆年间编纂《四库全书》时之重要衍生文献,是中国传统官修目

---

[1] 中国传统目录学通论类介绍,参见姚名达《中国目录学史》(上海:上海古籍出版社,2002年),余嘉锡《目录学发微》(北京:中国人民大学出版社,2004年),来新夏《古典目录学(修订本)》(北京:中华书局,2013年)。从学术史、思想史研究中国传统目录学的著作,参见徐有富《目录学与学术史》(北京:中华书局,2009年),余庆蓉、王晋卿《中国目录学思想史》(长沙:湖南教育出版社,1998年),王锦民《古典目录与国学源流》(北京:中华书局,2012年)。

章学诚"辨章学术,考镜源流"(语出《校雠通义》自序)一语,被目录学研究者奉为圭臬。这表明:目录学并非单纯"部次甲乙、记录经史",仅是处理文献形式的"流略之学"。目录学更为重要的作用,是条别学术异同、推阐大义、由委溯源,使人从学术史的意义上理解文献内容的价值和意义。章学诚反复强调,古人著书,未有不辨别诸家学术源流的。但是,著录部次、辨章流别之最终目的,在于通过序列九流百氏之学,使人"即类求书,因书究学",以期最终达成"折衷六艺,宣明大道"之目的。因此部次以明大道之目录学实质,传统目录学实可堪当"学术之宗,明道之要"。(章学诚目录学说,见其《校雠通义》之《原道》《互著》《汉志六艺》《汉志诸子》诸篇。)因仍章氏上述目录学之洞见,实在应该以"辨章学术,考镜源流""学术之宗,明道之要"之所谓"章氏十六言",来完整地理解中国传统目录学之全体大用。

[2] 王鸣盛:《十七史商榷》上,上海:上海古籍出版社,2013年,第68页。
[3] 同上书,第1页。

录中最重要的著作。《钦定四库全书总目·凡例》叙述其编撰体例及主要内容，曰：

> 今于所列诸书，各撰为提要。分之则散弁诸编，合之则共为总目。每书先列作者之爵里，以论世知人。次考本书之得失，权众说之异同。以及文字增删、篇帙分合，皆详为订辨，巨细不遗。而人品学术之醇疵，国纪朝章之法戒，亦未尝不各昭彰瘅，用著劝惩。其体例悉承圣断，亦古来之所未有也。[1]

此条凡例非常精要地说明了官修目录的编撰程序、主要内容及其作用。尤其值得关注的是，作为意识形态类文献，《钦定四库全书总目》还承担着臧否学术人品、维系国纪朝章、劝惩是非善恶之教育、教化之现实作用。

对文献的理解，旨在求文献内容之本义与作者之原意。此宗旨之实现，唯有赖于进入中国传统文化之现场，深入理解中国传统学术思想之内在脉络才有可能。官修目录《钦定四库全书总目》非常全面而典型地呈现了中国传统文化宗要以及中国传统学术之内在理路，是我们全面而深入地理解中国传统学术思想的入道大门。因此，从中国传统文献"四部"总体来理解经学文献之道要，以及从"经部"文献全体深入细致地理解经部文献，皆可从《钦定四库全书总目》找到学术纯正而思想正统的入道之门。

朱彝尊的《经义考》（原名《经义存亡考》）著录于《钦定四库全书荟要》《四库全书》，是私撰类目录中最重要的经学目录著作。[2]

---

[1]《钦定四库全书总目》，收入《文渊阁四库全书》第1册，台北：台湾商务印书馆，1986年，第36—37页。

[2]《经义考》全书著录于《钦定四库全书荟要》（长春：吉林出版集团有限责任公司，2005年，第237—242册）及《文渊阁四库全书》（台北：台湾商务印书馆，1986年，第677—680册）。今人全面深入地整理《经义考》的著作，参见林庆彰等主编《经义考新校》（上海：上海古籍出版社，2010年）。

《经义考》三百卷（有目无书四卷，实二百九十六卷），通考汉代至清代历代说经诸书，凡与经学有干系者，皆加以广搜博采、编目为说。《经义考》总为历代儒者说经之书目，凡分御注、敕撰，《易》《书》《诗》《周礼》《仪礼》《礼记》，通礼，《乐》《春秋》《论语》《孝经》《孟子》《尔雅》，群经，"四书"，逸经，毖纬，拟经，承师（广誉附），宣讲（阙），立学（阙），刊石，书壁，镂版，著录，通说，家学（阙），自叙（阙）等三十类（阙四类，实二十六类）。每书前列作者、书名、卷数，卷数有异同者，次列"某书作几卷"；次标明该书"存、佚、阙、未见"等存世情况；次列原书序、跋及诸儒论说；朱彝尊有考证者，附列按语于书目之末。由于是私撰书目，所见有限，或有缺略，不可尽据。然而，瑕不掩瑜，此书繁富而精详地呈现了中国传统经学之大要。欲明中国传统经学纲目，充分理解经学全体大用，不可不加以参考并以之入经学之门。

（二）历史学

欲全面深入地理解中国哲学文献之原意和本义，不仅需要对文献本身施以"解读四学"之解读，更需要将哲学文献置于整个历史学背景下，给予思想生态环境中"有机整体"的理解。

以经学为主体的中国哲学文献，固然可以传统汉学"小学"方法解读文献字面原始义，如《北溪字义》《孟子字义疏证》然。但是，经学考据所及之名物、典章制度等内容，以及知人论世地理解哲学家及其思想内容的要求，都使得历史学方法成为征实不诬地理解中国哲学文献原意和本义之必须。

哲学史的研究，可以有哲学家及历史学家两种研究进路。哲学家研究哲学史，往往是以一种哲学观念与前见来解读哲学历史文本。因此，哲学家所写的哲学史，往往是其哲学观念的展开。比如，黑格尔《哲学史讲演录》可以看作其"绝对精神"理念的展开。历史学家写哲学史，往往以持平而客观的态度，展现哲学家及哲学历史文本之原意。比如,梯利(Frank Thilly)的《西方哲学史》。

历史学的哲学研究,特别看重在思想史"有机整体"(organic whole,梯利)中,尽可能客观地展现历史上哲学家、哲学思想的原意和本义。如梯利所论,在这种历史学的哲学研究进路中,每一个哲学观念都被置于与它过去、现在与未来的文化的、政治的、道德的、社会的、宗教的、经济的等密切关联的历史因素中加以"有机整体"的考察。在此历史学哲学研究进路中,哲学史家的职责,是在充分理解原哲学家观念的基础上,让原哲学家自己展现其观点,而不是基于哲学史家的哲学见解,而对历史上哲学家的观念加以评判。[1] 显然,我们唯有以历史学家"客观的、持平的态度"(objective and impartial attitude)和"有机整体"的研究方法处理历史上的哲学文献时,才有可能达到对哲学家及哲学文献尽可能客观公正的理解。

(三)考古学、文物学、金石学

将传世文献与文物、金石、考古发现相互参证,是寻求中国哲学文献原意与本义的必要补充与深化。

考古学是用古代人遗留下来的遗物、遗迹来研究人类古代历史的学问,它属于历史学中的人文学科。从词源学意义上讲,"文物"一词主要指与中国传统礼乐典章制度相关的礼器。因此,文物学可以看作对中国传统礼制文化的考古学研究之学问。[2] 自王国维提出"二重证据法"以来,将传世地上文献与地下考古发现进行比较来科学理性

---

[1] 梯利的相关论述,参见梯利《西方哲学史》(葛力译,增补修订版,北京:商务印书馆,1995年,"序论"),Frank Thilly, *A History of Philosophy* (New York: Henry Holt and Company, 1914, Introduction)。

[2] 关于中国考古学、文物学以及礼制文化考古学,参见张之恒主编《中国考古通论》(南京:南京大学出版社,2009年),李晓东《文物学》(北京:学苑出版社,2005年),高崇文《古礼足征:礼制文化的考古学研究》(上海:上海古籍出版社,2015年),孙机《中国古舆服论丛》(增订本,上海:上海古籍出版社,2013年)。

地研究传统文献，已成为文史学界研究方法之主流。20世纪末至今，郭店简、上博简、清华简等地下材料对中国哲学史研究的冲击，堪为其中一个典例。而当我们以经学为核心文献研究中国哲学时，考古学、文物学对中国哲学文献研究的意义将更为凸显。这是因为，经学核心内容为周文礼乐文化。而中国的考古学、文物学的核心内容，毫无疑问是对礼乐物质遗存的研究。这些遗存，不仅仅有地下考古发现，还包括与礼乐文化密切相关的遗迹、遗址等物质内容。因此，考古学、文物学的内容与方法，必将对以经学礼乐为核心内容的中国哲学文献学、中国哲学诠释学的研究产生重要影响。

金石学是以青铜彝器、碑碣、墓志等金石为对象，主要研究历代金石之名义、图像、形式、沿革等内容之学。金石为历代所重，金石学专门研究，自北宋开始，有吕大临《考古图》、欧阳修《集古录》、赵明诚《金石录》。元明清三代，金石学大兴。清代乾隆年间，金石学达到鼎盛，代表作为《钦定西清古鉴》。金石本与文字学密切相关。在中国传统学术史中，金石主要用于"援据经史、析疑辨伪"（四库馆臣语）。因此，"金石之学，与经史相表里"（钱大昕语），发挥着"佐经证史"之重要文献学与经史学研究之用。[1]

考古学、文物学与金石学，皆是从物质文化层面助益于我们理解经学文献。郑樵高度概括了金石学对于历史地、具体地理解礼乐斯文的重要意义之所在，是我们理解物质性文物何以有益于经学研究的道

---

[1] 中国传统金石学重要代表性著作，参见《文渊阁四库全书》（台北：台湾商务印书馆，1986年）之"史部·目录类·金石之属"（第681—684册），以及"子部·谱录类·器物之属"（第840—844册）。《钦定西清古鉴》著录于《钦定四库全书荟要》（长春：吉林出版集团有限责任公司，2005年，第243、244册）及《文渊阁四库全书》（同上，第841—842册）。近现代金石学通论类介绍，参见朱剑心《金石学》（杭州：浙江人民美术出版社，2015年）、朱剑心《金石学研究法》（杭州：浙江人民美术出版社，2015年）、施蛰存《金石丛话》（北京：中华书局，2013年）、马衡《马衡讲金石学》（南京：江苏古籍出版社，2010年）。

要之论。郑樵道：

> 方册者，古人之言语。款识者，古人之面貌。以后学跂慕古人之心，使得亲见其面而闻其言，何患不与之俱化乎？所以仲尼之徒三千皆为贤哲，而后世旷世不闻若人之一二者，何哉？良由不得亲见闻于仲尼耳。盖闲习礼度，不若式瞻容仪；讽诵遗言，不若亲承音旨。今之方册所传者，已经数千万传之后，其去亲承之道远矣。惟有金石所以垂不朽，今列而为略，庶几式瞻之道犹存焉。[1]

历史学的理解，始终是一种指向"思想现场"的理解。考古学、文物学、金石学方法之于文献理解的重要性，在于它们直接将理解者置于文献理解的物质性历史现场之中。理解者因此三种物质文化，进入与文献原话语者"亲见""亲承"的原初语境之中，弥补了诠释学言谈者与文本之间的"间距"，从而达成了对文献原意、本义的理解。总而言之，理解者倘若能将整合三种进入"物质性历史现场"的"物质文化的研究"（material culture studies）[2]与"有机整体"下的

---

[1] 郑樵：《通志二十略》下册，王树民点校，北京：中华书局，1995年，第1843页。

[2] 按照克里斯托弗·蒂利（Christopher Tilley）的说法，物质文化研究是一种超越时空的有关文物（artefacts）与社会关系的研究。它旨在有系统地探究社会的现实结构与物质文化产品的制造和使用之间的联系。物质文化的研究，应当是一种跨越学科壁垒、指向实践、主客观相统一、整体的研究。人类学和考古学是物质文化研究的两门主干学科。列维·斯特劳斯、保罗·利科、格尔茨、罗兰·巴特、德里达、福柯等学者，从结构主义、诠释学、后结构主义视角对物质文化的研究及其重要的学术洞见，将成为创建中国哲学诠释学理解层次理论的重要学术资源。参见 Christopher Tilley (eds.), *Reading Material Culture* (Oxford: Basil Blackwell, Ltd, 1990)。

"文献性历史现场"相结合，必将成就一种抵达文献现场、"亲承""式瞻"言说者的理解，一种深切著明的对经学文献原意与本义的历史性理解。

（四）图谱学

图谱学是记载及解释文献的图表谱录之学。图谱之学，上古有之而历代皆有著录。及有宋郑樵作《图谱略》，始从学术上极力表彰图谱之学。郑氏以为，上古之时，河出图，洛出书，表明天地以图、书二物明示圣人，"使百代宪章必本于此而不可偏废者也"。图、书二者，一经一纬，"相错而成文"。书以闻声，图以见形，两者相互为用。古之学者为学之要，在于"置图于左，置书于右，索象于图，索理于书"[1]。图至约，书至博，上古学者两者交互为用，则一代之典"指掌可明见"，是故为学不难，成功容易。后世图谱无传，而书籍日多，学者"离图即书、尚辞务说"，是其难以成功为学。"图谱之学，学术之大者"[2]。知书而不知图，如逐鹿而不知山、求鱼而不知水。郑氏以"明用"为题，条列图谱之学天文、地里、名物、典章、器用、法度、纲纪之用者，计凡十六种，极言图谱之学信为实学。在郑樵看来，离图谱而徒以辞章、义理为学，虽富于文采而深于义理，皆不过从事于语言之末的虚文而已。郑氏明言："天下之事，不务行而务说，不用图谱可也。若欲成天下之事业，未有无图谱而可行于世者。"[3]

图谱学与经学大有干系。潘寀鼎曰："经有理、有数、有名、有象与器、有地之宜、有时代损益因革之异，不图而考焉，不可得而知也。"[4] 概言之，"六经"之学多有非图不能明确之内容。《周易》有

---

[1] 郑樵：《通志二十略》下册，王树民点校，北京：中华书局，1995 年，第 1825 页。

[2] 同上书，第 1828 页。

[3] 同上书，第 1826—1827 页。

[4] 潘寀鼎：《六经图考》，载《六经图考》康熙六十一年刊本，"序"第 1 页。

河图洛书、太极仪象、八卦次序、六十四卦方位等象数之学，此非图谱断难明晰；图示《尚书》，当有璇玑七政、洪范九畴、历象授时、九州、五服；《诗经》有都邑、山川、花草、鸟兽，有图则不待语绘；《仪礼》之宫室、礼器、车服，非图无以明见；孔子作《春秋》，则有天子、诸侯年谱。"六经"传注之学固然可以辨名析理。然而，"六经"经文非图谱不能明了者，唯有按图考索，经义方能灿然明了。通经在于致用，图明则能按图索骥，不惑于道理之施行。

经学研习之道，当"左图右书"、相辅相成。经学之要，在于经义。探索经义，当索象于图，索理于书。如此，则经义可陈，其数可纪，举而措之实际，如合符契。学者凡逊心于名理者，往往高语"得意忘象"之言。殊不知图像于经义甚有干系："圣人立象以尽意。然则标于指外、通于系表，惟图能之，是固书之不能尽也。穷经者试以是参伍而想像之，于六艺之言，当更有洞若观火、显于视日者，又安得谓观象非忘言之妙，按图非得骏之具哉！"[1]非仅如此，"六经"图谱之用，还可以因形契理，亲见古人。因此，解经有言语、图谱两条途径，言语途穷之处，往往可以图谱明之。反言之，以图谱辅助理解经义，固然可以"造微诣远""得于瞻睹之间"。但唯以图谱是据，则易"破碎分裂"全经，尤为不可。[2]"左图右书"，才是善用经学图谱之道。

总而言之，"六经者，圣学之精义也。诸图者，经学之考据也。是图考实与经义相表里"[3]。图谱之学，其于通经学古，裨益良多，信

---

[1]《六经图考》，康熙六十一年刊本，"原序"第2页。
[2] 参见《六经图》，收入《文渊阁四库全书》第183册，台北：台湾商务印书馆，1986年，苗昌言"序"，第138—139页。
[3]《六经全图》，北京：文物出版社，2015年，"序"。

可以为"六经之津梁,穷经之指南"。[1]

二、诠释学方法论相关

中国哲学诠释学理解层次之"理解",主要是指对中国哲学文献内容的"本义"(objective meaning of content)和作者及其"原意"(intent meaning of author)的历史性理解。因此,"理解"层次之方法论问题,亦与探求中国哲学文献的本义与原意相关。

(一)回归"大文献"

如本著作"文献"新观,文献是指记载中国传统文化的文本。因此,对中国哲学文献的理解,首先涉及对中国传统文化的理解问题。格尔茨(Clifford Geertz)认为,"文化"本质上是一个符号学的概念。所谓文化,是由人类编织的"意义之网"(webs of significance)。因此,文化研究不是寻求规律的实验科学,而是探求意义的解释科学。格氏以文化诠释学(cultural hermeneutics)视角进一步将"文化"界定为:文化是指历史性沿袭下来的、表现于符号中的意义模式(pattern of meanings)。文化也是表现于符号形式中的一整套传承下来的观念(conceptions),人类以这些观念交流、保持和发展他们关于生活的知识和对于生活的态度。[2]与格尔茨的解释人类学(interpretive anthropology)洞见相类似,卡西尔(Ernst Cassirer)指出,不同于物理世界的信号(signals),人类活动的符号(symbols)是人类意义世界

---

[1] 按:"六经"本质,实为礼乐之学。"三礼"之中,举凡车服宫室、礼乐彝器等礼乐名物,非图不足以明自者,无处不在。因此,不明图谱之学,不足以言礼乐之学,不足以言经学。职是之故,以《四库全书》中《三礼图》《皇朝礼器图式》《皇祐新乐图记》《乐书》等礼乐图谱之书为代表,中国传统意识形态文献中的礼乐图谱之书,当成为未来以经学为核心的中国哲学研究之重要文献。

[2] 格尔茨上述"文化"观,参见 Clifford Geertz, *The Interpretation of Cultures* (New York: Hachette Book Group, 2017, p. 5, 95),克利福德·格尔茨《文化的解释》(韩莉译,南京:译林出版社,2014年,第5、109页)。

的一部分。人类生活最具代表性的特征,就是符号化的思维和符号化的行动。人类所有的文化形式都是符号形式。因此,就理解人类文化生活形式的丰富性和多样性来讲,应该把人定义为符号的动物(animal symbolicum)。[1] 准格尔茨、卡西尔之见,理解文化最终就是要理解人类活动符号的意义。

承载人类传统文化的符号不止一种,最为重要的无疑是传世文献。我们认识传统文化,必须基于承载先人生命活动的传世文献、遗物、遗迹等以各种人类活动符号形式流传下来的历史传承物(historical transmitted materials)。因此,理解传统文化的本质,实际上就是要理解这些历史传承物(人类活动符号体系)的意义。历史传承物是一种物的客观的存在,因此,它们的意义不是诠释者臆想的产物,而是历史性地存在于历史传承物自身之中的客观意义。诠释者通过解读与理解活动,才能呈现历史传承物的外在及内在的意义。如前所述,在所有传承形式当中,传世文献不仅是历史传承物的主体载体,更为重要的是,与传世文献相对应的其他传承形式的意义,最后都有赖于传世文献来加以解读和理解。准上所论,我们可以说,传统文化意义的呈现过程,就是一个诠释者通过解读与理解的方法,不断展现历史传承物本身固有的客观意义的过程。其中,理解传世文献意义,是理解所有历史传承物意义的核心。

传世文献有各种载体及其编纂和表现形式。就中国传统文化而言,从总体和根本上织就"意义之网"(格尔茨语)的,是传世文献中的"大文献"。就"大文献"的编纂及使用史实来看,这些"大文献"同时也是"权威文献""意识形态文献"。"大文献"之"大",可以从形

---

[1] 参见 Ernst Cassirer, *An Essay on Man: An Introduction to a Philosophy of Human Culture* (New Haven: Yale University Press, 1944), pp. 26-27, 32。恩斯特·卡西尔:《人论:人类文化哲学导论》,甘阳译,上海:上海译文出版社,2013年,第45—46、54页。

式、作者及内容三个方面来理解。首先，从形式上看，"大文献"主要表现为体量庞大、无所不包的类书、丛书类文献，如《艺文类聚》《太平御览》《册府元龟》《永乐大典》《四库全书》。其次，从作者来看，主要表现为"御纂"类官方主持的庞大文化工程，参与者是当时的学术精英团队。最后，从内容上看，代表着"钦定"的正统学术及文化观念。以《四库全书》为例，①形式：收录先秦至清初图书，共计 3470 种、79018 卷、2290916 页、9.97 亿字。②作者：乾隆皇帝发凡起例，亲自主持并指导整个编纂过程。整套书的编修机构为四库全书馆，下设总纂处等事务部门及总纂官等"四库馆臣"，参与编纂的，有戴震等一时之选的著名学者。③内容：分经史子集四部，部各类分，凡四十四类，所收图书涵盖了中国传统文化所有要籍。[1] 又根据儒学正统观念、学术水平优劣，将所有图书分为著录和存目两类，弘扬正统思想观念，以期有益于治化。由于"大文献"基本上属于"御纂""钦定"类文献，具有官方意识形态的重要特征，所以，就其本质及所发挥的现实作用而论，"大文献"同时也是"意识形态文献""权威文献"。

《四库全书》之类的"大文献"，致广大而尽精微地织就了中国传统文化的意义之网。以经学礼义为核心思想准则，以"十三经注疏""二十四史"等"正经正史"类文献为主体，此类"大文献"确立了整个中国传统文化的"意义模式"和"一整套传承下来的观念"。《四库全书》类"大文献"所织就的巨大"意义之网"，以"正经正史"观念为中心，条分缕析地分别安顿了传统文化各个组成部分在意义之网

---

[1] 关于《四库全书》的详尽统计数据及全面介绍，参见杨家骆《四库全书综览》《四库全书通论》（载《四库全书学典》，上海：世界书局，1946 年）。关于《四库全书》编纂工作的细致而深入的介绍，参见张升《四库全书馆研究》（北京：北京师范大学出版社，2012 年）。

中的位置及其意义。与此同时，依照"大文献"织就的庞大而丰赡的意义之网，我们才有可能对照传世文献，来理解遗物、遗迹等非文字性的、物质性的历史传承物之人文"意义"。

总而言之，中国传统的"大文献"，是源远流长、博大精深的中国传统文化最为重要的主流正统思想观念的载体。欲全面、深入、真切地"理解"中国传统文化，确立中国哲学研究的"中国效度"，舍此"大文献"别无他途。回归"大文献"，中国哲学研究才能归根复命，进而才有希望返本开新，开创出与"大文献"相称的全新大格局。

（二）"述而不作"地确立文本的客观意义

对文献内容的理解，实质上就是对载之于文献的作者原意的理解。站在哲学诠释学的立场，人们一般会认为，对文本的理解，只有理解者基于不同视域所理解出来的各不相同的意义。由于理解者的诠释学处境各不相同，对待同样文本的理解会人言人殊，所以，没有客观的、唯一的、"正确的"理解。据此不难得出结论：只有诠释者不同的理解，而不存在关于作者原意的理解。

基于"礼义诠释学"之见，上述哲学诠释学关于理解看法的最大问题，是错置了文本理解的层次。诠释学的整理、解读、理解等三个层次，是确立文本及其客观意义的层次。在依次渐进的这三个层次中，作为诠释主体的整理者、解读者与理解者所进行的，都是一种"述而不作"的诠释活动。对于诠释者而言，文献的编纂整理，不是为了自作经典，而是为了确立文献这一传统之道的物质载体；以"小学"功夫解读文献，不是自以为是的自我作古，而是实事求是，力图恢复经典的本义；理解文献的本质，不是越俎代庖、厚诬古人的自说自话，而是知人论世，力争回到历史现场，同情地理解作者的原意。

整理、解读、理解等三个层次的诠释工作，旨在确立文本这一诠释客体，并渐次寻求文本之形式及内容上的"客观意义"。在诠释者、文本、作者的诠释学三要素中，没有诠释者这个主体，所有层次的诠释活动都不可能展开。但是，在整理、解读及理解层次，文本占据着诠释活动的核心地位，诠释者在此三层次中的作用，实际上只是为了确立文本、展现作者。以诠释者为主体的诠释活动，要等到解释及实践层次才能展开。在此之前，诠释者必须以"无我""忘我"的"述古"态度，来从事"述而不作"的诠释工作。

（三）唤醒作者

理解文本内容的实质，是理解作者的原意。从文本的形成过程而言，是先有作者才有文本。但从文本的理解过程来说，理解者必须先面对文本，然后才能理解作者。因此，没有文本就没有作者，对作者原意的理解，不得不先从对文本的理解开始。当我们面对文本之时，作者已矣，不能自我言说。因而，理解作者原意的工作，就是理解者基于文本，通过一系列历史学的理解方法[1]，力求还原作者原意的过程。

作为理解的还原过程，是以文本为核心，理解者对作者"有机整体"思想世界的还原过程。作者是在某一历史时空中的存在。当理解者面对文本时，作为纯粹客观物质意义上的作者时空，已经一去不复返了。理解者欲还原作者曾经存在的时空，只能借助指向作者时空的所有历史传承物。这些历史传承物不是一个物理学研究的物理世界的存在，而是一个由各种有人文意义的符号所组成的"符号世界"（a world of symbols，卡西尔）。借助于对历史传承物的符号的理解，所有历史上的事件及人物，才会有历史的意义，才是历史的存在。因此，历史性的理解，本质上是一种对历史传承物的"符号重建"（symbolic reconstruction，卡西尔）。具体而论，理解活动，就是理解者（历史

---

[1] 前述中国传统目录学方法，是一种学术史的历史学方法；而考古学、金石学、图谱学原本就是历史学的分支学科。因此，总体而言，理解方法本质是历史学方法。

学家)以"纵通与横通"的方式[1],"有血有肉"(侯外庐语)"知人论世"地重建作者思想生态环境,并在此环境中还原作者的原意。

通观理解层面诸学科方法之共同特点,都有指向历史现场,恢复文本生命活力的特点。因此,作为理解过程的"符号的重建",不仅是要重新织就一张作者思想生态环境的"符号意义之网",还要通过重建活动,唤醒、恢复文本中作者曾经的生命活力。职是之故,我们不妨把诠释学理解层次的实质意义表述为:让作者在其思想生态环境的现场,说出他原本想说的话。

总体而观,中国哲学诠释学理解层次的主要工作,就是理解者要以"大文献"为主体,通过运用诸历史学科的方法,重建中国哲学文献的作者意义。到目前为止,整理层次奠定了中国哲学研究的文本根基,解读层次厘定了文本的字面意义,而理解层次重建了文本作者的原意。诠释者这三个层次的工作,总起来最终确立了与解释者相对的诠释活动的客体:文本及其作者。接下来,通过解释者与诠释客体的交往互动,诠释活动上升到了它的核心:解释层次。[2]

---

[1] 侯外庐说,思想史研究要关注整个社会意识的历史特点及变化规律。欲达此目的,思想史研究既要注意每种思想学说与其社会历史时代关系之"横通",又要注意每种思想学说自身发展源流的演变之"纵通"。(侯外庐:《侯外庐史学论文选集(上)》,北京:人民出版社,1987年,第11页)

[2] 翻译活动是消弭中国哲学古今中西诠释学间距的重要诠释活动。翻译"把读者带向作者"(施莱尔马赫语),其本质是还原作者原意的理解层次的诠释活动。尽管由于理解能力、展现方式不同,会出现所谓"一千个人眼中有一千个哈姆雷特"的同一文本的不同翻译现象。但深究其实,"哈姆雷特"不能不在的事实,说明作者原意才是翻译核心所在。翻译活动更像是不同背景的交响乐团对贝多芬交响乐的演奏,也许德国历史最为悠久的德累斯顿交响乐团的演奏,更得贝多芬之神韵。

第九章 解释层次

中国哲学文献的解释,是指解释者回应时代提出的哲学问题,在哲学文献及其客观意义的基础上,对哲学文献所进行的创造性解释。解释层次基于解读、理解层次的还原性"汉学"解释,同时,又上升到创造性的"宋学"解释,并最终指向经世致用的现实实践。因此,解释层次具有综合性的特点,是整个中国哲学诠释学五层次的核心层次。

一、方法简述

(一)汉学路径与宋学路径

中国哲学文献的解释工作,与传统经学解释学密切相关。自汉代以至清代,经学有两千年的发展历史,每个时代的经学特点各不相同:两汉之经今古文学,魏晋南北朝之南学、北学,隋唐至宋初的经学官学统一时代,宋元明之义理、制义之经学,清代之经学全面复兴及兴盛时代,等等,不一而足。[1]

---

[1] 清代为中国经学之"复盛时代",清儒论经之作,深得经学要旨,是故本章论述经学道要之说,主要借清儒诸说立论。关于中国经学史梗概,主要参见《四库全书总目》(永瑢等,北京:中华书局,1965年)之"经部",江藩《国朝汉学师承记(附国朝经师经义目录、国朝宋学渊源记)》(北京:中华书局,1983年),以及皮锡瑞《经学历史》(北京:中华书局,2004年),刘师培《经学教科书》(上海:上海古籍出版社,2006年)和《汉宋学术异同论》(载《仪征刘申

两千年间,以各类经学解释著作为主体之经学典籍,真可谓浩如烟海。然而,正如四库馆臣、皮锡瑞等儒先所见,贯穿整个经学发展历史的主线,要不过是汉学与宋学这两条经义解释路径。汉学路径发端于汉代,以汉代经古文经学与清代乾嘉汉学为代表。汉学经学解释,主于正音读、通训诂、考制度、辨名物之"小学"功夫。汉学治经,凡经文字句,恪守所闻;诂训相传,莫敢同异。讲求专门授受,递禀师承。汉学解释之学,说经皆主实证,不空谈义理,表现出尊信古征、笃实谨严、征实不诬的解经特点。宋学路径肇始于汉今文经学,至宋明理学,达其极盛。经今文学专明经书之微言大义。及宋学大兴,宋、明儒者常视经师旧说为不足信,乃至有疑经、改经之举。以宋学路径解经,学者往往排斥"小学",独研义理,其学务别是非,驱除异己,务定一尊。宋学由于疏于考证而各抒心得,常常有空谈臆断、无根游谈之经义解说。

　　就经学解释而言,汉学、宋学各有胜场、互为胜负。专门汉学具有根柢,但亦难免拘泥、浅陋、支离之病;义理宋学具有精微,然其无根、空疏、臆说,也是其解经之失。经学诠解,旨在发明经义、寻求公理。解释之道,存乎去除"汉""宋"门户之见,各取对方所长。

叔遗书》4,扬州:广陵书社,2014 年,第 1583—1607 页)。以上著作,虽然有今文古文学派视角之差异,但是,大致都以同情理解以及平实的学术态度,在中国传统学脉中梳理经学发展历史,有益于我们深入确立中国哲学诠释学之"中国效度"。本著作祖述其说,以确立经学历史与汉学、宋学大要。

其他经学史著作,还可参见范文澜《中国经学史的演变》(载《范文澜历史论文选集》,北京:中国社会科学出版社,1979 年),本田成之《中国经学史》(桂林:漓江出版社,2013 年),马宗霍《中国经学史》(上海:上海书店,1984 年),周予同《中国经学史讲义》(上海:上海文艺出版社,1999 年),李威熊《中国经学发展史论》上册(台北:文史哲出版社,1988 年),吴雁南等主编《中国经学史》(北京:人民出版社,2010 年),叶纯芳《中国经学史大纲》(北京:北京大学出版社,2016 年)。

比如，朱熹虽为宋学巨子，但向来不看轻汉儒注疏之学。其《四书章句集注》，虽改移经文、阐发天理高妙之见，信为宋学标的，但其间文字、音韵、诂训之论，亦随处可见。戴震为一代汉学大师、"小学"巨子，其考据诸书，功夫细致入微；然《孟子字义疏证》，综论性、理、天道，最终也归旨于正本溯源、端正世道人心。诚如段玉裁所言，圣人道在"六经"，治经当由"小学"之考核功夫，以通乎性与天道；既通乎性与天道，而考核益精。[1]可见，唯有汉学、宋学方法两相为用、互为助益，才是经学解释之大道、正途。

（二）汉、宋解经方法举例

1. 汉学方法之属

偏重于文献的文字、音韵、训诂、考据，以及对文献的句读、通解性解释。

（1）音（义）：解释字之读音，兼及字义。汉学有以字音求字义之"声训"法，以唐代陆德明《经典释文》为此类著作代表。

（2）故（诂）、训：用时下语言解释古代语言文字、方言字义。[2]如清代阮元《经籍纂诂》、江永《礼记训义择言》。

（3）订：偏重于评议、订正经书中出现的各种错误的一种解释类型。如宋代王与之《周礼订义》，清代朱轼《周易传义合订》。

（4）考：通过考据来解决经书解读、理解问题的方法。由于考据的目的和内容不同，分别有通考、考证、考辨、考异、考误等名目。如元代黄镇成《尚书通考》，清代戴震《毛郑诗考证》、杭世骏《石经考异》。

---

[1] 段玉裁：《戴东原集序》，载戴震《戴震文集》，北京：中华书局，1980年。

[2] 马端辰辨析"诂""训"，曰："诂训本为故言，由今通古皆曰诂训，亦曰训诂。而单词则为诂，重语则为训，诂第就其字之义旨而证明之，训则兼其言之比兴而训导之，此诂与训之辨也。"（马端辰：《毛诗传笺通释》上，北京：中华书局，1989年，第5页）

（5）证：疏通、证明经文中名物、事迹、典故的解释方法。如清代黄中松《诗疑辨证》、戴震《孟子字义疏证》。

（6）笺：随文补充、说明经书之经文、经注的解释。如汉代郑玄《毛诗传笺》，清代陈法《易笺》。

（7）述：通过传述、推阐前人论述来解释经书的方法。如明代潘世藻《读易述》，清代《御纂周易述义》、陈梦雷《周易浅述》。

（8）章句：即"离章辨句""章解句释"，是一种明确句读、划分章节、分析句意、概括章意，以串讲、通解经文大义的解释方法。如宋代朱熹《大学章句》《中庸章句》，清代吴廷华《仪礼章句》。

（9）直解：去除迂曲之说，用当时直白通俗的话解释经义本义的方法。如元代许衡《大学直解》《中庸直解》，清代《御纂春秋直解》。

2. 宋学方法之属

注重解释、发明经义，关注经文的实际运用。

（1）传：是对经义的解说。训诂是对经文字面客观意义的解释，传则是引申说明经文所未言者。[1]如《易传》《韩诗外传》《左传》《尚书大传》。

（2）注：本义为"灌注"，引申为经义艰深，需要灌注以疏通之。[2]凡对经文之疏通解释，皆可称为注。如汉代郑玄《周礼注》《仪礼注》《礼记注》。

（3）说：以己意说明、解释经义。如《易》之《说卦》，《诗》之

---

[1]马端辰曰："盖诂训第就经文所言者而诠释之，传则并经文所未言者而引伸之，此训诂与传之别也。"（马端辰：《毛诗传笺通释》上，北京：中华书局，1989年，第4—5页）可见，"传"之不同于"小学"训诂者，在于解释者超越经文字面义，开始有主观发明经义。

[2]贾公彦云："言'注'者，注义于经下，若水之注物，亦名为著。"（《十三经注疏》整理委员会整理《十三经注疏·仪礼注疏》，北京：北京大学出版社，2000年，第4页）

《鲁说》《韩说》，宋代司马光《温公易说》、张载《横渠易说》。

（4）诠：通过详尽全面的解释，深入细致地阐发经义。如唐代李翱《易诠》，元代赵汸《周易文诠》。

（5）解、集解：解是分析、解说以阐明经义的方法，如汉代何休《春秋公羊传解诂》。集解有二：汇纂诸家经传解释为一，如宋代林栗《周易经传集解》；汇纂诸家经传并略附己意为二，如宋代段昌武《毛诗集解》。与集解相类似者，有集释、集注、集说。

（6）微、隐：阐发经义之微言大义的解释。如宋代孙复《春秋尊王发微》、张行成《皇极经世索隐》。

（7）义：义是解释经书所包含的道理、意旨。如《礼记》之《冠义》《祭义》《射义》，宋代易被《周易总义》。

（8）义疏、注疏：同时解释经义及其传注义的解释方法。如南朝黄侃《论语义疏》，清代《钦定周官义疏》。义疏、注疏，又名兼义、义证、讲疏、义赞、讲义、述义、大义等。

（9）正义：梳正前人义疏、奉诏统一注疏的解释。如唐孔颖达等《周易正义》《尚书正义》《毛诗正义》《礼记正义》《春秋左传正义》。[1] 也有学者自题"正义"者，如清代焦循《孟子正义》、刘宝楠《论语正义》。

如上以汉学、宋学方法为界列举的十八种解经的重要方法，仅展

---

[1]《五经正义》经、注并释，表现出显著的汉学特点。其中，有校勘篇题、篇次、经文、注文；有训诂经文音韵、字义；有离章析句，推阐经、注之义。（参见张宝三：《五经正义研究》，上海：华东师范大学出版社，2010年）马宗霍说："汉代经学本是意识形态之学，故从意识形态予以发挥，本是讲授经书的正道。"（马宗霍、马巨：《经学通论》，北京：中华书局，2011年，第223页）实际上，在整个经学史中，经学一直发挥着意识形态之学的作用。官修、钦定《五经正义》，以汉学根柢，确立了"正经正注"，又以章句解说，确立了经义正鹄，最终又施之以为科举明经考试之标准。这充分体现了意识形态文本由考据而义理而实践之解释学特点。

现了传统经学解释方法之大致范围,因而是一种方便的说法。实际上,传统解经方法,更多的时候是汉宋互用,表现出了经学之解释层次与整理、解读、理解层次密不可分的重要特点。此亦即是说,所谓解释层次的解释方法,不是一种孤立的存在,而是在包含整理、解读、理解等三种方法基础上提升而成的方法。

二、诠释学方法论相关

(一)基于"视域融合"的"创造性解释"

解释活动始终是在伽达默尔所谓"诠释学处境"(hermeneutical situation)中进行。也就是说,当文本的解释活动开始时,解释者已经处于一种和文本作者的"相互主体性"关系之中。诠释学处境要起作用,关键在于我们面对传统时,能够为其所激发,而获得正确的问题视域(horizon)。因此,解释者与文本作者"相互主体性"关系展开的前提,是解释者基于其解释活动的时代性条件,以他所要解决的哲学问题为视域,来凸显(foregrounding)、照亮(highlight)文本作者的相关视域。也就是说,解释活动的本质,是解释者视域不断进入文本作者视域的"视域融合"(fusion of horizons)过程。此视域融合过程,不是解释者和作者的相互取代过程,而是通过两者之间的相互对话、融合,同时克服了两者的个别性,最后上升到一个更高的普遍性过程。基于这种更高普遍性的解释,将会提供解决当下时代问题的新的可能性。[1]

---

[1] 伽达默尔关于诠释学处境及视域融合观念的论述,参见伽达默尔《诠释学 I:真理与方法——哲学诠释学的基本特征》(洪汉鼎译,修订译本,北京:商务印书馆,2010 年,第 424—434 页),Hans-Georg Gadamer, *Truth and Method* (translation revised by Joel Weinsheimer and Donald G. Marshall, 2nd revised edtional＜New York: The Continuum International Publishing Group, 2004＞, pp. 311-318)。

就方法论本质而言,中国哲学文献解释,就是基于"视域融合"的一种"创造性解释"。如果说整理、解读、理解层次的方法,是一种旨在确立文献本身及其"客观意义"的汉学解经路径,那么,解释层次的方法,便是解释者通过与文本及其作者不断的视域融合而进行"创造性解释"的宋学方法。解释的"视域融合"的本质,决定了必须有对话者双方的在场。而就诠释学解释活动的先后次第而言,先有整理、解读、理解所造就的文本及其"作者",再有基于特定视域而进入对话现场的解释者。用解释活动的这种本质特点来看中国哲学的"创造性解释",有效而正确的经学"解释"必须是基于汉学且汉宋融合的解释,必须是"我注'六经'""六经'注我"相互为用的解释。[1]

伽氏提出视域融合观念,本意是要处理诠释学"理解"(understanding)问题。在诠释学五层次理论看来,处理"理解"问题,本质上属于探求文本之客观历史意义的"理解层次"问题。按照诠释学的层次来看,伽氏"哲学诠释学"(philosophical hermeneutics)之"视域融合"洞见,实质上不是要处理文本的历史性客观意义的"理解"问题,而是在处理文本"解释层次"的哲学"解释"(interpretation)问题。如学者对伽氏"视域融合"理论的学术批评那样,当我们用"视域融合"理论处理历史性的理解问题时,势必导致历史理解的相对主义问题。相反,当我们用伽氏哲学诠释学的洞见处理哲学性的解释问题时,伽氏一系列观念,则具有非常有效的理论解释力。因此,用"视域融合"相关理论处理"理解"问题,是错误地用"解释层次"的哲学方法处理"理解层次"的历史问题,属于"诠释学的层次错置"(the level misplacement of hermeneutics)。本著作将伽达默尔一系列关于理解的观念用于处理解释层次的问题,是对伽氏"诠释学层次错置"问题的纠偏,也是对伽氏"哲学诠释学"方法用于解决哲学问题的归位。

[1] 时下中国哲学学界关于"'六经'注我"与"我注'六经'"关系的讨论,实际上也可以看作传统经学汉学与宋学关系问题讨论的现代延续。比如,刘笑敢认为,"'六经'注我"和"我注'六经'"是诠释的两种不同"定向"。"我注'六经'"是历史的、文本的定向,是忠实于文本的研究和诠释;"'六经'注我"则是现实的、自我表达的定向,是以自我为中心的建构和表达。在刘氏看来,两种"定向"都有合理性和必要性,可以衔接和转折,但不可能"同时"发

从方法论意义上大体而论，所谓中国哲学文献的创造性解释，是指解释者以时代问题为解释动机与核心，通过解释者与文本作者的对话与视域融合，来解决时代问题，实现经学"无时间性"（timeless）的当下价值。中国哲学学科的宗旨是致力于中国传统思想现代化。以诠释学视角来看，此"旧邦新命"（冯友兰语）理想的实现，攸赖于"先汉后宋、汉宋融合"的"创造性解释"这一中国哲学最为重要的

生，不可能不分彼此地合为一体。混同两种"定向"的诠释，可能混同作品的意思与诠释者本人的意思；区分两种"定向"，可以让不同方向的追求都能得到充分理解和正常发展的空间。（刘笑敢：《古今篇——"六经注我"还是"我注六经"》，载《诠释与定向：中国哲学研究方法之探究》，北京：商务印书馆，2009年，第60—96页）陈少明认为，汉学治经是"我注'六经'"，在于通经致用、为政治服务，治经为了治世；宋学治经是"'六经'注我"，目的是成德成圣，为永恒伦常秩序论证，治经在于治心。陆九渊"六经'注我"之说，是儒学解释意识成熟的标志，是经学向哲学的解经形态转向的象征，也表现出儒学逐渐摆脱经学的倾向。（陈少明：《'六经'注我：经学的解释学转折》，载《仁义之间：陈少明学术论集》，贵阳：孔学堂书局，2017年，第92—102页；亦可参见陈少明：《汉宋学术与现代思想》，广州：广东人民出版社，1998年）刘笑敢从诠释学前见和偏见来理解伽达默尔视"域融合理"论，关注到由此理论可能导致的解释的任意性问题。他区分两种"定向"，希望唤起中国哲学研究者的方法论自觉，尤其批判了无视学术规范和基本方法，任意曲解经典原文的做法。陈少明强调"'六经'注我"，则是要说明"走出汉学"的经学向哲学之转向，是中国哲学研究的一个重要方法论环节。

依前所述，正确而有效的诠释，应当是"先汉后宋、汉宋融合"的诠释。因此，在笔者看来，"我注'六经'"之汉学方法确立了"六经"，是诠释活动展开的前提和基础。"'六经'注我"之宋学方法，则是解释者之"我"与"我注'六经'"之后的"六经"的对话。"我注'六经'"（"六经"的视域）之后的"'六经'注我"（解释者的视域），是一种"视域融合"后产生的更高层次的创造性解释。以此观之，在刘笑敢两种"定向"区分之后，应该更加强调两种"定向"的联系和融合。此外，诚如陈少明所论，中国哲学之诠释固然最后要达到"'六经'注我"之哲学高度，但是，经学是中国哲学的主体内容，宋明诸儒从来没有外经学而言说。因此，按照"先汉后宋、汉宋融合"的经学正确诠释路径，汉学非但不能"走出"，还应当如刘笑敢所强调的那样予以加强。

学理及方法。

（二）学有根柢的创造性解释：以《大学章句》为例

学理合法的创造性解释，应该是以经学为主体内容的"先汉后宋、汉宋融合"的解释。针对百年来"选出而叙述之"范式下"'六经'注我"所造成的寻章摘句、师心自用、无根游谈的流弊，建设以经学为主体内容的中国哲学，当下更应强调学有汉学根柢的创造性解释。

用中国诠释学的固有术语讲，"解释"之创造性类属于宋学义理之学，但是，倘若没有汉学考据之学的根柢，宋明儒学高妙之见无从建立。江藩就明确指出："苟非汉儒传经，则圣经贤传久坠于地，宋儒何能高谈性命耶！"[1]江氏又云："以故训通圣人之言，而正心诚意之学自明矣；以礼乐为教化之本，而修齐治平之道自成矣。"[2]杭世骏更是直接说："诠释之学，较古昔作者为尤难。语必溯原，一也；事必数典，二也；学必贯三才而穷七略，三也。"[3]可见，诠释学视域中的解释，不能脱离文本、架空而论。从诠释学方法论的意义而言，与解释者视域相对应的文本作者视域，最终是由文本之整理、解读、理解活动所"浑然一体"地构成的。因此，中国哲学解释的内在要求是：宋学义理解释之高妙、精微，必须建立在汉学征实不诬的根柢之上。

"先汉后宋、汉宋融合"以发明义理，此为中国哲学解释次第之学理要求。此中国哲学"创造性解释"的特点，可以《大学章句》为例加以说明。①整理层次。首先，订正错简、脱简。朱熹认为《大学》古本（《礼记》本）有错简，于是，他接续二程的做法，重新编次经文顺序。不仅如此，朱熹还认为《大学》古本有脱简。于是，他不避僭踰，意补"格物致知"一章。其次，划分经传。朱熹将原本一体的

---

[1] 江藩：《国朝汉学师承记》，北京：中华书局，1983年，第153页。
[2] 同上。
[3] 杭世骏：《李义山诗注序》，载《道古堂文集》卷八，清乾隆四十一年刻，光绪十四年汪曾唯修本。

《大学》古本,划分为经一章(孔子之言,曾子述之)、传十章(曾子之意而门人记之)。②解读、理解层次。凡解释经传,朱熹首明文字、音韵、训诂。原文有疑难者,朱熹皆加以疏通,使之明白无碍。每章章末,他又概括本章主旨,有时还加以申发。总之,虽然不必尽合汉学家法及其解经路数,但《大学章句》义理之解释,始终建立在汉学根柢之上。易言之,与朱熹对话的孔子、曾子、曾子门人,因朱熹的上述汉学工作而在场并说话。

当然,宋学毕竟不是汉学。宋学最重要的特点,是融合汉宋过程中所达到的一种解释的"创造性"。《大学章句》"创造性"最重要的表现是,通过解释《大学》经文之经义,高度概括出了"三纲领""八条目"这一儒家哲学之范式。以此范式诠释传文经义,朱熹又编织了传文前四章"统论纲领指趣"、传文后六章"细论条目功夫"这样一个"意义之网",并以之说明为学、入德之次第与内容。还须强调的是,正是以此"三纲八目"范式之"内在理路"(余英时语)为准,朱熹才会认为《大学》古本有错简、脱简的存在。朱熹于是改动经文、自作经典,以使《大学》文本合于"三纲八目"之说。此一怀疑与改动,为恪守家法、莫敢同异之汉学所不能想象,充分体现了宋学"创造性"解释的做法和特点。[1]

经学解释本质上是一种"先汉后宋、汉宋融合"的创造性解释。四库馆臣在《四库全书总目·东谷易翼传》中指出:"盖圣贤精义,愈阐愈深。沉潜先儒之说,其有合者疏通之,其未合于心者,别抒所见以发明之,于先儒乃为有功。是固不必守一先生之言,徒为门户之见也。"[2] 可见,经学视域中的解释,是一种"疏通经文、发明经义"

---

[1] 参见阮元校刻《十三经注疏(清嘉庆刊本)》三,北京:中华书局,2009年,第 3631—3645 页,"大学第四十二";朱熹:《宋本大学章句》,北京:国家图书馆出版社,2010 年。

[2] 永瑢等:《四库全书总目》(全二册),北京:中华书局,1965 年,第 18 页。

的解释。正如上述《大学章句》所现，疏通经文与发明经义，实际上有机地融贯在整个解释过程中，并因二者"视域融合"式的相互为用，最终实现了中国哲学"创造性解释"这一最为重要的学理。

（三）过度解释问题

创造性解释之"创造"性，往往会被坚守文本本义和作者原意的诠释者批评为"过度解释"之"误读"（misread），因此，深入理解创造性解释，就有必要正确把握诠释学的"过度解释"问题。艾柯（Umberto Eco）比较详细地讨论了"过度解释"（overinterpretation）问题。他指出，在文本的解释活动中，有作者的意图（intention of author）、读者的意图（intention of reader）以及文本的意图（intention of text）等三重意图。艾柯以为，解释活动要么是发现作者的意图，要么是发现文本中独立表达的、与作者意图无关的读者的意图，以及文本的意图。实际上，文本的意图本质上是读者按照自己的标准，站在自己的位置上所推测出来的意图，因此，读者意图与文本意图实际上是一回事。艾柯又说，文本意图可以产生一个"模式读者"（the model reader），由此模式读者对文本意图的猜测，便可以催生出一个不同于"经验作者"（empirical author）的"模式作者"（model author）。一般来讲，文本解释活动必须尊重文本，而非"经验作者"本人的意图。因此，解释活动就是要处理读者意图与文本意图二者的关系，"经验作者"意图则完全被忽视了。甚至在"经验作者"能够表明其意图的情况下，"经验作者"的回答也不能用来作为文本解释有效性的根据，而只能用以表明作者意图与文本意图之间的差异。

在艾柯看来，判断一个解释是否"过度解释"，不是首先找到一个"好"的解释的标准，从而断定其他的解释不好。他借用波普尔证伪原则说明，我们可以断定一个假说不正确，是因为此假说与其他被证明是可靠的假说不相吻合。因此，在没有什么规则可以帮助我们判断哪种解释是"好"的解释的情况下，至少有某个规则可以让我们判断什么解释是"不好"的解释。艾柯虽然提出了一个判断解释是否"不好"的"文本充分利用标准"(criterion of textual economy),也说明了某一文化中的"世俗神圣文本"(secular sacred texts)不可避免地遭到过度解释的问题,但是,关于什么是过度解释、如何避免过度解释等解释学问题,他并没有给出一个清楚明确的答案。[1]

赫施(E. D. Hirsch, Jr.)的"解释有效性"(validity in interpretation)理论,为解决"过度解释"问题提供了一个重要的理论支撑。在赫施看来,只有符合作者原意的解释,才是有效的解释。作者的原意,决定了文本稳定的、确定的意义,并成为文本解释有效性的定则(norm)。无论基于这种意义所解释出来的意涵和应用如何广泛,有效的解释都必须建立在对作者意图重新确认的基础之上。[2] 顺着赫施看法推衍,不难得出"没有作者就没有文本"这一结论,因此,艾柯所谓文本的意图,本质上就是作者的意图。作者的意图,构成了文本不依照解释者而转移的、稳定的、确定的从而是客观的文本意义(meaning)。解释者的活动,不是一个艾氏所构想出来的"模式读者"创生"模式作者"的过程,而应当是一个解释者基于并超越文本的意义,来寻求文本的意涵(implication)及含义(significance)的过程。此亦即是说,文本的解释活动的实质,是在"理解"作者的原意基础上,进一步创造性地"解释"文本的可能含义。易言之,凡是合乎作者意图的解释,才是好的、有效的、合度的解释;反之,凡无视、歪曲作者意图的解释,就是不好的、无效的、过度的解释。

---

[1] Umberto Eco Richard Rorty, Jonathan Culler and Christine Brooke-Rose, *Interpretation and Overinterpretation* (Cambridge: Cambridge University Press, 1992), pp. 52-53, 63-69. 参见艾柯等:《诠释与过度诠释》,王宇根译,北京:生活·读书·新知三联书店,1997年。

[2] E. D. Hirsch, Jr. *Validity in Interpretation* (New Haven: Yale University Press, 1967), p. 126.

宋代以降，儒者常违背经义原意与本义，以一己之臆见解释经典，可谓过度解释之典例。戴震对此进行了严厉的批判。在他看来，经学载先王之道，事关治化。欲求经义先王之道，必须先考字义，次通文理，平心体会经文，志存于闻道。经文有一字未得正确的理解，圣贤之言意必有错误，而无从获得先王之道。宋以来儒者对经文语言文字尚没有理解，便以一己的看法硬说成是古圣先贤立言的意义，并以自己解释的所谓理，来判断是非曲直并推行于天下，如此必当导致行事处处乖违先王之大道的严重后果。

戴氏以理欲之辨来说明上述见解。他说，圣人之道不过是顺乎人情、遂乎人欲而已，其于行事，也不过是通民之欲、体民之情而已。古人之学，学此而已，学成而民赖以生。宋儒无视文本原意和本义，故不知情欲纤微无憾即是理。相反，宋儒反而以二教无欲之论立说，将严于理欲之辨、倡导存理去欲，假托为圣人之说。以此臆说的先王之道用于行事，则尊者、长者、贵者以理责下，在下之人之情欲不能达于上，于是，上下相互罪责，不可胜数。戴震不禁悲叹道："人死于法，犹有怜之者；死于理，其谁怜之！""酷吏以法杀人，后儒以理杀人。"宋儒背离经文原意、杂于二教以解释经文，其自以为理得，"而天下受其害者众也"，"其祸甚于申韩如是也"。[1] 朱熹《大学章句》说明，"先汉后宋、汉宋融合"这一兼顾文本本义及作者原意，又进一步阐发文本含义的解释，才是有效的、好的解释。相反，戴震所批判的罔顾文本及作者原意与本义的解释，便是坏的、无效的解释。由于经学是"意识形态文本"，直接指向经世致用，将那些坏的、无效的解释运用于实践，便会造成以理杀人的严重后果。于此可见，经学解释的效度问题，不可不察。

总而言之，中国哲学最为根本的学理是"创造性解释"，解释层

---

[1] 戴震：《孟子字义疏证》，北京：中华书局，1961年，第8—9、173—174页。

次便是实现这一学理的层次。于前论述可见,解释活动不是脱离于其他诠释活动的独立存在。恰恰相反,所有诠释活动皆围绕解释活动展开,解释是整个诠释活动的核心。具体来讲,整理层次为解释提供了善本,确立了所有解释活动的文本基础;解读为解释活动厘清了文献的字面客观意义;理解则"知人论世""有血有肉"地重建了作者的思想世界及其作品的原意,为解释者提供了对话的对象;实践则是创造性解释成果的具体应用。总体而观,整理、解读、理解等三层次,大致属于中国传统汉学所涉及内容,而创造性解释则类似于中国传统宋学范围。从中国传统经学解释的方法论及其实践来看,创造性解释的宋学固然是解释之旨归,但是,倘若脱离汉学根柢而一味讲求高妙,便会导致过度解释并带来严重的实践后果。相反,正如四库馆臣所论及朱熹《大学章句》解释实践所现的那样,好的、有效的创造性解释一定是"先汉后宋、汉宋融合"的解释。通经致用一向是经学的本质要求,诠释学、文献学意义上好的、有效的解释,最终还有赖于经世致用的现实实践加以检验才行。因此,整个中国哲学诠释学工作,最后要落实于实践。

第十章　实践层次

中国哲学"推天道以明人事"、经世致用的本质特点，使得实践成为以经学文献为核心内容的中国哲学文献学、中国哲学诠释学的最终归宿。按照理查德·罗蒂的看法，伽达默尔哲学诠释学之"教化"概念，蕴含着人类哲学由"系统哲学"向"教化哲学"发展的可能，而中国哲学之经学"礼义"观，与伽氏"教化"概念有着高度的契合性。因此，阐发中国哲学经学"礼义"之教育、教化内容，将是建设学理合法的中国哲学的着力点，也是中国哲学可能给人类哲学的贡献。

一、方法简述

（一）"推天道以明人事"：中国哲学的实践性特点

经学向来重视实践，通经致用是经学的本质特点。《庄子·天下篇》说："《诗》以道志，《书》以道事，《礼》以道行，《乐》以道和，《易》以道阴阳，《春秋》以道名分。"[1]《汉书·艺文志》亦云，"六经"之文皆有大用。大体而论，《乐》以和神，《诗》以正言，《礼》以明体，《书》以广听，《春秋》以断事。此"五经"之用"相须而备"，匹配仁、义、礼、智、信"五常之道"。"五经"之源，总归为《易》。《易》论天地之道，与天地相始终。《易》道不可见，则乾坤天地或几乎息矣。其他"五经"之学，世代有所变更，犹如五行相互替代为用

---

[1]郭庆藩辑《庄子集释》第四册，北京：中华书局，1961年，第1067页。

而已。[1]"六经"之用,"天下""汉志"虽然所说稍有异同,但总体而论,都是要说明经学非徒为虚文而已,而是六者相须而备,各有其现实功用。而"汉志"之《易》载天地之道、为群经根源之论,更说明了"易"学"易"道在经学中的根本地位,为我们理解经学"内在理路",提供了指南。

《四库全书总目》整理有清以前所有重要"易"学类经典文献,并以"两派六宗"说,高度概括了中国传统"易"学源流及其道要。所谓"六宗",包括:《左传》所记"太卜遗法",汉儒以象数解《易》之"占卜宗";京房《京氏易传》、焦延寿《焦氏易林》以方术《易》求福避祸之"禨祥宗";陈抟作《河图》《洛书》、邵雍《皇极经世书》推及天地造化之理之"造化宗";王弼《周易注》等纯以老庄义理解《易》之"老庄宗";胡瑗《周易口义》、程颐《程氏易传》等纯以儒理解《易》之"儒理宗";李光《读易详说》、杨万里《诚斋易传》等以史传、史事证《易》经文之"史事宗"。上述"六宗"中,占卜、禨祥、造化三宗,总以象数解《易》,归于"象数派";老庄、儒理、史事三宗,总以义理解《易》,归于"义理派"。四库馆臣总结道:"两派六宗"之《易》学研究虽然内容纷繁纠葛,但究其大要而论,实不过"推天道以明人事"而已。[2]

《汉书·儒林传》开宗明义地讲道:"古之儒者,博学乎六艺之文。六艺者,王教之典籍,先圣所以明天道正人伦,致至治之成法也。"[3]《礼记·经解》更是明确了"六经"之根本功用在于实践中的教育与教化:"温柔敦厚,《诗》教也。疏通知远,《书》教也。广博易良,《乐》教也。洁静精微,《易》教也。恭俭庄敬,《礼》教也。属辞比

---

[1] 参见班固:《汉书》第六册,北京:中华书局,1962年,第1723页。

[2] 参见永瑢等:《四库全书总目》(全二册),北京:中华书局,1965年,第1页。

[3] 班固:《汉书》第十一册,北京:中华书局,1962年,第3589页。

事,《春秋》教也。"[1] 纵观"六经"意旨及历代正史《艺文志》《经籍志》《儒林传》道要之言,莫不以天人关系之论概括经学范式之特点,而终以经世致用为经学之最终归宿。《四库全书》是中国传统社会最后一次集大成式地全面总结中国传统学术之意识形态"大文献",《四库全书总目》更是沙里淘金般总结出了"推天道以明人事"这一中国哲学范式的道要之言。职是之故,依照中国传统学术固有范式和正统权威文献所述,《易》学占据着整个中国传统学术思想史之核心地位,而"推天道以明人事"一语,足以概括经学以高妙之经义指导人伦实践之本质特点。[2]

---

[1]《十三经注疏》整理委员会整理《十三经注疏·礼记正义》下,北京:北京大学出版社,1999年,第1368页。

[2] 值得关注的是,冯友兰以子学为内容,将"中国哲学之精神"概括为"极高明而道中庸"。冯氏以为,中国哲学的主要传统和思想主流,是追求一种"即世间而出世间"的最高境界,此境界及其哲学,可以称之为"极高明而道中庸"。释道二教哲学远离人伦日用、"沦于空寂",是"出世间底哲学";而以儒家为代表的诸子哲学,讲政治、说道德,注重人伦日用,不讲或讲不到最高的境界,是"世间底哲学"。中国哲学追求的最高境界,是超越人伦日用而在人伦日用之中的"超世间底哲学"。就其是"世间底",所以说是"道中庸";就其又是"出世间底",所以说是"极高明"。"极高明"与"道中庸"不是"两行",而是"一行"。能够达到"极高明而道中庸"境界的圣人,虽其思想境界玄远、"经虚涉旷",但其所做之事,不过是"担水砍柴""事父事君"之类人伦日用之事。总之,圣人的境界是"极高明",但与"道中庸"是"一行"不是"两行",此所谓"不离日用常行内,直到先天未画前"。(冯友兰:《新原道·绪论》,载《贞元六书》下,上海:华东师范大学出版社,1996年,第532页)

与"推天道以明人事"类似,"极高明而道中庸"同样表明了中国传统思想高明义理之形而上的思考,必落实于人伦日常的实践性特点。以冯氏学理推衍之,"推天道以明人事"之"天道"与"人事"二者,同样是"一行"而不是"两行"。如果说二者有什么区别,最重要的就是经学文献是意识形态文献,其所载是先王"至治之成法",必落实于"修齐治平"之制度化安排。而冯氏所论及的子学类文献,更多的是个人修身以成圣的道德实践。综合四库馆臣与冯友兰之洞见,中国哲学之经学、子学类主体哲学文献,最终都表现出打通形上行下、兼备本体功夫之指向实践的"天人之学"的总体特点。

(二) 经以载道，通经致用

儒者云："'文'以载道，非羽翼经传发明圣学者，不足言'文'"；"'献'以表德，非追踪孔孟与闻乎道者，不足言'献'"。[1] 可见，文献学本为道德实践之学。就经学文献来讲，更是这样。"六经"本为帝王之学，经学道要，在于本于道，达于治。朱熹云："圣人道在'六经'，若日星之明。"[2] 夏良胜《中庸衍义》亦云："《六经》之文以载道也。"[3] 历代儒先之正统观念，皆主张为政必先论道，而"六经"为道之所寄，圣人之道尽在"六经"。因此，欲求圣人之道，必本之于"六经"。汉学与宋学治经路径固然不同，然于"通经明道"之旨归而言，二者实可谓殊途同归。戴震明言，圣人之道在"六经"。汉儒或失于义理不足、宋儒或失于制数欠缺，如人各入于泰山、北海，二者各不相谋。如此，便不能尽山之奥、水之奇。治经求道之"大本"，在于尽汉宋山水之奇奥，方能无阙。戴氏又云，"六经"为古圣先王"道义之宗""神明之府"，治经者当志乎闻道，求不谬于先王道义之心方可。欲求经学之理精义明，固然需要"小学"故训功夫循阶以适堂坛，但是，"经之至者道也"，"知此学之不仅在故训，则以志乎闻道也，或庶几焉"。[4]

经学期于明理，明理归于致用，张之洞于此道有所阐发。世人常将读书与明理看作判然相分的两件事，而将通经致用视为迂腐之谈。于是，浅薄者读经以从事科举之业；博洽者研经著述，意在博取声名而已。于是，读经、研经既与自家身心无关，也与治国平天下之现实

---

[1] 章大士：《常郡文献考说》，载《常郡八邑艺文志》卷一，清光绪十六年刻本。

[2] 朱熹：《朱子全书》第22册，第2版（修订本），上海：上海古籍出版社，合肥：安徽教育出版社，2010年，第1953页。

[3] 夏良胜：《中庸衍义》，收入《文渊阁四库全书》第715册，台北：台湾商务印书馆，1986年，第748页。

[4] 参见戴震：《戴震文集》，北京：中华书局，1980年，第144—146页。

无关。其尤者，竟有终生从事"小学"训诂而不及明理、致用之事，汉学流弊，于此至极。张氏以为，读经在于求其实用，正如辛勤劳作，是为了收获谷物而享用之，以美富其身体肌肤筋骸。无论读者才识如何，当随时贯通古今、推求人事以穷理。如此，必因"多识畜德"而心地清明、人品正正。明理致用之效，上可以报效国家，下可以"不失为端人雅士"。[1] 传统经学有"经明行修"之说，张之洞上述"明理致用"之说与之相类，总之是要讲明：经学非徒为技术之"艺"学，而是经世致用之"道"学。可见，经学实有"经以载道，通经致用"之学理本质。因此，学求其道、学以致用，是经学题中应有之义。

（三）经义的"《大学》范式"

经学之本，存诸经义（经学之义理）。在《郡斋读书志》"经类总论"中，晁公武开宗明义地讲明了"大学之道"乃经义之根本。其曰：

> 孔氏之教，别而为六艺数十万言，其义理之富，至于不可胜原。然其要片言可断，曰修身而已矣。修身之道，内之则本于正心诚意、致知格物；外之则推于齐家、治国、平天下。内外兼尽，无施而不宜。学者若以此而观六艺，犹坐璇玑以窥七政之运，无不合者。不然，则悖谬乖离，无足怪也。[2]

朱熹在《大学章句序》中说，《大学》为上古帝王继天立极，施行教育、教化之法。《大学》之道，"外有以极其规模之大，而内有以尽其节目之详"。以之为教，民人乃知其"性分之所固有，职分之所当为"。"古昔盛时，所以治隆于上、俗美于下"，攸赖于《大学》之

---

[1] 参见张之洞：《读书期于明理明理归于致用》，载《輶轩语·语学第二》，武汉：崇文书局，2016年，第35页第1—2面。
[2] 晁公武：《郡斋读书志校证》上，上海：上海古籍出版社，1990年，第1页。

道。朱熹于是作《大学章句》《大学或问》，绍续二程而深入阐发《大学》之道。其道要之言，便是明明德、亲民、止于至善之"三纲领"，以及格物、致知、诚意、正心、修身、齐家、治国、平天下之"八条目"。"八条目"中，"自天子以至于庶人，壹是皆以修身为本"。因此，以修身贯穿"八条目"，格物、致知、诚意、正心等四者，"所以修身也"；齐家、治国、平天下等三者，实乃举修身之所得，施之于家、国、天下而已。要言之，《大学》之道，乃所谓"修己以安人"是也。晁公武以"修身"断定经学之宗要，而以内外兼尽之八条目明确经义之枢机，真可谓道明经义根本之论断。

诚如朱熹所言，《大学》之道，"皆本之人君躬行心得之余，不待求之民生日用彝伦之外"。"三纲领""八条目"之内外规模、节目，无一不是指向现实的实践之学。依此概观，经学诠释学及中国哲学乃实践哲学，其最重要的特点，就是以"三纲领""八条目"为本质内容的"《大学》范式"。[1]

《大学衍义》和《大学衍义补》二书，是发明《大学》之道、充分展现"《大学》范式"之要籍。如程朱所言，《大学》固然为"初学入德之门"，但是，《大学》更是"古帝王立学垂教之法"，载"先圣之微言"，"化民成俗之方"，所谓"道统在是，治统亦在是矣。历代贤哲之君创业守成，莫不尊崇表章、讲明斯道"。[2]

宋儒真德秀以十数年之功，纂辑而成《大学衍义》，便是尊崇表章、讲明《大学》之道的巨作。在真德秀看来，帝王为治之序、为学之本，皆在于《大学》。《大学》一书，是"圣学之渊源，治道之根柢"，"百圣传心之要典"。"'八条'之教，为人君立万世之程"，为

---

[1] 本段中《大学章句》相关内容的叙述，参见朱熹《宋本大学章句》（北京：国家图书馆出版社，2010年）。

[2]《日讲四书解义序》，载《钦定四库全书荟要·日讲四书解义》，长春：吉林出版集团有限责任公司，2005年，第199—200页。

"君天下者之律令、格例也，本之则必治，违之则必乱"。《大学衍义》以"八条目"为纲，取材历代经史，体大思精地阐发了《大学》之体用。具体来讲，真氏细分论列了"帝王为治之序""帝王为学之本""格物致知之要"（下分"明道术""辨人材""审治体""察民情"），"诚意正心之要"（下分"崇敬畏""戒逸欲"），"修身之要"（下分"谨言行""正威仪"），"齐家之要"（下分"重妃匹""严内治""定国本""教戚属"）之内容。具体体例是：以"八条目"为纲目，每条首列圣贤之典训，次以历代与之相关的事迹，又附以先儒经史之论中发明此条目经义之说，最后附以真氏之按语。此书"依经据史、博古通今，言天必征于人，语事不遗乎理。录善恶以示鉴戒，广节要以尽工夫"。发明《大学》之道，《大学衍义》真可谓"广大精密，纲目毕备"。[1]明朝历代皇帝将《大学衍义》书于庑壁、置于经筵，成为帝王学之要籍。

诚如四库馆臣所言，"八条目"相辅而行，不可偏略。《大学衍义》名以"八条目"为纲，而实缺"治国""平天下"二目。明儒丘濬作《大学衍义补》，专论"治国""平天下"二目，用以补足、羽翼真德秀之说。《大学衍义补》以"治国平天下之要"为题，凡分十二目、一百六十卷，可谓鸿篇巨制。十二目目各有名，分别是：正朝廷、正百官、固邦本、制国用、明礼乐、秩祭祀、崇教化、备规制、慎刑宪、严武备、驭外蕃、成功化。效法《大学衍义》体例，丘濬博采历代经传子史之论并附以己见，考据精详，论述赅博，广大悉备地详论了"治国平天下"体用之学。[2]至此，真德秀、丘濬以"八条目"为纲，

---

[1] 参见真德秀：《大学衍义》，收入《钦定四库全书荟要》第65册，长春：吉林出版集团有限责任公司，2005年。本段引语见《大学衍义序》《进大学衍义表》及库书提要，第299—310页。

[2] 参见丘濬：《大学衍义补》，收入《钦定四库全书荟要》第66、67册，长春：吉林出版集团有限责任公司，2005年。

为我们展现了"《大学》范式"如何统领及安排中国传统学术,如何致广大而尽精微地条理、安顿中国传统思想文化。

总而言之,《易》学"推天道以明人事"之要旨,确立了中国哲学的本质特点。经学经世致用之本性,最终落实于"三纲八目"之《大学》范式。康熙云:"厚风俗必先正人心,正人心必先明学术。"[1]经学之经术、经义,其根本即在于《易》与《大学》所展现出来的要旨与范式。此要旨与范式,织就了中国传统思想文化的意义之网,宏大而真切地展现了中国哲学诠释学"从文本到实践"的历史实况,进而说明了中国哲学是深具中国特色的实践哲学之本质。

二、诠释学方法论相关

(一)教化

就其最终归宿而言,经学是教育、教化之学。而在作为人文学科的诠释学中,"教化"观念是其最为重要的概念。因此,以教化概念沟通经学与哲学诠释学,是中国哲学诠释学乃至中国哲学创新之值得探索的重要方向。[2]

伽达默尔在《真理与方法》中提出了"人文主义的几个主导概念",首当其冲的,便是"教化"。考察"教化"一词的观念史研究,

---

[1]《日讲四书解义序》,载《钦定四库全书荟要·日讲四书解义》,长春:吉林出版集团有限责任公司,2005年,第200页。

[2] 中国哲学学界已有学者关注并研究"教化"问题。比如,景海峰在《诠释学与儒家思想》(北京:东方出版中心,2015年,第191—204页)中设专节讨论了"教化与启蒙""儒家哲学的教化特质""教化诠释学"问题。李景林则明确提出"教化儒学"观念,并通过辨析儒学的教化观念,讨论教化中的"性命说""德性与工夫""礼乐教化与伦理世界"等专题,比较深入地研究了儒学思想中教化观念之内涵及意义。(参见李景林:《教化视域中的儒学》,北京:中国社会科学出版社,2013年;李景林:《教化儒学论:李景林说儒》,贵阳:孔学堂书局,2014年)

伽达默尔指出，"教化"首先是"自然造就的形式"的概念，后来与"修养"概念紧密相连，指人类培养、发展自己天赋和能力的特有方式。康德用"修养"一词讲人不让自己的天赋退化的义务，而没有使用"教化"这个词。在洪堡那里，教化不再指修养，而是指一种由知识及整个精神和道德所带来的更高级、更内在的东西。

伽达默尔说，上述学者之后，黑格尔对"教化"做了最清楚的说明。因此，伽氏祖述黑格尔的说法，对"教化"一词进行了全面的梳理。举其大要如下：

（1）人为什么需要教化。人之所以为人的显著特征，是人具有精神和理性的方面。据此，人按其本性，就应该脱离其直接性和本能性的东西。而此目标的实现，有赖于教化。

（2）教化与普遍性。教化是向普遍性的提升，普遍性是教化形式的本质。人类教化的一般本质是使自身成为一个普遍的精神存在，通过教化向普遍性提升，是人类的一项使命。未经教化的人沉湎于个别性，教化要求为了普遍性而舍弃人的特殊性。

（3）舍弃特殊性是否定性的。舍弃特殊性是对人欲望的抑制，以及由抑制而摆脱和自由驾驭欲望对象的客观性。劳动就是受到抑制的欲望。劳动着的意识超越了自身此在的直接性而达到了普遍性，在劳动着的意识的自我感中，劳动者放弃了个人欲望、需求、私利的直接性，整个投入生疏的劳动对象当中，在其所塑造的事物中又回归自我，实现了人的普遍性追求。

（4）实践性教化。实践性教化的本质是追求普遍性。实践性教化表现为人在从事其职业活动中，通过某种普遍性的要求，通过节制、克服，使那些对于个人特殊性来讲显得生疏的东西，最后完全成为他自身的东西。

（5）理论性教化。理论性教化超越了人类直接经验事物，主要处置回忆和思维中非直接性的、生疏的东西。它要求人们学会容忍异己的东西,不带私利地去把握事物、寻求普遍的观点,从而掌握"独立自在的客体"。理论教化的基本规定,具体表现为在他物中认识自身,以及自身中特殊性与普遍性的和解。构成教化的本质不单纯是与自身分离向异己的东西出发的异化,而理所当然的是以异化为前提的重新发现自身又返回自身的过程。教化既是使精神向普遍性提升的实现过程,同时也是被教化的人得以活动的要素。

伽达默尔进一步强调了教化的本质是一种普遍的和共同的感觉。所谓教化的普遍感觉,是为他者、为其他更普遍的观点敞开自身。这种更普遍的观点,是自身的一种"尺度"和"距离"的普遍感觉,是指保持距离地看待自身和个人目的,超出自身进入普遍性的提升的感觉。受到教化的意识,超越了所有限制于某个特定范围内的自然感觉,是一种可以在一切方面进行活动的普遍的感觉(ein allgemeiner Sinn)。伽氏特别指出,当用自然科学的方法论证明《圣经》传说的历史证据时,不可避免地导致对基督教来说灾难性的后果。所以,精神科学之所以成为科学,与其说从现代科学的方法论概念中,不如说从教化概念的人文主义传统中更容易得到理解,而人文主义传统因此在与现代科学要求的对抗中,赢得了某种新的意义。[1]

伽达默尔所诠释的"教化"观念,对当代哲学尤其是诠释学的研究,产生了重要的影响。伽达默尔将其诠释学称为"哲学诠释学"。戴维(Nicholas Davey)在《不平静的理解:伽达默尔的哲学诠释学》一书中,以专题深入研究了哲学诠释学与教化的关系问题。戴维指出,教化是一个构成的(formative)和转化的(transformative)、对话的

---

[1] 伽达默尔:《诠释学 I:真理与方法——哲学诠释学的基本特征》,洪汉鼎译,修订译本,北京:商务印书馆,2010 年,第 19—33 页;Hans-Georg Gadamer, *Truth and Method*, translation revised by Joel Weinsheimer and Donald G. Marshall, 2nd revised edition (New York: Sheed & Ward Ltd and Continuum International Publishing Group, 2004), pp. 8-17。

（dialogical）同时进行的过程。这暗含着诠释学的相遇是一个动态的过程。教化涉及了理解的本体论基础（人是语言的、文化的、历史的、传统的存在），因此，教化在哲学诠释学中扮演着根本的角色。戴氏还强调，教化概念所内含的文化化成和解释模式，构成了哲学诠释学的客观性；同时，化成和构成都是一种使自己对其他保持开放以获得自我感的实践。教化的客观性和实践性，使得哲学诠释学免于相对主义和过分强调个人的责难。戴维说，伽达默尔"唤醒教化"这个术语，是为了说明：与使用证明和演示的科技知识不同，还存在着另一种基于传统、传承智慧以及实践经验的人文学科知识体系。因此，总体来看，教化概念在哲学诠释学中扮演着核心的角色。[1]

何卫平进一步把伽达默尔的哲学诠释学直接称为"教化解释学"（hermeneutics of Bildung）。他认为，伽达默尔的教化观念同时具有本体论和认识论意义，二者不可分割地交织在一起。教化是整个哲学诠释学的根基和开端，诠释学的全部问题由此出发并最终归结于此。在何卫平看来，伽氏要以教化概念取代过去以主客二分、认识论和方法论来研究人文科学的路线，因此，教化概念是全部人文科学赖以存在的基础和先决条件。何氏以为，伽达默尔的哲学解释学的全部奥秘都在"教化"。教化概念包含着解决诠释学基本问题的锁钥和根本途径，因此，伽达默尔的哲学解释学可以总体称之为"教化解释学"。[2]

尤其值得关注的是，受"教化"观念的启发，理查德·罗蒂（Richard Rorty）将人类的哲学划分为系统哲学和教化哲学（systematic

---

[1] Nicholas Davey, *Unquiet Understanding: Gadamer's Philosophical Hermeneutics* (New York: State University of New York Press, 2006), pp. 37-43.

[2] 参见何卫平：《解释学之维——问题与研究》，北京：人民出版社，2009年，第56、65、79—80、229页；何卫平：《伽达默尔的教化解释学论纲》，载《理解之理解的向度——西方哲学解释学研究》，北京：人民出版社，2016年，第174—198页。

philosophy and edifying philosophy），并试图探索以诠释学来代替认识论，以实现哲学研究的范式革命。在罗蒂看来，哲学家中有两种关于哲学的观念：其一，一般哲学家认为，亚里士多德、笛卡尔和康德这类哲人确立了哲学所要讨论的问题，哲学的任务就是继续讨论这些问题，并试图加以解决；其二，正如杜威、维特根斯坦及海德格尔这类富于原创性的哲学家所做的那样，他们思考哲学的方式，是消解而非解决困扰前人的哲学问题。罗蒂采取了反对涵盖一切的"第一原理"、反对有独立于历史和社会变化之外的"永恒哲学问题"的"反康德""反希腊"哲学观念。罗蒂认为，如果没有类似于镜子的心的观念，就不会有准确再现它的知识观念。而没有知识观念，笛卡尔、康德共同采取的通过审视、修理和磨光这面镜子以获得更准确的表象的研究策略就没有意义了。

罗蒂用基于诠释学和教化（edifying）观念的"教化哲学"来取代笛卡尔、康德那一套"系统哲学"的，从而最终走上了"无镜哲学"（philosophy without mirror）之路。在罗蒂看来，哲学不仅是一门学科的名称，而且是人类想象性努力的名称。哲学也可看作是为了增进人类幸福，而去发现更富想象力的方式和方法。这种想象力不断思考着社会实践，以用新实践取代旧实践来增进社会福祉为其致思方向。新视角下新哲学的出现，会导致旧的哲学传统的结束。但是，这并不意味着"哲学的终结"，而只是人们抛弃了一套旧的语言和制度，取而代之以另一套看似可以激发人类想象力、促进人类自由的语言和制度。

用"教化"概念取代"知识"概念，就会使得人对自我的描述成为哲学最重要的事情。依罗蒂所见，教化所描述的，就是当我们读得更多、谈得更多、写得更多的时候，我们就"改造"了我们自己，从而成了不同的人。教化就是借助异常力量使我们脱离旧我，成为新人。教育、教化在人文传统中所做的事，正是自然科学的训练所不能做的事情。哲学因此与自然科学相区分，并表现出其人文主义的特质。与

"系统的"哲学家不同,"教化的"哲学家最大的特点就是批判性的、对话性的,因而有助于防止哲学走上"牢靠的科学大道"从而导致哲学的终结。在其《哲学与自然之镜》卷末,罗蒂大胆地预测,未来人类哲学或许将成为纯教化性的哲学。[1]

综合上述学者关于"教化"的研究及洞见,诠释学的哲学性及其最后旨归,皆在于教化概念。顺此教化观念的价值和意义衍说,"诠释学"可以定义为,通过文本来研究人类及其文化的人文学科;诠释学的最终目的,是通过"教化"以成就人之所以为人者。保罗·利科说,"对于在语言范围里建构的理论,其普遍性的要求能遇到的最好检验,就是追问它向实践领域延伸的能力"[2]。"教化"概念同时包

---

[1] Richard Rorty, *Philosophy and the Mirror of Nature* (New Jersey: Princeton University Press, 2009), pp. 357-394. 理查德·罗蒂:《哲学和自然之镜·中文本作者再版序》,李幼蒸译,北京:商务印书馆,2003年,第336—367页。

[2] 保罗·利科:《从文本到行动》,夏小燕译,上海:华东师范大学出版社,2015年,第231—232页。Paul Ricoeur, *From Text to Action: Essays in Hermeneutics, II*, trans. Kathleen Blamey and John B. Thompson(Evanston: Northwestern University Press, 1991), p. 168.值得关注的是,利科还提出了"占有"(appropriation)观念,来说明文本诠释学的哲学性问题。利科认为,诠释学的目的,就是要通过"占有"来克服文化间距和历史异化。所谓"占有",就是解释者首先放弃自身,让外在于自身的文本的问题和意义变成自己的问题和意义。通过这种放弃,解释者之本我(ego)达到与文本所载的普遍性和永恒性的一致,最终产生关于自我(self)的新的理解。对文本的这种由本我到自我的占有,既是对文本意义的理解,也是对自我的理解,因此,占有文本的诠释学,是一种我在(I am)的哲学诠释学。(参见 Paul Ricoeur, *Hermeneutics and the Human Science: Essays on Language, Action and Interpretation*, John B. Thompson <eds.> <Cambridge: Cambridge University Press, 1981>, pp. 113, 185, 192-193;保罗·利科:《诠释学与人文科学:语言、行动、解释文集》,孔明安、张剑、李西祥译,北京:中国人民大学出版社,2012年,第71—72、185、153—155页)利科的"占有"观念,可以与伽达默尔的"教化"观念交互为用,让我们更加深入地理解以文本解释为核心的诠释学何以是"哲学"这一重要问题。

含着理论的和实践的两种特性,它最强调普遍性且明确指向实践而又最后回归于化成(cultured)之人。从诠释学层次理论来看,所有层次的诠释理论,最后都将指向文本的实践,而在诠释学诸概念中,"教化"最具有"从文本到实践"(from text to action)品格,是沟通文本与实践活动最重要的中间环节。总而言之,"教化"是诠释学最核心、最重要的哲学概念,也是整个诠释活动的最终的实践性的落实。

(二)经学教育、教化本质溯源

经学的理论本质和最后归宿,皆在于教育、教化。经学是儒学,追溯儒学根源,可见经学之根本。《汉书·艺文志》云儒家"出于司徒之官";朱熹《大学章句序》道,上古性命之教,设于"司徒之职,典乐之官"。可见,经学礼教之本,必上溯于《周礼》中地官、春官之官员职守方有根柢。

按照《汉书·艺文志》之说,儒学最直接的思想来源,便是地官司徒。依《周礼·地官司徒·叙官》所言,司徒"帅其属而掌邦教,以佐王安扰邦国"。大司徒之"十二教",全面而精要地展现了邦教、教典的核心内容,其曰:

> 施十有二教焉:一曰以祀礼教敬,则民不苟。二曰以阳礼教让,则民不争。三曰以阴礼教亲,则民不怨。四曰以乐礼教和,则民不乖。五曰以仪辨等,则民不越。六曰以俗教安,则民不偷。七曰以刑教中,则民不暴。八曰以誓教恤,则民不怠。九曰以度教节,则民知足。十曰以世事教能,则民不失职。十有一曰以贤制爵,则民慎德。十有二曰以庸制禄,则民兴功。[1]

如上"十二教",前六教为礼乐之教,意在从正面教育人民形成

---

[1]《十三经注疏》整理委员会整理《十三经注疏·周礼注疏》,北京:北京大学出版社,2000年,第290页。

敬、让、亲、和、度、安等六种德行，以安和人民之心、之行。后六教是政刑之教，意在以规章制度和刑法手段，来安定社会秩序、调节用度，使人民安居乐业。《礼记·乐记》载："礼以道其志，乐以和其声，政以一其行，刑以防其奸。礼、乐、刑、政，其极一也，所以同民心而出治道也。"[1]"礼节民心，乐和民声，政以行之，刑以防之。礼、乐、刑、政，四达而不悖，则王道备矣。"[2]可见，大司徒之"十二教"，要不过礼乐政刑之"王道"。又贾公彦疏曰："此十二教，以重急者为先，轻缓者为后。"[3]此亦可见王道教化，以礼乐为主、政刑为辅之特点。

"十二教"之外，大司徒又以"以乡三物教万民"：有"六德"（知、仁、圣、义、忠、和），有"六行"（孝、友、睦、姻、任、恤），有"六艺"（礼、乐、射、御、书、数）。此外，大司徒还"以五礼防万民之伪而教之中，以六乐防万民之情而教之和"。礼乐德行正面教育之外，其有不从者，大司徒复"以乡八刑纠万民"，计有不孝之刑、不睦之刑、不姻之刑、不弟之刑、不任之刑、不恤之刑、造言之刑、乱民之刑。相较于"十二教"，大司徒此"乡三物"及其礼乐政刑之教，依然是强调德行、道艺、礼乐之教的优先性。而"乡八刑"之设，基本对应着"乡三物"之"六行"，亦可见儒学对德行伦理实践的无比强调：民有无视德行者，将以刑罚手段正之。[4]

大司徒之外，地官系统中的师氏、保氏也发挥着重要的教育作用。其中，师氏教国子以"三德"（道本中德、行本敏德、顺本孝德）、"三

---

[1]《十三经注疏》整理委员会整理《十三经注疏·礼记正义》中，北京：北京大学出版社，1999年，第1076页。

[2] 同上书，第1085页。

[3]《十三经注疏》整理委员会整理《十三经注疏·周礼注疏》，北京：北京大学出版社，2000年，第292页。

[4] 参见上书，第314—318页。

行"（亲父母之孝行、尊贤良之友行、事师长之顺行）。保氏用道艺来教养国子，其科目为"六艺"（五礼、六乐、五射、五驭、六书、九数）、"六仪"（祭祀之容、宾客之容、朝廷之容、丧纪之容、军旅之容、车马之容）。可见，师氏之教，德行之教；保氏之教，道艺、仪容之教。师氏、保氏之教，互为内外表里，相辅相成。[1]

春官之中，大司乐、乐师、大师分掌乐舞之教。其中，大司乐掌管大学教学之法，建立、掌管学校政令，选择有道艺、德行者任教，聚合全国子弟以教育之。教育的内容为乐德（中、和、祗、庸、孝、友）、乐语（兴、道、讽、诵、言、语）及乐舞（云门、大卷、大咸、大磬、大夏、大濩、大武）。乐师掌管"小学"的政令，教国子各种乐舞，教国子依照音乐节奏行走、射箭。大师职掌"六律""六同"，以五声、八音合阴阳之声，教风、雅、颂、赋、比、兴等六种诗的表现手法，要求学诗的人，以知、仁、圣、义、忠、和等"六德"为根本，用"六律"来确定歌唱的音调。以上可见，音乐、舞蹈、歌诗等乐教的内容，在中国传统"大学""小学"之教中占据着主导地位。[2]

总体而观，从其发端处来看，经学的实质内容完全是现实的教育与教化。传统教育系统中的"小学""大学"教育以及国子的精英教育，皆以礼乐教育为其根本内容而又特别重视德行教育。国家整个政教系统，则是礼乐政刑之教育与教化。在礼乐政刑之王道四极中，要以礼乐为首要，而以政刑为行礼乐之教的辅助手段。要言之，追根溯源，经学之根本，不外乎礼乐教育与教化。

（三）礼义：中国哲学的教化概念

经学经世致用之落实，实为礼乐之教。从全幅历史传承物，尤其是承载中国传统文化的"意识形态文献""大文献"的内容实质来看，

---

[1] 参见《十三经注疏》整理委员会整理《十三经注疏·周礼注疏》，北京：北京大学出版社，2000年，第410—418页。

[2] 同上书，第674—679、701—705、714—719页。

整个中国传统文化是礼乐文化。概要言之,如《周礼·春官宗伯·大宗伯》所载,礼总分吉、凶、宾、军、嘉等五大类。《礼记·昏义》道,礼之大体是:以冠礼作为起点;昏礼作为根本;丧祭之礼为隆重;朝觐礼、聘问礼为尊敬;乡饮酒礼和射礼为和睦。以长时段、全景式视角总览中国传统社会,礼乐之教可谓无处不在。比如,冠、昏、丧、祭之礼,从生到死,仪式化地安顿着人生。蒙学教育、族规、乡约,无不以儒学礼教为其核心与根本。帝王之学、经筵之讲,经学礼乐之教而已。吏、户、礼、兵、刑、工等六部之设,全以《周礼》天、地、春、夏、秋、冬官为准,总归"天工人代"的天人关系观之制度化落实。其他如书院教育、科举考试,皆不外经学礼教之外言说。总而言之,虽有释道二教相辅相成,但中国传统社会之主流正统文化,毫无疑问是礼教文化,中国传统社会因之可以称之为"礼教社会"。而确立礼教社会教育、教化根本的,即是经学所载之礼乐文化内容。

《荀子·礼论》《礼记·乐记》以及历代正史《礼志》《乐志》等文献,致广大而尽精微地论述了礼乐之道。精要言之,礼分为外在的礼仪、礼器与内在的礼义。礼之所重者为礼义。礼义是讲明外在仪节之内在义理根据的"经义""形而上之道"。准依《礼记·昏义》之"礼之大体"说,冠礼是礼的起点。而《礼记·冠义》开篇即说:"凡人之所以为人者,礼义也。"[1]孟子曰:"人之所以异于禽兽者几希,庶民去之,君子存之。"[2]赵岐注曰:"几希,无几也。知义与不知义之间耳。"[3]在经学礼义的具体诠释学语境中来讲伽氏之"教化",人和动物的区别,关键之处就在于是否知道礼义。礼义是人的精神和理

---

[1]《十三经注疏》整理委员会整理《十三经注疏·礼记正义》下,北京:北京大学出版社,1999年,第1614页。

[2]《十三经注疏》整理委员会整理《十三经注疏·孟子注疏》,北京:北京大学出版社,1999年,第223页。

[3]同上。

性的本质所在，是决定人之所以为人之根本。人与动物相去不远的自然本性，不能自我实现向礼义的转化，因而需要外在的、异于自然人的礼乐教育、教化来实现人的礼义人格。

比照伽达默尔"教化"诸义，就概念之可公度性而论，"礼义"即是中国哲学之"教化"。礼义"教化"要义如下：①礼义是人类之普遍化的标准，人要成为人，就必须通过礼乐教化，将与一般动物差别不大的自然人，提升为具备礼义人格的人类：这是成人的基本要求，也是人类的一项使命。②上升到普遍性，意味着对个体特殊性私欲的克服和节制。在礼教当中，就具体表现为孔子对其高足颜回所说的非礼勿视、听、言、动。唯其落实于"四勿"功夫，人才能"克己复礼"，最终成就礼义人格之普遍性。③礼义本质上是一种理论性质的形而上的概念。由于礼教的架构是内礼义外礼仪、礼器，所以，礼义不能单独存在，而必然最终通过外在的礼仪实践来实现。礼教之礼义和礼仪这种内外表里的关系，恰好体现了理论性教化与实践性教化密不可分的特点。④人的存在首先是一个类似于动物性的自然存在。从礼教来看，人要成为人，就必须舍弃自然之我，以容忍异己的心态，来面对非直接性的、生疏的"异己"（异于自然之我）礼义。⑤通过根植于礼教社会的对礼义的历史性、文化性、语言性诠释活动，自然及特殊之我实现了向普遍礼教人性的提升。这是一个自然之我与礼义之我的"视域融合"，通过这种对话式的融合，最终产生了一个超越于私我而将外在普遍性的礼义内化于自我的真我：一种具备人格、类属于人的存在。就"真我"实现礼义的程度，可以渐次升高地划分为君子、贤良、圣人。

于上可见，礼义完全契合伽达默尔之教化概念诸内涵。不仅如此，与伽氏形式化的"教化"概念相比，"礼义"兼具"教化"之概念性思辨与具体的礼乐内容。从哲学诠释学意义上来讲，"礼义"同时成为中国哲学之"中国效度"与"哲学效度"最为核心的概念，是中国哲学何以既是"中国的"又是"哲学的"根本依据所在，也是以经学文献为核心的中国哲学文献学、中国哲学诠释学可以贡献给人类哲学的独特内容。

总而言之，以经学"礼义"为核心的中国诠释学，是立足于中国传统经学文献学之汉学、宋学脉络，通过经学文献之整理、解读、理解、解释等五个诠释学层次，最终达成了"礼义"人格之教化实践之用的诠释学。[1]如此"礼义"诠释，一方面，兼具"中国效度"与"哲学效度"，从而达成了建构学理合法的中国哲学研究方法论的理论意旨；另一方面，由于"以中化西"地融贯了方法论诠释学与哲学诠释学，以"礼义"为核心的中国诠释学，也开创了一种源于"中国"并可能贡献给人类文明的哲学新形态。此基于"礼义"的人类新哲学，可名之曰"礼义诠释学"（the ritual hermeneutics）。

---

[1] 中国传统思想文化中，经史子集、"三教九流"皆有思想文献，理应全幅纳入中国哲学研究的内容。"礼义诠释学"特别强调以经部文献为核心的中国哲学研究，这是因为：首先，既往中国哲学比附西方哲学"选出而叙述之"的子学路径，背离了中国传统思想的经学核心。通过"范式转换"重新确立中国哲学"中国效度"学理基础，必须回到经学文献之根本，以期"归根复命""返本开新"。其次，表彰经学文献，并非无视经部之外思想文献的价值。因仍并发明"汉志"《四库全书总目》等传统学术史经典述论，经学为核心内容的中国哲学研究，最终展开的文献规模将是经学为本、史学为用、子集二部为辅助。"礼义诠释学"既是植根于经学文献诠释的中国哲学研究的"特殊方法论"，也同时是涵盖经史子集及"三教九流"之思想文献之中国哲学研究的"一般方法论"。

第十一章 "礼义诠释学"视域下的
诠释学循环

分别考察"礼义诠释学"的五个层次,让我们大致厘清了中国哲学文献之整理、解读、理解、解释与实践等五个诠释层次的各自内容和特性。总体来讲,这是一种静态的、知识性的方法及方法论的分析。实际上,中国哲学文献学每一个层次的方法及方法论,都明确地指向围绕文献、相互为用的诠释学活动。因此,我们还必须从各个层次之间的动态关系,来理解和把握中国哲学文献诠释学活动之本质。诠释学循环(hermeneutical circle)理论,便是解析中国哲学文献诠释这种动态的、实践的、关联性的文本诠释活动本质的理论。

一、诠释学循环

传统意义上的诠释学循环,是指"我们必须从个别理解整体,同时,又必须从整体理解个别"这一诠释学规则。随着作为方法论的诠释学研究的深入开展,现在学界一般将"诠释学循环"分为四种形式:整体与部分的循环、主体与客体的循环、假设与演绎方法的循环、问题与答案的循环。[1]从诠释学层次理论来看,诠释学循环是在强调:

---

[1] 参见伽达默尔:《论理解的循环(1959年)》,载《诠释学Ⅱ:真理与方法——补充和索引》,洪汉鼎译,修订译本,北京:商务印书馆,2010年,第70—80页;"斯坦福哲学百科""诠释学"词条(2016年版),特别是第二部分"The Hermeneutic Circle"相关内容。访问网址 https://plato.stanford.edu/entries/hermeneutics/。

诠释的每一层次之间都有密切的关联性；所有层次诠释活动都不能孤立地进行，而必须在与其他诠释活动的动态关系中展开。具体而论，诠释学循环就是指每一层次的诠释活动，都是在本层次的诸多环节及与其他层次的循环往复、相互促进的关系中实际进行的诠释活动。

（一）内循环

诠释学的每一层次，都有其强度不等的内部封闭循环。①整理层次的循环：整理者必须不间断地展开版本、目录、校勘、辑佚、索引等诸文献学学科之间的循环，以求整理出尽量完善的学术"善本"。②解读层次的循环：解读者必须不间断地从事文字、音韵、训诂、考据等诸语言学类学科之间的循环，以求解读出尽量符合文献客观内容的"本义"。③理解层次的循环：理解者必须不间断地从事文献思想生态环境的历史性还原，以求在多学科循环所构建的思想"有机整体"中，尽量接近历史原貌地理解作者的"原意"。④解释层次的循环：以有待解释的文献的本义和原意为基础，解释者必须不间断地进行"先汉后宋、汉宋融合"文献解释工作，以求学有根柢地生发出创造性的哲学性"好解释"。⑤实践层次的循环：不间断地用实践活动，来实施并检验创造性解释之"现实效果"。文献诠释层次越低，内循环的强度和独立性越强，反之越弱。如果说整理、解读层次能够独立循环的话，理解层次实际已经包含了整理与解读的"内循环"；解释层次实际上已将整理、解读、理解之"汉学"内容，纳入了它的"内循环"；实践层次的文献与实践之间的循环，更是与解释循环密切关联，实际上是一种"有名无实"的非常弱的"内循环"了。

各个层次的"内循环"，凸显了诠释不同层次所涉及的不同学科各自独立的学科特点。仅仅停留于诠释诸层次的内循环，将割裂各个诠释层次之间的联系，从而解构诠释学融贯不同门类人文学科的特点，同时解构诠释学本身。因此，诸诠释学层次之间的"外循环"，是整个诠释活动顺利展开的前提，也是诠释学各个层次能够发挥其作用的保障。

（二）外循环

诠释学"外循环"，是指以诠释实践问题为动能，以解释活动为主导而贯穿于整理、解读、理解各个层次的"诠释学循环"。诠释学是哲学，因而解释与实践层次是诠释学哲学内容之核心。诠释之解释与实践的哲学活动，是一种从文本到实践，又从实践返回文本的不间断循环往复的过程。马克思说："哲学家们只是用不同的方式解释世界，而问题在于改变世界"。[1] 如前所述，诠释学最终落实于通过教育、教化改变人类世界的实践。实践使得人脱离了动物界，造就了人之所以为人者的一切，构成了人的存在方式。人类实践与指导实践的思想观念之间，始终处于一种循环之中：实践是在一定理论指导下的实践；同时，理论必须经过实践的检验，才能判断其价值和现实意义。文本与实践的诠释学循环本质，就是这种理论与实践的循环。以此实践观观之，在中国哲学的上下文中，经学礼义所要解决的现实实践问题，是推动解释理论之源动力。而解决实践问题的现实需要，反过来又推动了创造性解释经学礼义之解释活动的展开。于是，在"先汉后宋、汉宋融合"的解释活动的推动下，诠释学所有五层次之间开始了不间断地诠释学"外循环"。

总而言之，"礼义诠释学"的"诠释学循环"，导源于经学礼义的现实实践问题，是由解释活动所推动的，包括五层次之间的"大循环"与各个层次"内循环"在内的环环相扣、生生不已的诠释学循环。

---

[1] 马克思：《马克思论费尔巴哈》，载中共中央马克思恩格斯列宁斯大林著作编译局编译《马克思恩格斯选集》（第一卷），北京：人民出版社，2012年，第140页。马克思主义理论关于"实践"问题的一般论说，参见李秀林等主编《辩证唯物主义和历史唯物主义原理》（第5版，北京：中国人民大学出版社，2004年，第63—91页）。

二、诠释学循环的意义

"礼义诠释学"之诠释学循环论说,试图解决困扰诠释学理论的诸多学理难题。

(一)主观与客观相互统一的问题

"效果历史""视域融合"之下的哲学诠释学,由于强调了理解者的主观视角,导致了"没有绝对客观的理解(解释、解读),只有不同的理解(解释、解读)"这样一个相对主义的结论。以此主观一元论的结论指导思想实践,势必导致没有是非善恶等严重的诠释学后果。

"礼义诠释学"则解决了诠释学的主客观难以统一的问题。在诠释学五层次中,首先,整理层次确立了不依赖于诠释者而存在的客观文本;解读层次依赖于经学"小学"及西方语言学方法,厘定了指向文本而不依赖解读者个体的"本义";理解层次则通过以历史学为主的一系列理解方法,重建文本作者的思想世界,从而确立了文本作者的原意。如上整理、解读、理解等三层次所确立的文本、文本本义和作者原意,是不依赖于文本解释者而存在的客观的"意义之链"(the nexus of meaning),此"意义之链"事实上建构了所谓"模式作者"(艾柯语)。由此观之,在解释活动中,解释者与文本、文本本义、作者原意之间,是一种解释者主体与文本客观意义之间的主客关系,或者,进而言之,是解释者与"模式作者"之间的类主体间性的关系(quasi-intersubjective relationship)。因为有外在于解释者主体的文本、文本本义和作者原意的存在,加之解释活动"先汉后宋"的方法论本质要求,所以解释者就不能主观臆想、自以为是地随意解释。于是,"所有正确的解释都必须避免随心所欲的偶发奇想和未曾注意的思维习惯的束缚,从而把目光指向'事物本身'"[1]的说法才能够成立。

---

[1] 伽达默尔:《论理解的循环》,载《诠释学Ⅱ:真理与方法——补充和索引》,洪汉鼎译,修订译本,北京:商务印书馆,2010年,第73页。

也正因如此，以文本客观意义为准，解释可以区分为"先汉后宋"的"好的、正确的解释"，以及罔顾文本、文本本义及作者原意，随心所欲、任意曲解的"坏的、错误的解释"。

此外，如前所述，基于"教化"观念所阐发的"礼义"观念，以及从文本到实践之理论与实践的关系，同样也是从存在论意义上统一了文本客体与教化、实践主体之间的关系。由于有上述诠释学意义上的主客观统一的存在，一方面消解了伽达默尔哲学诠释学学理上存在的相对主义问题，另一方面从存在论上论证了诠释学的哲学品格问题。而更为重要的是，这种主客观统一所确立的"先汉后宋、汉宋融合"的解释方法论，为我们找到了"好的、正确的解释"的标准。回顾中外思想史，"坏的、错误的"解释的一个共同问题，就是束书不观、空谈臆断，而其所造成的严重文化灾难和社会后果，不可谓教训不够深刻。因此，诠释学之"汉宋循环"所确立的"好的、正确的解释"标准，不仅是历史经验教训的总结，也为学理合法的中国哲学诠释学及中国哲学理论创新，从诠释学上找到了正确的方向和路径。

（二）方法论诠释学与哲学诠释学的统一问题

如泽伯姆、潘德荣等诠释学史家所见，整个诠释学的发展历史，实际上包含着作为方法论的诠释学与作为哲学的诠释学等两种诠释学进路。由于伽达默尔等学者的努力，诠释学已经成为一种重要的哲学形式。学者论及诠释学时，一般会以伽达默尔"哲学诠释学"为准，否定方法论诠释学作为"哲学的"诠释学的资格。但是，另有一些学者反其道而行之，认为在漫长的诠释学发展历史当中，方法论诠释学曾经长期占据着诠释学历史的主导性地位；作为新晋诠释学主流的哲学诠释学，不足以代表诠释学历史中所有诠释学形态。就此而论，如果学者们仅仅看重伽达默尔一脉的哲学诠释学而忽视方法论诠释学，有点类似于"别子为宗"（潘德荣语）。

事实上，从诠释学历史上看，方法论诠释学与哲学诠释学有着密切的关联,不宜分开对立着看待。"礼义诠释学"即试图通过诠释学层次理论,消弭两种诠释学的对立及其各自理论的不足,以期建构起一种理论圆融的诠释学理论新形态。总体来看,"礼义诠释学"纵贯并包容了经学、文献学、语言学、历史学、哲学、人类学等诸人文学科,可谓集人文学科之大成。但是,这种集成不是诸人文学科的大杂烩,而是以文本解释与实践为核心的一种新的诠释学、一种新的哲学。从诠释学层次上来讲,主要分布于整理、解读、理解诸层次中的方法及方法论,构成了"方法论诠释学"的主体;而"解释"和"实践"等二层次的内容,则属于"哲学诠释学"。诠释学是哲学。整理、解读、理解等三层次总和而成的"方法论诠释学",由于它们不能表现诠释学的哲学性,所以,这三个层次无法独立存在。就诠释学的哲学本质而论,只有当"方法论诠释学"三个层次作为"哲学诠释学"解释、实践二层次的方法论基础("汉学"基础)时,才能实现其作为诠释学的价值和意义。"先汉后宋、汉宋融合"的解释学原理说明,一个完备的、好的、正确的"哲学诠释学",实际上是包含了"方法论诠释学"之"汉学"前提的"哲学诠释学"。以诠释学层次理论来看,没有"方法论诠释学","哲学诠释学"就没有基础和根柢;而没有"哲学诠释学","方法论诠释学"就不能叫作"诠释学"。因此,全面地理解诠释学,就是这样一个等式:诠释学=方法论诠释学+哲学诠释学。

如前诠释学循环理论所说,实践与解释,才是整个诠释活动的原动力和最后归宿。因此,从诠释学全部五层次之间的关系来看,由实践所推动的解释活动,构成了整个诠释活动的核心和灵魂;其他诠释活动,必须围绕着解释这一核心与灵魂展开。试以本著作中国哲学研究方法论为例说明之。21世纪以来,中国哲学实践活动中的"中国哲学合法性问题",反映出了既往中国哲学存在着同时缺失"中国效度"与"哲学效度"的严重学理缺陷。回应此现实问题,建设学理合法的中国哲学，应当一方面以经学确立其"中国效度"，另一方面，以诠释学确立其"哲学效度"。基于此新的中国哲学"解释"观念：①整理层次：以经学文献而不再以子学文献作为中国哲学整理的主体文献。不再以西方哲学的标准"选出而叙述之"一些子学文献，而是从《四库全书总目》《经义考》类目录类文献中，选择出"意识形态文本""大文本"类经学文献加以整理，以确立"中国效度"的文献学根柢。②解读层次：经学文献的字面解读，以文字学、音韵学、训诂学、考据学等传统经学"小学"方法为根底，"以中化西"地说明了诠释学"语法解释""间距"观念，以及西方语言哲学在经学解读中的方法论意义。③理解层次：综合运用历史学、文物学、考古学之方法，格外关注传统金石学、图谱学、经学目录学等关乎传统经学理解的学科。以期回到经学理解的历史现场，深切著明地理解经学文献的作者之原意。

中国哲学实践问题之推动，产生了综合经学"中国效度"与诠释学"哲学效度"的"解释"新意识。此新意识"唤醒"（awaken）了作为中国传统思想主体的经学文献，从而确立了中国哲学研究的"中国效度"；又以"以中化西"之理路，随时关照经学文献之西方诠释学意义，以确立中国哲学研究的"哲学效度"。同样因此新意识之"照亮"（highlight），随之而展开的整理、解读、理解诸层次的工作，皆围绕经学根柢、诠释学视域之诠释学研究路径展开。

如上可见，"礼义诠释学"理论是以整理、解读、理解的"方法论诠释学"确立诠释的"汉学"根柢和解释的是非标准。而解释与实践层次的"哲学诠释学"，是整个诠释活动的起点与归宿。由实践所驱动的哲学解释，实际上决定了整理、解读、理解之整个"方法论诠释学"活动的内容、方法及方法论指向。从学科门类而言，诠释学五层次分别处理文献学、语言学、历史学及哲学问题。其中，最为重要的是处理哲学层次的相关论题。就诠释学的哲学本质而论，诠释学五层次中的解释与实践这两个"哲学层次"之问题,具有诠释学的优先性:诠释学之整理、解读、理解层次,皆围绕哲学的解释与实践层次而展开。

第十二章　经学礼义：未来中国哲学的发展方向

不同于自然科学，哲学是用诠释学方法研究人之所以为人者之学的人文学科。诚如冯友兰所言，哲学"无用之大用"，在于它能够使人尽人之所以为人者，而使人最终成为"人之至者"——圣人。[1]

雅斯贝斯轴心时期理论最重要的洞见，就是特别强调了人性在"轴心突破"和人类文明发展中的重要作用。雅氏说，在轴心时期，人类历史上首次出现了哲学家，他们开始反思个体与最高存在之间的关系，并试图以不同的方式超越、突破小我而实现"人之所以为人者"。因为哲学家的这种反思，后世称之为理性和人格（reason and personality）的东西，首次得以展现。这种伟大的"轴心突破"，就是人性的开端。人类后来每一次和轴心时期的接触，就是通过解释和吸收（interpretation and assimilation）轴心时期的意识和权威著作，来回归人之自我，重新开启人性。雅氏说，只有展现人性的个人和民族，才是在正确的历史进程之中。在人类的发展历史中，"有一样东西，似乎总能屹立不倒：人性以及哲学活动中对人性的自我反思。如历史所

---

[1] 冯友兰：《新原道》，载《贞元六书》下，上海：华东师范大学出版社，1996年，第855页。

现，即便在人类的崩溃时期，仍然可能有高级哲学"。[1]可见，人性的发现以及人类历史上对人性的不间断的返本开新的解释，构成了哲学显著的学科特点。

追根溯源，我们可以在古希腊哲学的发端处，看到哲学人文主义、人本主义之基因及其本质特点。哲学是古希腊的产物。怀特海（Alfred North Whitehead）说，整个西方哲学史，不过是柏拉图哲学的一系列注脚。策勒尔（Eduard Zeller）明确指出，希腊哲学"在西方文明的整个发展过程中具有根本性的意义"，希腊哲学家"系统地表述了哲学的所有理论和实践的基本问题"。[2]在策勒尔看来，在柏拉图和亚里士多德那里，看不到现代科学那种对自然的纯粹的物理学说明，也看不到因为承认物质的重要性而时常导致的思想冲突。古希腊哲学时期，人类精神生活与其自然根源紧密相连，自然与人类生活直接相关。策氏总结道："希腊思想寻求并预设精神与自然的统一，这是其经典人世理论牢不可破的一致性"，"无论直接或间接，在古希腊所有哲学体系中，都可以清楚辨识出这种一致性特质。整体而言，希腊哲学可以说沿着人类日常生活及其生活环境此同一方向前进"。[3]正如梯利等西方哲学史家所见，希腊哲学最早表现为自然哲学，旨在探究客观世界的本质。逐渐地，古希腊哲学家们开始转向以人类为本，研究自然与人类之间的关系。因而，使得哲学带有人文主义特质。从自然转向人类，导致哲学开始研究人类思想和人类行为，于是产生了逻辑学、伦理学、心理学、政治学和诗论等哲学分科。及至后来，古希腊哲学"注意力更特别集中于伦理问题：什么是至善？什么是人生的目的和

---

[1] Karl Jaspers, *The Origin and Goal of History*, trans. Michael Bullock (New Haven: Yale University Press, 1953), p. 232.

[2] 策勒尔:《古希腊哲学史纲》，翁绍军译，济南：山东人民出版社，2007年，第3页。

[3] E. Zeller, *A History of Greek Philosophy, vol 1*, trans. S. F. Alleyne (London: Longmans, Grreen, and Co., 1861), p. 162-163.

目标？伦理学成了主要课题，研究逻辑和形而上学是为了帮助解决道德问题"。[1] 希腊哲学突破神话宗教之初，主要思考和研究外在自然问题，属于所谓"自然哲学"阶段。到了智者阶段，哲学思考对象从研究自然转向研究人的问题。苏格拉底时期，开始比较彻底地研究人类的知识以及行为问题，思考如何用逻辑方法获得真理及至善。及至柏拉图和亚里士多德，他们接续了苏格拉底的思考和工作，通过建构起系统的理论体系，比较圆满地解决了苏格拉底所提出的有关人生、人类认识、人类行为、人类制度等问题。

虽然希腊哲学史乃至整个西方哲学史的发展，呈现出非常纷繁复杂的样态。但无论如何，柏拉图和亚里士多德的哲学理论，堪当希腊哲学之顶峰和最重要哲学理论之代表，并事实上成为整个西方哲学之理论根源。依策勒尔、梯利之见，并以柏拉图和亚里士多德的理论为准，哲学最为重要的内容，就是研究人类的思想和行为。如果说逻辑学、本体论、知识论作为工具和手段，奠定了哲学思考之理性思辨特质的话，那么，伦理学、心理学、政治学、诗论等哲学研究具体内容则说明，哲学之所以不同于自然科学，就是因为它始终以人类本身为思考对象，始终秉持人文主义学科性质。哲学就其基因和学科本质而言，是在人类与自然关系的背景下，研究人之所以为人者之人文主义、人本主义的学说。

作为中国传统思想文化之核心和灵魂，经学最具备"哲学"上述原初及根本意义上人文主义之"基因"。依中国传统学术主流之见，"四部"之学，经史为本，子集为辅。经史之学，一体一用，其根本在于"推天道以明人事"，通过协调人类与自然之间的关系，来安顿天地万物及人伦社会。因此，经史之学实际上确立中国文化之哲学体用。经史之外立说，皆为子学，子学总不过是经学之支流余裔。诸子

---

[1] 梯利：《西方哲学史》，葛力译，增补修订版，北京：商务印书馆，1995年，第8页。

势同水火之言，实可相反相成，而经学可博收慎取子学明道立言之处，以资旁参。通观近百年以"子学"为核心内容之中国哲学史研究，无论其研究范式和进路如何差异，学者们殊途同归，皆承认"天人合一"是中国哲学最为重要的本质特征。

究天人之际、明天道以正人伦、"推天道以明人事"等中国传统思想道要之言皆说明：一如古希腊哲学所确立的哲学本质，中国传统思想一以贯之地围绕着人类精神和自然的关系展开其理论探讨；文德尔班所谓宇宙观和人生观及其相互关系这一哲学主题，始终不渝地是中国传统思想理论论述之核心内容。准是，则虽与西方哲学具体路径方法不同，但原始要终，以经学为主、子学为辅之中国传统思想，从不间断地讨论着真正的哲学问题。

中国哲学根本在于经学。经学之道，发为经义，经义之实，存诸礼义。礼义即礼乐之道，备述人之所以为人者。如《荀子·礼论》《礼记·乐记》所论，礼总为"人道之极"；起于"养人之欲，给人之求"；主别，使贵贱长幼之养各得其宜；贵天地、先祖、君师之"礼三本"，报情反始，贵本亲用；称情立文，以情文俱尽为至善；损有余益不足，达爱敬之文。礼乐相须为备，不可偏废。乐敦和而从天，礼别宜而从地；乐与天地同和，周流不息，合同而化，近于仁爱；礼与天地同节，序别群物，万物散殊，近于义正；"知乐，则几于礼矣。礼乐皆得，谓之有德"；礼乐官乎天地，管乎人情，先王制礼乐，将以反人道之正，定王道之极。《礼记·冠义》道："凡人之所以为人者，礼义也。"[1]《礼记·礼运》亦云："礼义也者，人之大端也"，"所以达天道顺人情之大窦也"。[2] 该篇又详论之曰：人有喜、怒、哀、惧、爱、恶、欲

---

[1]《十三经注疏》整理委员会整理《十三经注疏·礼记正义》下，北京：北京大学出版社，1999年，第1614页。

[2]《十三经注疏》整理委员会整理《十三经注疏·礼记正义》中，北京：北京大学出版社，1999年，第708页。

等"七情",父慈、子孝、兄良、弟弟、夫义、妇听、长惠、幼顺、君仁、臣忠等"十义"。圣王以人情为田、礼义为器,本天殽地、治人之情、修礼陈义、讲信修睦,达于丧、祭、射、御、冠、昏、朝、聘诸礼。礼教安置天地人伦之一切,非礼不可得治。是故唯有圣人知道礼不可以废止。所以,欲使人败国、丧家、亡身,一定要先废弃其礼。可见,礼教之存废,与人之自我实现密切关联,更是家国天下兴亡之所系。

中国传统经学礼义观,鲜明地呈现出中国哲学人文主义本质及其与西方哲学极为不同的表现形式。何休云:"中国者,礼义之国也。"[1]胡安国道:"中国之所以为中国,以礼义也。一失则为夷狄,再失则为禽兽,人类灭矣。"[2]《汉书·匈奴传》云,匈奴"苟利所在,不知礼义";又载,单于之左右问汉使,曰:"汉,礼义国也。"[3]如此来看,中国传统社会中,皆以礼义标准判断"中国"。

综上所述,大体而观,礼义之道即天人合一之道、人道。礼义之落实,即是以天地之道为人伦之极,以礼乐教化之具体形式,达成治平天下国家、成就人之所以为人者之最终目的。经学礼义,是中国哲学之根本内容。在以经学礼义为本的中国哲学新视域中,一方面,由于以"经学"为其文献载体和主要内容,中国哲学得以归根复命,厚植其"中国效度";另一方面,由礼义所"修复"(rehabilitate)的经学之道,恰与诠释学之"教化"哲学概念有着高度的契合性和可公度性,中国哲学之"哲学效度"因之得以顺畅地实现。因此,我们可以说,未来中国哲学范式转换的方向,就是要通过阐明经学礼义,实现从"子学路径"转向"经学路径",从"以西解中"转向"以中化西",

---

[1]《十三经注疏》整理委员会整理《十三经注疏·春秋公羊传注疏》,北京:北京大学出版社,1999年,第57页。

[2] 胡安国:《春秋传》卷第十二,《四部丛刊续编》景宋本。

[3] 班固:《汉书》第一一册,北京:中华书局,1962年,第3743、3780页。

从"选出而叙述之"转向"礼义诠释学"。

进而言之,哲学产生于欧洲,不得不有因其历史性、地域性所形成的特定的、具体的从而是有限效度的理论、方法和内容。但就其本质而言,哲学讨论人类普遍问题,因而具有普世性。普世之道无所谓东西,是故"西方哲学"实应称之为"哲学"。哲学史的发展说明,哲学可以有各种"转向"和接近方式,既如此,也可以有一个全新的"经学礼义"的打开方式。发祥于周岐、长安之文献旧邦的礼乐周文、经学礼义,创生了中国哲学之基因与根本。但是,从哲学普世之用的学科本性来讲,此经学礼义之"中国"哲学,不应仅仅视为中华民族的哲学、中国人的哲学,而应成为"中国特色的世界哲学"(洪汉鼎语)[1]。"周文"礼义是此星球上人类文明绵延不绝、非常重要的一支,而其探讨"人之所以为人者"这个人类一般哲学问题之理论本质,说明此"周普"之"周道",内在地具有成为人类"普世价值"的可能性。

雅斯贝斯说,人类现代科学技术,使得人成为一连串无个性创造过程的组成部分,一切没有个性特征,技术过程吞噬了人之所以为人的精神本质。技术本应服务于人类,而现代技术使人成为服务于技术和经济目的的劳动单位,"人类成为地球上无家可归的人"。面对现时代技术和政治对人性的异化,如轴心时代发现人性之伟大突破一样,"我们正在完成从根本上重建人性的重大任务,我们觉察到这个至关重要的问题,即我们怎样才能确实变成特殊的人类存在,不管怎样,这一事实在当今趋向中已得到表明,并且变得越来越强烈,即我们必须回顾我们的根源"[2]。

---

[1] 洪汉鼎:《实践哲学 修辞学 想象力——当代哲学诠释学研究》,北京:中国人民大学出版社,2014年,第426页。

[2] 卡尔·雅斯贝斯:《历史的起源与目标》,魏楚雄、俞新天译,北京:华夏出版社,1989年,第160页。

雅氏进而明确指出：中国哲学史不是西方哲学史多余的重复，"相反，它是某种直接使我们关切的东西，因为它对我们还没认清的、我们的人性潜力进行估价，并把我们带进与另一种人性的真实起源的联系中去。这个人性实际上不是我们的，然而可能是我们的，它是不可替代的历史统一体"。[1] 雅氏之见更让我们看清，未来中国哲学，不应仅仅限于其探索中国传统思想文化现代化这一"旧邦新命"之主题和宗旨，而应该更进一步创造性地转化中国哲学博大精深的经学礼义资源，以回应现今人类社会重建人性之现实重大问题，并为解决这些问题，提供新的有效的"哲学"理论。

在《哲学和自然之境》卷末，罗蒂预言了通过哲学研究的范式转换，基于诠释学教化观念的"教化哲学"，完全有可能取代以认识论为根本的主流"系统哲学"。以经学礼义为本的中国哲学，完全合乎罗蒂"教化哲学"之学理要求。未来中国哲学的发展，可以尝试沿着罗蒂预言的方向前进，使以经学礼义为核心内容的"中国哲学"更进一步地成为"哲学"。

---

[1] 卡尔·雅斯贝斯：《历史的起源与目标》，魏楚雄、俞新天译，北京：华夏出版社，1989年，第82页。

主要参考资料

一、论著

(一) 中文部分

A

[1] 李济:《安阳》,北京:商务印书馆,2011年。

B

[1] 杨乃乔:《悖立与整合:中西比较诗学》,福州:福建教育出版社,2018年。

[2] 成中英主编《本体与诠释》,北京:生活·读书·新知三联书店,2000年。

[3] 李晨阳:《比较的时代:中西视野中的儒家哲学前沿问题》,北京:中国社会科学出版社,2019年。

[4] 杨乃乔总主编《比较经学:中国经学诠释传统与西方诠释学传统的对话》,上海:上海人民出版社,2018年。

[5] 杨乃乔主编《比较诗学读本(西方卷)》,北京:首都师范大学出版社,2014年。

[6] 杨乃乔主编《比较诗学读本(中国卷)》,北京:首都师范大学出版社,2014年。

[7] 杨乃乔:《比较诗学与跨界立场》,上海:复旦大学出版社,2011年。

[8] 臧峰宇主编《比较哲学与当代中国哲学创新》,北京:中国人民大学出版社,2019年。

[9] 李秀林等主编《辩证唯物主义和历史唯物主义原理》,第5版,北京:中国人民大学出版社,2004年。

C

[1] 张隆溪:《阐释学与跨文化研究》,北京:生活·读书·新知三联书店,2014年。

[2] 彭永捷主编《重写哲学史与中国哲学学科范式创新》,第3版,保定:河北大学出版社,2011年。

[3] 陈来:《传统与现代——人文主义的视界》,北京:北京大学出版社,2006年。

[4] 萧萐父:《吹沙二集》,成都:巴蜀书社,1999年。

[5] 傅伟勋:《从创造的诠释学到大乘佛学:"哲学与宗教"四集》,台北:东大图书公司,1990年。

[6] 保罗·利科:《从文本到行动》,夏小燕译,上海:华东师范大学出版社,2015年。

[7] 傅伟勋:《从西方哲学到禅佛教:"哲学与宗教"一集》,台北:东大图书公司,1986年。

[8] 傅伟勋:《从西方哲学到禅佛教》,北京:生活·读书·新知三联书店,1989年。

[9] 成中英、杨庆中:《从中西会通到本体诠释——成中英教授访谈录》,北京:中国人民大学出版社,2013年。

D

[1] 吴根友、孙邦金等:《戴震乾嘉学术与中国文化》,福州:福建教育出版社,2015年。

[2] 洪汉鼎:《当代西方哲学两大思潮(上、下)》,北京:商务印书馆,

2010年。
［3］赖贤宗:《道家诠释学》,北京:北京大学出版社,2010年。
［4］丁耘:《道体学引论》,上海:华东师范大学出版社,2019年。
［5］张隆溪:《道与逻各斯》,南京:江苏教育出版社,2006年。
［6］李晨阳:《道与西方的相遇:中西比较哲学重要问题研究(中文增订版)》,北京:中国人民大学出版社,2005年。
［7］杜小真、张宁主编《德里达中国讲演录》,北京:中央编译出版社,2003年。
［8］杜维明:《杜维明文集》第一卷,武汉:武汉出版社,2002年。
［9］朱汉民、肖永明编选《杜维明:文明的冲突与对话》,长沙:湖南大学出版社,2001年。
［10］郑家栋:《断裂中的传统:信念与理性之间》,北京:中国社会科学出版社,2001年。

E

［1］黄一农:《二重奏:红学与清史的对话》,北京:中华书局,2015年。
［2］黄枏森、方克立、邢贲思主编《二十世纪中国学术论辩书系·哲学卷》,南昌:百花洲文艺出版社,2006年,2008年,2012年。

F

［1］范文澜:《范文澜历史论文选集》,北京:中国社会科学出版社,1979年。
［2］蔡仲德:《冯友兰先生年谱初编》,郑州:河南人民出版社,2001年。
［3］赖贤宗:《佛教诠释学》,北京:北京大学出版社,2009年。
［4］李聪:《傅伟勋哲学思想研究》,长春:吉林人民出版社,2011年。

G

［1］陈来:《古代宗教与伦理:儒家思想的根源》,北京:生活·读书·新知三联书店,1996年。
［2］来新夏:《古典目录学(修订本)》,北京:中华书局,2013年。
［3］王锦民:《古典目录与国学源流》,北京:中华书局,2012年。

［4］董洪利：《古籍的阐释》，沈阳：辽宁教育出版社，1993年。

［5］黄建年：《古籍计算机自动断句标点与自动分词标引研究》，芜湖：安徽师范大学出版社，2013年。

［6］常娥：《古籍计算机自动校勘、自动编辑与自动注释研究》，芜湖：安徽师范大学出版社，2013年。

［7］王雅戈：《古籍计算机自动索引研究——以民国农业文献自动索引为例》，芜湖：安徽师范大学出版社，2013年。

［8］毛建军主编《古籍数字化理论与实践》，北京：航空工业出版社，2009年。

［9］来新夏：《古籍整理讲义》，厦门：鹭江出版社，2003年。

［10］高崇文：《古礼足征：礼制文化的考古学研究》，上海：上海古籍出版社，2015年。

［11］顾颉刚编著《古史辨》一，上海：上海古籍出版社，1982年。

［12］罗根泽编著《古史辨》四，上海：上海古籍出版社，1982年。

［13］顾颉刚编著《古史辨》五，上海：上海古籍出版社，1982年。

［14］罗根泽编著《古史辨》六，上海：上海古籍出版社，1982年。

［15］梁启超：《古书真伪及其年代》，北京：中华书局，1955年。

［16］策勒尔：《古希腊哲学史纲》，翁绍军译，济南：山东人民出版社，2007年。

［17］王国维：《观堂集林（外二种）》上，石家庄：河北教育出版社，2001年。

［18］刘长荣、何兴明：《国学大师谢无量》，北京：中国文史出版社，2006年。

H

［1］陈少明：《汉宋学术与现代思想》，广州：广东人民出版社，1998年。

［2］王力：《汉语音韵学》，北京：中华书局，2014年。

［3］侯外庐：《侯外庐史学论文选集（上）》，北京：人民出版社，1987年。

［4］姜玉华主编《胡适学术文集·中国哲学史（全二册）》，北京：中华

书局，1991年。

J

[1] 陈垣：《校勘学释例》，北京：中华书局，1959年第1版，2004年新1版。
[2] 李景林：《教化儒学论：李景林说儒》，贵阳：孔学堂书局，2014年。
[3] 李景林：《教化视域中的儒学》，北京：中国社会科学出版社，2013年。
[4] 郭齐勇、吴根友主编《近世哲学的发展与中国哲学的创造转化》，北京：中国社会科学出版社，2014年。
[5] 高宣扬：《解释学简论》，香港：三联书店，1988年。
[6] 何卫平：《解释学之维——问题与研究》，北京：人民出版社，2009年。
[7] 施蛰存：《金石丛话》，北京：中华书局，2013年。
[8] 朱剑心：《金石学》，杭州：浙江人民美术出版社，2015年。
[9] 朱剑心：《金石学研究法》，杭州：浙江人民美术出版社，2015年。
[10] 景海峰主编《经典、经学与儒家思想的现代诠释》，北京：人民出版社，2015年。
[11] 景海峰：《经典诠释与当代中国哲学》，北京：商务印书馆，2016年。
[12] 姜广辉主编《经学今诠四编》(《中国哲学》第25辑)，沈阳：辽宁教育出版社，2004年。
[13] 马宗霍、马巨：《经学通论》，北京：中华书局，2011年。

K

[1] 托马斯·库恩：《科学革命的结构》，金吾伦、胡新和译，第4版，北京：北京大学出版社，2012年。
[2] 吕友仁：《孔颖达〈五经正义〉义例研究》，上海：上海古籍出版社，2019年。
[3] 金景芳、吕绍纲、吕文郁：《孔子新传》，长春：长春出版社，2006年。

L

[1] 洪汉鼎：《理解的真理——解读伽达默尔〈真理与方法〉》，济南：山东人民出版社，2001年。

[2] 洪汉鼎主编《理解与解释——诠释学经典文选》，北京：东方出版社，2001年第1版，2006年修订本。

[3] 何卫平：《理解之理解的向度——西方哲学解释学研究》，北京：人民出版社，2016年。

[4] 王锷：《〈礼记〉成书考》，北京：中华书局，2007年。

[5] 张国淦：《历代石经考》，北京：燕京大学国学研究所，1930年。

[6] 贾贵荣辑《历代石经研究资料辑刊（全八册）》，北京：北京图书馆出版社，2005年。

[7] 卡尔·雅斯贝斯：《历史的起源与目标》，魏楚雄、俞新天译，北京：华夏出版社，1989年。

[8] 葛懋春、蒋俊选编《梁启超哲学思想论文选》，北京：北京大学出版社，1984年。

[9] 李纪祥：《两宋以来大学改本之研究》，台北：学生书局，1988年。

[10] 黄一农：《两头蛇：明末清初的第一代天主教徒》，上海：上海古籍出版社，2006年。

[11] 爱德华·希尔斯：《论传统》，傅铿、吕乐译，上海：上海人民出版社，2009年。

[12] 熊十力：《论六经·中国历史讲话》，北京：中国人民大学出版社，2006年。

[13] 余英时：《论天人之际：中国古代思想起源试探》，台北：联经出版事业股份有限公司，2014年。

[14] 彭永捷主编《论中国哲学学科合法性危机》，保定：河北大学出版社，2012年。

[15] 成中英：《论中西哲学的精神》，上海：东方出版中心，1991年。

M

[1] 马衡:《马衡讲金石学》,南京:江苏古籍出版社,2010年。
[2] 中共中央马克思恩格斯列宁斯大林著作编译局编译《马克思恩格斯选集》第一卷,北京:人民出版社,2012年。
[3] 马一浮:《马一浮全集》第一册上,杭州:浙江古籍出版社,2013年。
[4] 黄俊杰:《孟学思想史论(卷二)》,修订1版,台北:"中央研究院"中国文哲研究所,2006年。
[5] 张卫波:《民国初期尊孔思潮研究》,北京:人民出版社,2006年。
[6] 余嘉锡:《目录学发微》,北京:中国人民大学出版社,2004年。
[7] 徐有富:《目录学与学术史》,北京:中华书局,2009年。

P

[1] 吴根友:《判教与比较:比较哲学探论》,上海:东方出版中心,2019年。

Q

[1] 梁启超:《清代学者整理旧学之总成绩》,北京:商务印书馆,1999年。
[2] 伽达默尔:《诠释学Ⅰ:真理与方法——哲学诠释学的基本特征》,洪汉鼎译,修订译本,北京:商务印书馆,2010年。
[3] 理查德·E.帕尔默:《诠释学》,潘德荣译,北京:商务印书馆,2012年。
[4] 潘德荣:《诠释学导论》,桂林:广西师范大学出版社,2015年。
[5] 洪汉鼎:《诠释学:它的历史和当代发展》,北京:人民出版社,2001年。
[6] 洪汉鼎:《诠释学:它的历史和当代发展》,修订版,北京:中国人民大学出版社,2018年。
[7] 保罗·利科:《诠释学与人文科学:语言、行为、解释行为》,孔明安、张剑、李西祥译,北京:中国人民大学出版社,2012年。
[8] 景海峰、赵东明:《诠释学与儒家思想》,上海:东方出版中心,2015年。
[9] 刘笑敢:《诠释与定向——中国哲学研究方法之探究》,北京:商务印书馆,2009年。

[10] 艾柯等:《诠释与过度诠释》,王宇根译,北京:生活·读书·新知三联书店,1997年。

R

[1] 饶宗颐:《饶宗颐集》,陈韩曦编注,广州:花城出版社,2011年。
[2] 恩斯特·卡西尔:《人论:人类文化哲学导论》,甘阳译,上海:上海译文出版社,2013年。
[3] 林安梧:《人文学方法论:诠释的存有学探源》,上海:上海人民出版社,2016年。
[4] 陈来:《人文主义的视界》,南宁:广西教育出版社,1997年。
[5] 陈来:《仁学本体论》,北京:生活·读书·新知三联书店,2014年。
[6] 陈少明:《仁义之间:陈少明学术论集》,贵阳:孔学堂书局,2017年。
[7] 任继愈:《任继愈文集》2、5,北京:国家图书馆出版社,2014年。
[8] 梁涛:《儒家道统说新探》,上海:华东师范大学出版社,2013年。
[9] 赖贤宗:《儒家诠释学》,北京:北京大学出版社,2010年。

S

[1] 李学勤:《三代文明研究》,北京:商务印书馆,2011年。
[2] 冯友兰:《三松堂学术文集》,北京:北京大学出版社,1984年。
[3] 洪汉鼎:《实践哲学 修辞学 想象力——当代哲学诠释学研究》,北京:中国人民大学出版社,2014年。
[4] 景海峰编《拾薪集——"中国哲学"建构的当代反思与未来前瞻》,北京:北京大学出版社,2007年。
[5] 余英时:《士与中国文化》,上海:上海人民出版社,2003年。
[6] 德里达:《书写与差异》上册,张宁译,北京:生活·读书·新知三联书店,2001年。
[7] 汤一介:《思考中国哲学》,北京:中国人民大学出版社,2016年。
[8] 葛兆光:《思想史的写法——中国思想史导论》,上海:复旦大学出版社,2004年。

[9] 张升：《四库全书馆研究》，北京：北京师范大学出版社，2012年。

[10] 司马朝军主编《〈四库全书〉与中国文化》，武昌：武汉大学出版社，2010年。

[11] 杨家洛：《四库全书综览》《四库全书通论》，载《四库全书学典》，上海：世界书局，1946年。

[12] 侯外庐、邱汉生、张岂之主编，张岂之修订《宋明理学史》（中），西安：西北大学出版社，2018年。

W

[1] 王国维：《王国维集》第一册、第二册、第四册，周锡山编校，北京：中国社会科学出版社，2008年。

[2] 方麟选编《王国维文存》，南京：江苏人民出版社，2014年。

[3] 克利福德·格尔茨：《文化的解释》，韩莉译，南京：译林出版社，2014年。

[4] 王宝峰：《未来中国哲学导论：范式与方法论》，西安：西北大学出版社，2018年。

[5] 余英时：《文史传统与文化重建》，北京：生活·读书·新知三联书店，2012年。

[6] 李晓东：《文物学》，北京：学苑出版社，2005年。

[7] 司马朝军主编《文献学概论》，武昌：武汉大学出版社，2010年。

[8] 潘德荣：《文字·诠释·传统——中国诠释传统的现代转化》，上海：上海译文出版社，2003年。

[9] 裘锡圭：《文字学概要》，修订本，北京：商务印书馆，2013年。

[10] 郭齐勇、欧阳祯人主编《问道中国哲学：中国哲学史研究的现状与前瞻》，北京：九州出版社，2013年。

[11] 吴虞：《吴虞文续录》，成都：美信印书局，1933年。

[12] 张宝三：《五经正义研究》，上海：华东师范大学出版社，2010年。

X

[1] 潘德荣:《西方诠释学史》,北京:北京大学出版社,2013年第1版,2016年第2版。

[2] 梯利:《西方哲学史》,葛力译,增补修订版,北京:商务印书馆,1995年。

[3] 傅伟勋:《西洋哲学史》,台北:三民书局,1965年初版,2013年第3版。

[4] 胡适:《先秦名学史》,上海:学林出版社,1983年。

[5] 余英时:《现代危机与思想人物》,北京:生活·读书·新知三联书店,2012年。

[6] 陈来:《现代中国哲学的追寻——新理学与新心学》,北京:人民出版社,2001年。

[7] 劳思光:《新编中国哲学史》第一卷,桂林:广西师范大学出版社,2005年;北京:生活·读书·新知三联书店,2015年。

[8] 成中英:《新觉醒时代——论中国文化之再创造》,北京:中央编译出版社,2014年。

[9] 邓秉元主编《新经学(第一辑)》,上海:上海人民出版社,2017年。

[10] 姜广辉:《新经学讲演录》,北京:中国社会科学出版社,2020年。

[11] 王中江主编《新哲学(第一辑)》,郑州:大象出版社,2003年。

[12] 叶蓓卿编《"新子学"论集》,北京:学苑出版社,2014年。

[13] 傅伟勋:《学问的生命与生命的学问》,台北:正中书局,1994年。

Y

[1] 陈来:《燕园问学记》,北京:北京大学出版社,2008年。

[2] 杨立华:《一本与生生:理一元论纲要》,北京:生活·读书·新知三联书店,2018年。

[3] 文史哲编辑部编《"疑古"与"走出疑古"》,北京:商务印书馆,2010年。

［4］郑吉雄:《易图像与易诠释》,上海:华东师范大学出版社,2008年。

［5］成中英:《易学本体论》,北京:北京大学出版社,2006年。

［6］朱伯崑:《易学哲学史》1—4卷,北京:昆仑出版社,2005年。

［7］赖贤宗:《意境美学与诠释学》,北京:北京大学出版社,2009年。

［8］汪行福、俞吾金、张秀琴:《意识形态星丛——西方马克思主义的意识形态理论及其最新发展态势》,北京:人民出版社,2017年。

［9］张汝伦:《意义的探究——当代西方释义学》,沈阳:辽宁人民出版社,1986年。

［10］唐作藩:《音韵学教程》,第5版,北京:北京大学出版社,2016年。

［11］张世禄、杨剑桥:《音韵学入门》,上海:复旦大学出版社,2009年。

［12］陈明、朱汉民主编《原道（第6辑）》,贵阳:贵州人民出版社,2000年。

［13］人民音乐出版社编辑部编《〈乐记〉论辩》,北京:人民音乐出版社,1983年。

Z

［1］理查德·罗蒂:《哲学和自然之镜》,李幼蒸译,北京:商务印书馆,2003年。

［2］冯友兰:《贞元六书》下,上海:华东师范大学出版社,1996年。

［3］伽达默尔:《真理与方法》,洪汉鼎译,台北:台湾时报文化出版公司,1993年、1995年。

［4］伽达默尔:《真理与方法》,洪汉鼎译,上海:上海译文出版社,1999年。

［5］林毓生:《中国传统的创造性转化》,北京:生活·读书·新知三联书店,1988年。

［6］周裕锴:《中国古代阐释学研究》,上海:上海人民出版社,2003年。

［7］许倬云:《中国古代文化的特质》,北京:新星出版社,2006年。

［8］宋志明:《中国古代哲学研究方法新探》,北京:中国人民大学出版社,2015年。

［9］周光庆:《中国古典解释学导论》,北京:中华书局,2002年。

［10］项楚、罗鹭主编《中国古典文献学》，北京：中国人民大学出版社，2013年。

［11］徐炳旭：《中国古史的传说时代》，重庆：中国文化服务社，1943年。

［12］孙钦善：《中国古文献学》，北京：北京大学出版社，2006年。

［13］孙钦善：《中国古文献学史》上，修订本，北京：中华书局，2015年。

［14］高明：《中国古文字学通论》，北京：北京大学出版社，1996年。

［15］孙机：《中国古舆服论丛》，增订本，上海：上海古籍出版社，2013年。

［16］冯契：《中国近代哲学的革命进程》，上海：上海人民出版社，1989年。

［17］黄俊杰编《中国经典诠释传统（一）：通论篇》，上海：华东师范大学出版社，2008年。

［18］李威熊：《中国经学发展史论》上册，台北：文史哲出版社，1988年。

［19］本田成之：《中国经学史》，桂林：漓江出版社，2013年。

［20］马宗霍：《中国经学史》，上海：上海书店，1984年。

［21］吴雁南等主编《中国经学史》，北京：人民出版社，2010年。

［22］姜广辉：《中国经学史》，长沙：岳麓书社，2022年。

［23］叶纯芳：《中国经学史大纲》，北京：北京大学出版社，2016年。

［24］周予同：《中国经学史讲义》，上海：上海文艺出版社，1999年。

［25］杨乃乔总主编《中国经学诠释学与西方诠释学》，上海：中西书局，2016年。

［26］姜广辉主编《中国经学思想史》（四卷六册），北京：中国社会科学出版社，2003年，2010年。

［27］蔡方鹿：《中国经学与宋明理学研究》上，北京：人民出版社，2011年。

［28］张之恒主编《中国考古通论》，南京：南京大学出版社，2009年。

［29］梁启超：《中国历史研究法》，上海：上海古籍出版社，1998年。

［30］姚名达：《中国目录学史》，上海：上海古籍出版社，2002年。

［31］余庆蓉、王晋卿：《中国目录学思想史》，长沙：湖南教育出版社，1998年。

［32］张光直：《中国青铜时代》，北京：生活·读书·新知三联书店，1999年。

[33] 洪汉鼎、傅永军主编《中国诠释学》第 1—13 辑，济南：山东人民出版社，2003—2016 年。
[34] 徐复观：《中国人性论史（先秦篇）》，上海：上海三联书店，2001 年。
[35] 张岂之主编《中国思想史》，西安：西北大学出版社，1993 年。
[36] 葛兆光：《中国思想史》第二卷，上海：复旦大学出版社，2001 年。
[37] 《中国思想通史》（五卷六册），北京：人民出版社，第一、二、三卷 1957 年，第四卷上 1959 年，第四卷下 1960 年，第五卷 1956 年。
[38] 许倬云：《中国文化的发展过程》，北京：中华书局，2017 年。
[39] 张舜徽：《中国文献学》，上海：上海古籍出版社，2009 年。
[40] 冯友兰：《中国现代哲学史》，广州：广东人民出版社，1999 年。
[41] 陈梦家：《中国文字学》，修订本，北京：中华书局，2011 年。
[42] 钱穆：《中国学术思想史论丛（卷一）》，合肥：安徽教育出版社，2004 年。
[43] 窦秀艳：《中国雅学史》，济南：齐鲁书社，2004 年。
[44] 高本汉：《中国音韵学研究》，北京：商务印书馆，2014 年。
[45] 姚新中、陆宽宽：《中国哲学创新方法论研究》，北京：中国人民大学出版社，2019 年。
[46] 张岱年：《中国哲学大纲》，北京：中国社会科学出版社，1982 年。
[47] 牟宗三：《中国哲学的特质》，上海：上海古籍出版社，1997 年。
[48] 景海峰：《中国哲学的现代诠释（修订本）》，北京：人民出版社，2018 年。
[49] 李泽厚、刘绪源：《中国哲学如何登场？——李泽厚 2011 年谈话录》，上海：上海译文出版社，2012 年。
[50] 谢无量编辑《中国哲学史》，上海：中华书局，1916 年、1927 年。
[51] 谢无量编辑《中国哲学史》，台北：台湾中华书局，1967 年、1976 年。
[52] 冯友兰：《中国哲学史》（上下册），上海：华东师范大学出版社，2000 年。
[53] 赵兰坪编译《中国哲学史》（全三卷），广州：国立暨南学校出版部，1925 年。

［54］胡适:《中国哲学史大纲（卷上）》，上海：商务印书馆，1932 年。
［55］胡适:《中国哲学史大纲》，上海：上海古籍出版社，1997 年。
［56］张岱年:《中国哲学史方法论发凡》，北京：中华书局，1983 年。
［57］谢无量:《中国哲学史校注》，王宝峰等校注，上海：华东师范大学出版社，2018 年。
［58］任继愈:《中国哲学史论》，上海：上海人民出版社，1981 年。
［59］冯友兰:《中国哲学史史料学》，南京：江苏教育出版社，2006 年。
［60］朱谦之:《中国哲学史史料学》，北京：中华书局，2012 年。
［61］张岱年:《中国哲学史史料学》，北京：生活·读书·新知三联书店，1982 年。
［62］刘文英主编《中国哲学史史料学》，北京：高等教育出版社，2002 年。
［63］刘建国:《中国哲学史史料学概要（上、下）》，长春：吉林人民出版社，1983 年。
［64］商聚德、韩进军:《中国哲学史史料学论稿》，石家庄：河北教育出版社，2004 年。
［65］曹树明:《中国哲学史史料学史论》，北京：社会科学文献出版社，2014 年。
［66］萧萐父:《中国哲学史史料源流举要》，武汉：武汉大学出版社，1998 年。
［67］冯友兰:《中国哲学史新编（上卷）》，北京：人民出版社，1998 年。
［68］柴文华主编《中国哲学史学史》，北京：人民出版社，2018 年。
［69］李申:《中国哲学史文献学》，郑州：河南人民出版社，2012 年。
［70］潘德荣、施永敏主编《中国哲学再创造——成中英先生八秩寿庆论文集》，上海：上海交通大学出版社，2015 年。
［71］张岂之:《中华人文精神》，西安：西北大学出版社，1997 年。
［72］冯天瑜:《中华元典精神》，上海：上海人民出版社，2014 年。
［73］黄俊杰编《中日〈四书〉诠释传统初探》，上海：华东师范大学出版社，2008 年。
［74］王立清:《中文古籍数字化研究》，北京：国家图书馆出版社，2011 年。

[75] 张隆溪:《中西文化研究十论》,上海:复旦大学出版社,2010 年。
[76] 江日新主编《中西哲学的会面与对话》,台北:文津出版社,1994 年。
[77] 钱穆:《周公》,北京:九州出版社,2011 年。
[78] 林义正:《〈周易〉〈春秋〉的诠释原理与应用》,台北:台湾大学出版中心,2010 年。
[79] 朱维铮编校《周予同经学史论》,上海:上海人民出版社,2010 年。
[80] 林维杰:《朱熹与经典诠释》,上海:华东师范大学出版社,2012 年。
[81] 汪耀南:《注释学纲要》,北京:语文出版社,1991 年第 1 版,1997 年第 2 版。
[82] 张立文:《"自己讲"、"讲自己":中国哲学的重建与传统现代的度越》,北京:北京师范大学出版社,2007 年。
[83] 李学勤:《走出疑古时代》,第 2 版,沈阳:辽宁大学出版社,1997 年。

(二)外文部分

[1] E. Zeller, *A History of Greek Philosophy*, vol. 1, trans. S. F. Alleyne (London: Longmans, Grreen, and Co., 1861).

[2] Frank Thilly, *A History of Philosophy* (New York: Henry Holt and Company, 1914).

[3] Wing-tsit Chan, *A Source Book in Chinese Philosophy* (Princeton: Princeton University Press, 1963).

[4] Ernst Cassirer, *An Essay on Man: An Introduction to a Philosophy of Human Culture* (New Haven: Yale University Press, 1944).

[5] Johann P. Arnason, S. N. Eisenstady and Björn Wittrock (eds.), *Axial Civilizations and World History* (Leiden and Boston: Brill, 2005).

[6] Ming Dong Gu, *Chinese Theories of Reading and Writing: A Route to Hermeneutics and Open Poetics* (New York: State University of New York Press, 2005).

[7] Josef Bleicher, *Contemporary Hermeneutics: Hermeneutics as Method, Philosophy and Critique* (London: Routledge & Kegan Paul, 1980).

[8] Paul Ricoeur, *From Text to Action: Essays in Hermeneutics II*, trans. Kathleen Blamey and John B. Thompson (Evanston: Northwestern University Press, 1991).

[9] Gerald L. Bruns, *Hermeneutics Ancient and Modern* (New Haven: Yale University Press, 1992).

[10] Friedrich Schleiermacher, *Hermeneutics and Criticism*, translated and edited by Andrew Bowie (Cambridge: Cambridge University Press, 1998).

[11] Paul Ricoeur, *Hermeneutics and the Human Sciences: Essays on Language, Action and Interpretation*, edited and translated by John B. Thompson (Cambridge: Cambridge University Press, 1981).

[12] Richard E. Palmer, *Hermeneutics: Interpretation Theory in Schleiermacher, Dilthey, Heidegger, and Gadamer* (Evanston: Northwestern University Press, 1969).

[13] T. M. Seebohm, *Hermeneutics: Method and Methodology* (Kluwer Academic Publishers, 2004).

[14] Michael Loewe and Edward L. Shaughnessy (eds.), *History of Ancient China: From the Origins of Civilization to 221 B. C.* (Cambridge: Cambridge University Press, 1999).

[15] Terry Eagleton, *Ideology: An Introduction* (London: Verso, 1991).

[16] Terry Eagleton, *Ideology* (London: Longman Publishing, 1994).

[17] Umberto Eco Richard Rorty, Jonathan Culler and Christine Brooke-Rose, *Interpretation and Overinterpretation* (Cambridge: Cambridge University Press, 1992).

[18] Philip Rieff (eds.), *On Intellectuals: Theoretical Studies Case Studies* (New York: Doubleday, 1969).

[19] Steven Van Zoeren, *Poetry and Personality: Reading, Exegesis, and Hermeneutics in Traditional China* (Stanford: Stanford University Press, 1991).

［20］Richard Rorty, *Philosophy and the Mirror of Nature* (New Jersey: Princeton University Press, 2009).

［21］Christopher Tilley (eds.), *Reading Material Culture* (Oxford: Basil Blackwell, Ltd, 1990).

［22］John B. Henderson, *Scripture, Canon and Commentary: A Comparison of Confucian and Western Exegesis* (Princeton: Princeton University Press, 1991).

［23］Wm. Theodore de Bary, *Sources of Chinese Tradition*, vol. I, vol. II (New York: Columbia University Press, 1960).

［24］Niall Keane and Chris Lawn (eds.), *The Blackwell Companion to Hermeneutics* (John Wiley & Sons, Inc, 2016).

［25］John B. Henderson, *The construction of Orthodoxy and Heresy: Neo-Confucian, Islamic, Jewish, and Early Christian Patterns* (Albany: State University of New York Press, 1998).

［26］Robert Audi (eds.), *The Cambridge Dictionary of Philosophy*, 2nd edition (Cambridge: Cambridge University Press, 1999).

［27］Hu Shih (Suh Hu), *The Development of the Logical Method in Ancient China* (The Oriental Book Company, 1922).

［28］Kurt Mueller-Vollmer (eds.), *The Hermeneutics Reader: Texts of the German Tradition from the Enlightenment to the Present* (New York: Continuum Publishing Company, 1985).

［29］Gayle L. Ormiston and Alan D. Schrift (eds.), *The Hermeneutics Tradition: From Ast to Ricoeur* (Albany: State University of New York Press, 1990).

［30］Clifford Geertz, *The Interpretation of Cultures* (New York: Hachette Book Group, 2017).

［31］Karl Jaspers, *The Origin and Goal of History*, trans. Michael Bullock (New Haven: Yale University Press, 1953).

［32］Jeff Malpas and Hans-Helmuth Gander, *The Routledge Companion to*

［33］Thomas S. Kuhn, *The Structure of Scientific Revolutions*, 4th edition (Chicago: The University of Chicago Press, 2012).

［34］Hans-Georg Gadamer, *Truth and Method*, translation revised by Joel Weinsheimer and Donald G. Marshall, 2nd revised edition (New York: The Continuum International Publishing Group, 2004).

［35］Nicholas Davey, *Unquiet Understanding: Gadamer's Philosophical Hermeneutics* (New York: State University of New York Press, 2006).

［36］E. D. Hirsch, Jr., *Validity in Interpretation* (New Haven: Yale University Press, 1967).

［37］Cho-yun Hsu and Katheryn M. Linduff, *Western Chou Civilization* (New Haven: Yale University Press, 1988).

［38］Alasdair MacIntyre, *Whose justice? which rationality?* (Indiana: University of Notre Dame Press, 1988).

［39］高瀬武次郎:《支那哲学史》,东京:文盛堂,1910年。

二、古籍

C

［1］《常郡八邑艺文志》,清光绪十六年刻本。

［2］司马光:《传家集》,收入《文渊阁四库全书》第1094册,台北:台湾商务印书馆,1986年。

［3］胡安国:《春秋传》,《四部丛刊续编》景宋本。

［4］杨简:《慈湖遗书》,收入《文渊阁四库全书》第1156册,台北:台湾商务印书馆,1986年。

D

［1］真德秀:《大学衍义》,收入《钦定四库全书荟要》第65册,长春:吉林出版集团有限责任公司,2005年。

［2］丘濬：《大学衍义补》，收入《钦定四库全书荟要》第 66、67 册，长春：吉林出版集团有限责任公司，2005 年。

［3］戴震：《戴震文集》，北京：中华书局，1980 年。

［4］杭世骏：《道古堂文集》，清乾隆四十一年刻，光绪十四年汪曾唯修本。

E

［1］邵晋涵：《尔雅正义》，重庆：重庆师顾堂，2015 年。

［2］程颢、程颐：《二程集》下，北京：中华书局，2004 年。

G

［1］江藩：《国朝汉学师承记》，北京：中华书局，1983 年。

［2］《国语》，上海师范大学古籍整理研究所点校，上海：上海古籍出版社，1998 年。

H

［1］班固：《汉书》（全十二册），北京：中华书局，1962 年。

［2］何宁：《淮南子集释》中、下，北京：中华书局，1998 年。

J

［1］章学诚：《校雠通义通解》，上海：上海古籍出版社，2009 年。

［2］陆德明：《经典释文》，收入《钦定四库全书荟要》第 77 册，长春：吉林出版集团有限责任公司，2005 年。

［3］刘师培：《经学教科书》，上海：上海古籍出版社，2006 年。

［4］皮锡瑞：《经学历史》，北京：中华书局，2004 年。

［5］朱彝尊：《经义考》，收入《钦定四库全书荟要》第 241 册，长春：吉林出版集团有限责任公司，2005 年。

［6］朱彝尊：《经义考新校》（全十册），林庆彰等主编，上海：上海古籍出版社，2010 年。

［7］吕陶：《净德集》，收入《文渊阁四库全书》第 1098 册，台北：台湾

商务印书馆，1986年。

[8] 晁公武：《郡斋读书志校证》，上海：上海古籍出版社，1990年。

[9]《九经字样》，收入《钦定四库全书荟要》第78册，长春：吉林出版集团有限责任公司，2005年。

K

[1] 崔述：《考信录》上，台北：世界书局，1979年。

[2]《孔子家语》，王国轩、王秀梅译注，北京：中华书局，2011年。

L

[1]《六经图》，收入《文渊阁四库全书》第183册，台北：台湾商务印书馆，1986年。

[2]《六经全图》，北京：文物出版社，2015年。

[3]《六经图考》，康熙六十一年刊本。

[4] 程树德：《论语集释》第二册，北京：中华书局，1990年。

[5] 刘宝楠：《论语正义》上，北京：中华书局，1990年。

M

[1] 陈弟：《毛诗古音考》，收入《文渊阁四库全书》第239册，台北：台湾商务印书馆，1986年。

[2] 马端辰：《毛诗传笺通释》上，北京：中华书局，1989年。

[3] 戴震：《孟子字义疏证》，北京：中华书局，1961年。

O

[1] 李之亮笺注《欧阳修集编年笺注》四，成都：巴蜀书社，2007年。

Q

[1] 钱大昕：《潜研堂集》，清嘉庆十一年刻本。

[2] 方苞：《钦定本朝四书文》，收入《文渊阁四库全书》第1451册，台北：台湾商务印书馆，1986年。

［3］《钦定四库全书总目》，收入《文渊阁四库全书》第 1 册，台北：台湾商务印书馆，1986 年。

［4］《钦定西清古鉴》，收入《钦定四库全书荟要》第 243、244 册，长春：吉林出版集团有限责任公司，2005 年。

R

［1］《日讲四书解义》，收入《钦定四库全书荟要》第 76 册，长春：吉林出版集团有限责任公司，2005 年；收入《文渊阁四库全书》第 208 册，台北：台湾商务印书馆，1986 年。

S

［1］《十三经注疏》整理委员会整理《十三经注疏·论语注疏》，北京：北京大学出版社，1999 年。

［2］《十三经注疏》整理委员会整理《十三经注疏·尚书正义》，北京：北京大学出版社，1999 年。

［3］《十三经注疏》整理委员会整理《十三经注疏·礼记正义》（上、中、下），北京：北京大学出版社，1999 年。

［4］《十三经注疏》整理委员会整理《十三经注疏·周易正义》，北京：北京大学出版社，1999 年。

［5］《十三经注疏》整理委员会整理《十三经注疏·春秋左传正义》下，北京：北京大学出版社，1999 年。

［6］《十三经注疏》整理委员会整理《十三经注疏·孟子注疏》，北京：北京大学出版社，1999 年。

［7］《十三经注疏》整理委员会整理《十三经注疏·春秋公羊传注疏》，北京：北京大学出版社，1999 年。

［8］《十三经注疏》整理委员会整理《十三经注疏·仪礼注疏》，北京：北京大学出版社，2000 年。

［9］《十三经注疏》整理委员会整理《十三经注疏·尔雅注疏》，北京：北京大学出版社，2000 年。

[10]《十三经注疏》整理委员会整理《十三经注疏·周礼注疏》，北京：北京大学出版社，2000年。

[11] 张玉书等：《圣祖仁皇帝御制文集》，收入《文渊阁四库全书》第1298册，台北：台湾商务印书馆，1986年。

[12] 王鸣盛：《十七史商榷》上，上海：上海古籍出版社，2013年。

[13] 司马迁：《史记》第六册，北京：中华书局，2013年。

[14] 许慎：《说文解字》，北京：中华书局，1963年。

[15] 永瑢等：《四库全书总目》（全二册），北京：中华书局，1965年。

[16] 魏小虎：《四库全书总目汇订》一，上海：上海古籍出版社，2012年。

[17] 胡广：《四书大全·论语集注大全》，收入《文渊阁四库全书》第205册，台北：台湾商务印书馆，1986年。

[18] 陆陇其：《四书讲义困勉录》，收入《文渊阁四库全书》第209册，台北：台湾商务印书馆，1986年。

[19] 朱熹：《四书章句集注》，北京：中华书局，1983年。

[20] 朱熹：《宋本大学章句》，北京：国家图书馆出版社，2010年。

[21] 魏征：《隋书》第四册，北京：中华书局，1973年。

T

[1] 顾炎武：《亭林文集》，"四部丛刊"景清康熙本。

[2] 杜佑：《通典》（全五册），北京：中华书局，1988年。

[3] 郑樵：《通志二十略》上、下册，王树民点校，北京：中华书局，1995年。

W

[1] 王守仁：《王阳明全集（新编本）》，杭州：浙江古籍出版社，2011年。

[2] 司马光：《温国文正公文集》，"四部丛刊"景宋绍兴本。

[3] 章学诚：《文史通义》，上海：上海古籍出版社，2008年。

[4] 马端临：《文献通考》（全十四册），上海师范大学古籍研究所、华东师范大学古籍研究所点校，北京：中华书局，2011年。

[5]《五经文字》,收入《钦定四库全书荟要》第78册,长春:吉林出版集团有限责任公司,2005年。

X

[1]《荀子》上,长春:吉林出版集团,世德堂刊本,2010年。

Y

[1]刘师培:《仪征刘申叔遗书》4,扬州:广陵书社,2014年。
[2]王鸣盛:《蛾术编》上,上海:上海书店出版社,2012年。
[3]张之洞:《輶轩语》,武汉:崇文书局,2016年。

Z

[1]刘勰:《增订文心雕龙校注》,黄叔琳注,李祥补注,杨明照校注拾遗,北京:中华书局,2012年。
[2]夏良胜:《中庸衍义》,收入《文渊阁四库全书》第715册,台北:台湾商务印书馆,1986年。
[3]朱熹:《朱子全书》第22册,2版(修订本),上海:上海古籍出版社,合肥:安徽教育出版社,2010年。
[4]郭庆藩辑《庄子集释》(全四册),北京:中华书局,1961年。
[5]《周礼注疏》,郑玄注,贾公彦疏,上海:上海古籍出版社,2010年。
[6]司马光:《资治通鉴》13,北京:中华书局,1956年。

三、论文及网络访问

(一)中文论文(以篇名音序排列)

[1]景海峰:《从傅伟勋看当代中国哲学辩证的开放性》,载深圳大学中国文化传播系主编《文化与传播(第五辑)》,深圳:海天出版社,1997年。
[2]王宝峰:《重思中国哲学之"法"——以"中国哲学合法性问题"为中心》,《宝鸡文理学院学报(社会科学版)》2017年第6期。

［3］葛兆光：《穿一件尺寸不合的衣衫——关于中国哲学和儒教定义的争论》，《开放时代》2001年第11期。

［4］王宝峰：《"创造的诠释学"与未来中国哲学的创造》，《周易研究》2019年第3期。

［5］潘德荣：《"德行"与诠释》，《中国社会科学》2017年第6期。

［6］潘德荣：《德行诠释学》，《中国社会科学报》2016年4月26日。

［7］袁文斌、潘德荣：《关于德行与诠释的对话》，《陕西师范大学学报（哲学社会科学版）》2019年第2期。

［8］郑家栋：《"合法性"概念及其他》，《哲学动态》2004年第6期。

［9］洪汉鼎：《诠释学的中国化：一种普遍性的经典诠释学构想》，《中国社会科学》2020年第1期。

［10］王宝峰：《潘德荣创建中国诠释学的探索》，载傅永军、牛文君主编《诠释学的突破——从经典诠释学到德行诠释学》，上海：华东师范大学出版社，2022年。

［11］王元化、钱文忠：《是哲学，还是思想——王元化谈与德里达对话》，《中国图书商报》2001年12月13日第14版。

［12］孙周兴：《试论一种总体阐释学的任务》，《哲学研究》2020年第4期。

［13］金克木：《谈诠释学》，《读书》1983年第10期。

［14］葛兆光：《为什么是思想史——"中国哲学"问题再思》，《江汉论坛》2003年第7期。

［15］李明辉：《省思中国哲学研究的危机——从中国哲学的"正当性问题"谈起》，载《思想》编辑委员会编《中国哲学：危机与出路》，台北：联经出版事业股份有限公司，2008年。

［16］邓红：《谢无量"中国哲学史系列著作"与日本：以〈阳明学派〉为中心》，载项楚、舒大刚主编《中华经典研究（第3辑）》，北京：商务印书馆，2023年。

［17］赵敦华：《哲学史的现代建构及其解释模式》，《中国社会科学》2004年第4期。

［18］沃尔夫冈·顾彬：《中国"解释学"：一种想像的怪兽？——对理解

差异的初步考察》，载杨乃乔、伍晓明主编《比较文学与世界文学（第一辑）》，北京：商务印书馆，2004年。

［19］李清良、张洪志：《中国诠释学研究40年》，《中国文化研究》2019年第4期。

［20］郑家栋：《"中国哲学"的"合法性"问题》，载中国社会科学院哲学研究所编《中国哲学年鉴2001》，北京：哲学研究杂志社出版发行，2001年。

［21］赵景来：《中国哲学的合法性问题研究述要》，《中国社会科学》2003年第6期。

［22］王格：《"中国哲学"何以正当的最早论说——明清之际西人之证言》，《哲学研究》2019年第7期。

［23］王宝峰：《中国哲学史研究的"谢无量范式"》，《宝鸡文理学院学报（社会科学版）》2019年第6期。

（二）外文论文

［1］Charles Wei-hsun Fu, "Creative Hermeneutics: Taoist Metaphysics and Heidegger," *Chinese Philosophy* 3（1976）.

［2］Carine Defoort and Ge Zhaoguang, "Editor's Introduction," *Contemporary Chinese Thought*, vol. 37, no. 1 (Fall 2005).

［3］Carine Defoort, "Is 'Chinese Philosophy' a Proper Name?," *Philosophy East and West*, vol. 56, no. 4 (Oct. 2006).

［4］Carine Defoort, "Is There Such a Thing as Chinese Philosophy: Arguments of an Implicit Debate," *Philosophy East and West*, vol. 51, no. 3(Jul. 2001).

［5］Charles Wei-Hsun Fu, "Lao Tzu's conception of Tao," *Inquiry*, 1973.

［6］Paul Ricoeur, "Schleiermacher's Hermeneutics," *The Monist*, vol. 60, no. 2 (April 1977).

［7］Kuhn, "Second Thought on Paradigms," *The Essential Tension* (Chicago: The University of Chicago Press, 1977).

[8] Benjamin I. Sch-wartz, "The Age of Transcendence," *Daedalus* 104 (1975).

[9] Margaret Masterman, "The Nature of Paradigm," in *Criticism and the Growth of Knowledge*, ed. Imre Lakatos and Alan Musgrave (Cambridge: Cambridge University Press, 1970).

[10] Dudley Shapere, "The Structure of Scientific Revolutions," *The Philosophical Review*, vol. 73 (Jul. 1964).

[11] Eric Weil, "What is a Breakthrough in History?," *Daedalus* 104 (1975).

(三)网站访问(访问日期:2020年7月16日)

[1] "爱如生典海"数字平台。特别是其下的"中国基本古籍库""四库系列数据库"。访问网址:http://dh.ersjk.com/jsp/front/prodlist.jsp;jsessionid =7EEBAB5F2 E493A021762B9CFD3FEC307。

[2] "斯坦福哲学百科"之"诠释学(hermeneutics)"词条(2016年版)。访问网址:https://plato.stanford.edu/entries/hermeneutics/。

后 记

本著作既是本人主持的国家社会科学基金一般项目"以诠释学为视域的中国哲学文献学研究"（项目号：15BZX056）主要成果汇总，也是对本项目阶段性成果拙著《未来中国哲学导论：范式与方法论》（以下简称"《未来》"，该书获得 2021 年陕西省高等学校人文社会科学研究优秀成果奖著作类二等奖；国际比较哲学期刊 Dao: a journal of comparative philosophy ＜January 2021, Volume 20, Issue 1, pp. 171-174＞刊有该书英文书评）相关内容的修订、补充与完善。感谢西北大学出版社的编辑和审读老师，正是他们认真细致的工作，避免了拙著诸多内容和形式上的问题。

一 "中国哲学合法性问题"思考历程

需要特别说明的是：本书"导论"第二部分试图厘清及解决"中国哲学合法性问题"，并在此基础上重思中国哲学学理本质。该部分内容是"礼义诠释学"立论根本所在，也是本人当下所有中国哲学研究工作的基础。此处回顾本人"中国哲学合法性问题"思考历程，意在表明相关研究并非一时兴起、率尔造论。

2001 年之后，"中国哲学合法性问题"成为中国哲学界影响巨大、聚讼不已的重大理论难题。2005年,我参加了山东大学全国博士生学术论坛。在哲学分论坛讨论会上,北京大学哲学系博士生张健捷宣读了论文《从中国哲学史"合法性"问题的讨论看21世纪中国哲学史研究所面临的几个问题》,记得当时有学者在评议时质问:"所谓合法性,合谁的法?谁来立法?凭什么立法?"一时激起大家热烈讨论。侯外庐学派向来敢于挑战并解决重大学术争议问题。秉此学风,参加那次论坛以后,我开始正式关注并思考"中国哲学合法性问题"。

2007年我进入西北大学哲学与社会学学院哲学系工作,主要从事中国哲学教学与研究工作。参加工作当年,在给哲学专业本科生初开"中国哲学史史料学"课程时,我便将"中国哲学合法性问题"列为首要问题加以讨论。当时的讨论方法是:悉数网罗当时学界关于此问题之论文,将数十篇重要文章人手一文,发给学生;学生在仔细阅读理解之后,以论文作者代言人身份,当堂进行不同观点的交锋论争。经过数次课堂研习讨论,我在综述当时学界关于此问题主要观点时,居然发现既往学界讨论,并未能从发生学意义上关注德里达及郑家栋问题本身,相关讨论一开始就偏离了"中国哲学合法性问题"实质诘问。于是,我写成了《绘事后素:中国哲学合法性问题刍论》一文,试图厘清问题本身,反思既往相关讨论得失,并提出真正意义上"中国哲学合法性问题"解决思路。其中一些主要观点,比如中国哲学学理基础是"创造性解释"等,颇得谢蕾等当时一些善于思考的同学认可。

在此期间,借着各种机缘,我还聆听了中国哲学思想界几位重要学者在西安高校的学术报告会,并数度向报告者发问其对"中国哲学合法性问题"的看法。得到的回答往往是"这是一个自取其辱的问题!""我不知道你们年轻人到底想干什么?"等负面回应,而断定"中国哲学合法性问题"是一个大而无当的伪问题,当时几已成为主流学者的共识。记得那次西安交大发问后从报告厅出来,校园正槐花飘香。从树荫下走过,我不禁问自己:"难道我想错了?'中国哲学合法性问题'确实是一个'假问题''伪问题''自取其辱'的问题?"

于是,我又一次次对照材料反复思考,并在此后数轮"中国哲学史史料学"课堂上,深入细致讨论我那篇论文的主要观点。随着研究不断深入,越来越觉得"中国哲学合法性问题"确乎是一个"深切著明"之历史诘问,是关于中国哲学研究方法论的彻底反思,是一个无从回避的具有颠覆性之学理问题。开始时不敢确信,后来越发清楚地看到的一个尴尬事实是:被郑家栋"合法性"一词所激怒,加上对德里达(又溯及黑格尔)所谓"西方中心主义"之愤慨,几乎罕有人在谈及"中国哲学合法性问题"时,能够心平气和、客观持平地面对二人问题的具体内容。显而易见,"中国哲学合法性问题"是德里达、郑家栋于2001年同时正式提出的、有着特定具体内容的问题。但参与讨论的绝大多数学者几乎一致认为,"中国哲学合法性问题""是一个自中国哲学产生之日起就存在的问题","问题的关键是如何理解及定义'哲学'一词"云云。于是乎,虽然学界关于此问题之论文不少,讨论也显得热火朝天、不亦乐乎。但深究其实,鲜有学者直面德里达、及郑家栋问题本身,相关论说更多的是基于愤愤不平之气,自以为是的高谈阔论而已。如此这般所谓讨论,问题本身尚未能厘清,更遑论回应德郑二人对中国哲学研究之颠覆性挑战了。这个研究经验,使我愈发觉得,四库馆臣及梯利(Frank Thilly)所倡导的抱持客观持平之学术态度,对于认真严肃的学术研究和学术批评是何等之重要。

当时,我那篇修订完善后的论文,因与学界主流意见相左,无法公开发表,只能在"地下"(underground)发声。但是,仍然有一些机会,可以让我的论文晒一晒,见见天日。2010年,西北大学哲学与社会学学院首届"老庄哲学节"举办。蒙陈国庆院长抬爱,让我以"中国哲学合法性问题刍论"为主题,给学院研究生、本科生做哲学节首场学术报告。记得报告伊始,我放了陈长林先生的古琴曲《庄周梦蝶》以应景。悠悠琴声之后,我慷慨激昂地讲述了自己的观点。报告结束后，张斌等同学与我进行了深入讨论。王日鹏同学受我论文启发，写了《试论中国哲学合法性问题》竞赛论文，获得了哲学节优秀论文奖。同年，我那篇论文还被收录在《核心价值与东西哲学会通：中韩国际学术研讨会论文集》（杨春德、王强主编，西安：西北大学出版社，2010年）中。那届在西北大学召开的中韩国际学术研讨会，我因家事只提交了论文却未能与会。从杨春德副校长（当时）所写的论文集"序言"中可见，以我的论文为触媒，建国大学与西北大学教授们从东西哲学会通角度，认真地讨论了"中国哲学合法性问题"。还要提到的是，我后来将德里达关于中国哲学学理诘问名之曰"德里达问题"，即直接借用了杨副校长的说法。

2012年7月27日至8月6日，院里安排我去延安大学举办的陕西青年骨干教师培训班培训。其间，在一次延大老师主持的分组学术讨论中，我概述了自己关于"中国哲学合法性问题"的观点。发言完毕，立刻激起西北政法大学一位老师反驳。我们俩的争论，一直延续到之后的餐桌上。讨论课结束，主持讨论的延大教授在总结时说："这种激烈的争论，才是真正的学术批评和讨论。"2012年9月至2013年1月，作为西北大学哲学系"年轻"讲师，我又被院里派去南京大学哲学系进修。当时，我选了李承贵教授的"儒家专题研究"博士课程。2012年12月19日，我以《绘事后素：中国哲学合法性问题实质及解决之道》为题，在讨论课上宣读了这篇不知修改了多少次的论文，激起了强烈反弹。在场20多位博士及进修老师，竟提出了经我整理归纳后的19个问题。大家热烈地讨论了文中提出的"还原性诠释法"等论点，虽有个别博士赞同论文观点和研究方法，但更多师生还是认为"中国哲学合法性问题"是一个伪问题。

如此这般，两年间数场学术活动下来，通过反思不同场合对论文的反馈意见，我又大幅补充了论文材料，在原有论点基础上，更补充完善了论文主要观点。随着研究的不断深入，论文的主导方向，开始从厘清并解决"中国哲学合法性问题",转向了进一步思考如何通过回应该问题而实现中国哲学研究的"范式转换",来开辟未来中国哲学发展新路。2012年至2017年,虽又数度投稿,修订后的论文,一如既往,仍然无法在重要期刊发表。但在反复磨折中,论文的主要观点越来越清楚,自己关于中国哲学本质的认识及未来中国哲学创新之路径和方法,也愈发有了确乎不拔之洞见。由此洞见所及之中国哲学新学识出发,我开始以《中国哲学史校注》《四库易类总目提要汇校》等具体工作,展开了中国哲学创新"思想实验"(thought experiment)。可以说,当下我所有学术工作根基,皆由此历时十数年写就的论文所奠定。

我自己始终认为,对于中国哲学学科乃至整个中国传统思想文化研究而言,此"中国哲学合法性问题"事关重大,必须心无旁骛、一以贯之、务求其解才行。而个人十数年研究此问题艰难曲折的经历也说明,此问题纷繁复杂、艰难纠葛,欲求其解,非经攻坚克难、久久为功不可,断难遽见成效。论文屡屡被拒,固然令人不快。但十数年间,在课堂上数度讲论之后,我获得了一批又一批学生的支持,还是令人颇有吾道不孤之感的。2012年至2015年,我几乎天天泡在图书馆整理校勘古籍,时常会看到古人具有学术价值的著作,历时数代而成;又有思想家创新之作,虽怦时而不见用,但终有藏诸名山、泽被后世之遇。对照前贤历尽艰辛、守死善道之精神反躬自省,自己论文不能发表之小小郁闷,也就渐渐释然了。

也许是时来运转,2017年9月7日下午,现任《宝鸡文理学院学报(社会科学版)》副主编、乡党、道友刘林魁打电话向我约稿。第二天下午,我即电邮《重思中国哲学之"法":以中国哲学合法性问题为中心》论文过去。9月22日下午,林魁因公事从宝鸡来西安,特意到访添香阁,我们又详细谈了那篇论文。他说,经编辑部讨论,文章将放在"学术争鸣"栏目,在2017年《宝鸡文理学院学报(社会科学版)》第六期重点发表。林魁如此优待这篇论文,我心里既充满感激,又佩服他的学术勇气;同时,也感谢他帮我达成了欲以此呕心沥血之作,敬祝业师张岂之先生九十华诞的心愿。

二 "高-谢范式"

与师友切磋琢磨《未来》"谢无量范式"及本著之"高-谢范式"论说,让我真切体会到了哲学理论之创新,既是一场在不断试错中前进的"思想实验",也是一次没有归路与终点的"观念冒险"。

拙作《未来》"上篇 中国哲学史研究的'谢无量范式'",原为本人草就的《中国哲学史校注》一书"序论"。初拟附在书前,以为导读之用。没想到越写越长,最后竟成十几万字的规模。自胡适以降至今,学界几乎众口一词,认定谢无量编辑之《中国哲学史》(以下简称"谢著")及其研究方法不入流。经过"中国哲学合法性问题"思考洗礼后,当我2010年初遇谢著时,就被该书深具"中国效度"与"哲学效度"之品格吸引,似乎看到了我理想中未来中国哲学的大模样。于是,我便组织学术团队校注该书。经过七年时间打磨,终于在2017年完成了《中国哲学史》全书校注工作。

七年研习与写作期间,我几乎遍览了所有能搜罗到的以"中国哲学史"为名目之著作。由于我们的"谢无量范式"研究致力于正本清源、返本开新工作,所以格外关注"中国哲学史"早期原始文本。为厘清中国哲学史学史早期学术源流,在资料搜集方面,我还是颇下了些功夫的。比如,请攻读日本京都大学中国哲学史方向硕士学位的学生钟元楷,帮我找寻内田周平、松平文三郎、远藤隆吉等三人《中国哲学史》及相关著作。为了真切进入文本之"历史现场",我又"斥巨资"在孔夫子旧书网等处,先后搜购了与研究课题相关的旧书。如,宇野哲人《支那哲学史讲话》(日文版,1914年),渡边秀方《中国哲学史概论》(刘侃元译,1938年),谢无量编辑《中国哲学史》(1927

年八版、1967年台一版），谢无量《王充哲学》（1926年），胡适《中国哲学史大纲（卷上）》（"国难后第一版"，1932年），胡适《中国古代哲学史》（1970年台一版），冯友兰《中国哲学史》（上册、下册，1946年），范寿康《中国哲学史通论》（1941年），徐炳旭《中国古史的传说时代》（1943年），等等。这些旧书，虽多非初版，但小心翻阅那些发黄发脆的纸张，近嗅历史气息，想象先贤为说立论之艰难，使得自己在进行学术批评时，不得不谨慎仔细，不敢厚诬先进、架空而论。

由于自己学养有限、探究不够深细，虽然也曾经留意过日本学者早期研究中国哲学史的著作，并发现谢著与宇野哲人著作体例高度类似，留有"其有借鉴乎"之疑问（见《未来》第16页页下注），但还是遗漏了谢著所自从出的高濑武次郎《中国哲学史》之作。这个重大疏失，源于我们未能深究《中国哲学史》署名"编辑者 梓潼谢无量"之"编辑"实际情况；也多少与对冯友兰《中国哲学史·绪论》卷末所提及的日本高濑武次郎所著《中国哲学史》失察有关。

我们的谢著研究，旨在通过与胡适《中国哲学史大纲（卷上）》、冯友兰《中国哲学史》比较，说明兼具"中国效度"与"哲学效度"的谢著对当下中国哲学史研究之价值和意义。随着研究深入，我逐渐发现库恩"范式"诸内涵中，"著作""典范"及"教科书"诸义，尤为适应此种比较研究进路。因此，我又全面阅读了库恩相关论著，试图以"化用"了的库恩范式理论为思考框架和方法论，通过深入细致地比较论证，来探究谢著与胡适及冯友兰著作之异同，并进而说明从"选出而叙述之"范式转向"谢无量范式"是未来中国哲学发展方向。通过谢著与胡冯二人著作比较研究，我们得出结论："谢无量范式"一方面立足于中国传统思想文化固有脉络，完全具有"中国效度"；另一方面，又以世界眼光、西方哲学方法，彰显中国传统思想之哲学意义和现代价值，虽显粗疏，但亦具备"哲学效度"。谢著所取"以中化西"路径，及其深具"中国效度"与"哲学效度"之内容，是截然不同于自胡适、冯友兰以来，占据海内外研究主导地位的"选出而叙述之"范式。"谢无量范式"所呈现的方法和内容，完全可以回应并解决"选出而叙述之"范式所导致的"中国哲学合法性危机"。未来中国哲学，当从谢著重新出发，适应变化了的时代主题要求，通过从"选出而叙述之"范式转向"谢无量范式"，实现中国哲学研究之新生。

感恩舒大刚老师邀请我们参与《谢无量全集》之《中国哲学史》《孔子》《韩非》《王充哲学》《朱子学派》《阳明学派》整理工作，使我们有机会修正"谢无量范式"之名为"高-谢范式"。感谢林韵、刘雪涛、董继泽等数十名十几年来先后参与《中国哲学史校注》《谢无量全集》整理工作的同学们的辛苦付出，蒙他们不弃，我们终于还是为中国哲学做了一点有益的学术工作。2010 年春天，我在书房添香阁对谢著校勘的"六郎"们说，让我们一起来开创新的中国哲学吧！2023 年 3 月 30 日，在收到《谢无量全集》的晚上，我在陋室"右文山房"，于本人微信朋友圈分享了小文《谢无量》，以致谢师友，终曰："今晚，所有岁月酿就的错与对汇聚在一起，让我一时间无所适从。此时，春风沉醉长安，万千繁花正在盛开或凋落。谢谢你，所有相信未来并曾经抚慰过这颗孤独灵魂的人。谢谢你，谢无量。"又回复林韵祝贺留言，道："谢谢林林，13 年前对你们'六郎'说过的话，我们大致还是实现了。虽然我们终究还是延续了这一百年美丽的误会。但这就是青春的真髓吧：我们会错、会跌倒，但总有一些不可撤销、不可更改的，终将逃离岁月。赵雷的《少女》让我知道：长大，只是镜子开的玩笑。"

王宝峰　右　文
2024 年 10 月 12 日　长安　添香阁